创新实践教育通识

大学生如何启动创造性项目

吴迪 ◎编著

本书首先从教育、科技、人才"三位一体"的高度提出了大学生创新实践之"道"：针对大学生在创新实践起步阶段常常遇到的困惑，揭示了选题之根、定位之略、道路之策；从高等教育对于国家和人类发展的重要性角度回答了"怎么选题"的问题；从高等教育"价值塑造、能力培养和知识传授"三大任务的时代意蕴角度，明确教育为本，揭示了用实践思政构建科创竞赛项目核心竞争力的合理性；从大学生成长规律角度，指出了"学科交叉、科教融汇、产教融合"等教育教学策略构建项目核心竞争力的可行性。其次，本书遵循能力发展规律，提出大学生创新实践之"术"：针对如何提出问题，如何立项申报、筹备资源，如何学习研究方法、收集实证数据、分析实验结果、形成成果等近 400 个问题，一一作答，并给出案例、模板与范例。

本书的第一大特点是思创融合，揭示了创新实践教学中价值塑造的路径；第二大特点是实践性，这是一本创新型、项目制实践教学教程；第三大特点是实用性，其中的价值观、方法论、工具、模板已在全国多地、多层次、多所大学的创新实践教学一线使用五年以上并不断完善；第四大特点是融入 AIGC（生成式人工智能）新技术，基于本书内容开发的"大川小创"是国内第一个指导大学生参加创造性、项目制、竞争性实践教学的 AIGC 智思体。

本书针对参加大学生创新创业训练计划等科研训练、中国国际大学生创新大赛（原中国国际"互联网+"大学生创新创业大赛）等科创项目和竞赛的学生及其指导教师，提供奠基性的指导，可作为大学"创新实践"等通识课程、"科研训练"等专业课、"科创赛训"等选修课的教材，也可作为大创大赛参与师生的案头书和相关师资培训的读本。

图书在版编目（CIP）数据

创新实践教育通识：大学生如何启动创造性项目 / 吴迪编著. —— 北京：机械工业出版社，2024.9（2024.10 重印）.
ISBN 978-7-111-76330-7

I. G640

中国国家版本馆 CIP 数据核字第 2024400N1F 号

机械工业出版社（北京市百万庄大街22号　邮政编码100037）
策划编辑：裴　泱　　　　　　　　　责任编辑：裴　泱　马新娟
责任校对：张慧敏　丁梦卓　闫　焱　封面设计：王　旭
责任印制：刘　媛
唐山楠萍印务有限公司印刷
2024年10月第1版第2次印刷
184mm×260mm • 21印张 • 328千字
标准书号：ISBN 978-7-111-76330-7
定价：69.80 元

电话服务　　　　　　　　　　网络服务
客服电话：010-88361066　　　机　工　官　网：www.cmpbook.com
　　　　　010-88379833　　　机　工　官　博：weibo.com/cmp1952
　　　　　010-68326294　　　金　书　网：www.golden-book.com
封底无防伪标均为盗版　　　　机工教育服务网：www.cmpedu.com

编辑推荐

自从 2015 年《国务院办公厅关于深化高等学校创新创业教育改革的实施意见》（国办发〔2015〕36 号）发布以来，我国的高校开始了波澜壮阔的创新创业教育改革。近 10 年来，作为从事创新创业教育领域出版的策划编辑，我有幸参与和见证了这个历史进程。每年，我都会在参加会议时听到很多专家的思想观点，在拜访学校时看到很多高校的实践探索，在参加师资培训时听到一线老师的心声，我也策划出版了一系列创新创业教育的教材。在这个过程中，我和很多作者有了深入的交流，他们中的一些人成为我的人生榜样和知心朋友。机械工业出版社也出版了很多知名专家编写并得到广大高校老师和同学普遍认可的图书，在创新创业教育领域树立了领先的品牌。得益于此，我能够对创新创业教育的发展脉搏有一些切身的感受，也能从第三方的视角形成一些自己的观察。

我们都不得不承认，现在高校培养的人才和企业的需求之间存在一条鸿沟，尽管教育管理部门、高校和企业也在做着各种努力，但收效并不理想。高校的实践教育体系一般由课程实验、竞赛、实习等环节构成，这些环节在学校中较为分散，且学习内容距离企业的需求比较远，学生的实践能力培养成效不理想，思政与实践教育的结合也是其中的一个难点。创新创业教育的出现，特别是相关比赛的出现，在很大程度上影响了高校的实践教育，但还难以实现从根本上改革和重构实践教育。

我和吴迪老师相识，是 2021 年在广西举办会议时，她是受邀演讲的嘉宾。这几年我们总会在一些会议上见面，我了解到她在组织学生参加中国国际大学生创新大赛（原中国国际"互联网+"大学生创新创业大赛）时取得了非常卓越的成绩，了解到她在国家级创新创业学院和国家级双创教育实践基地建设方面也有非常独到的经验。彼时我对她的了解还停留在这些成果和印象，直到今年我们开始探讨这本书的出版事宜的时候，我们才开始有了深入的交流。和她的交流让我理解了那些优异成果背后的原因，让我可以用更多的视角看待这个世界，也让我更加相信理想的力量。和她的交流令我感触颇深，主要有以下几点：

第一，是她的人生使命。她希望自己的人生能做一些有价值的事情，这些事情在她离开这个世界后仍然能够让很多人受益。多年的实践探索让她逐渐把这些想做的事聚焦在高校的实践教育上，因为她看到了社会的需求，了解高校的现状，也探索出了一条路。她希望能够通过自己的努力，来推动中国高校实践教育的改革和发展，这几个月的交流过程中，我也看到她对这件事越来越笃定。这也让我理解了为什么她不会功利地看待比赛，因为她真的希望通过这样的实践教育来实现人的成长，而那些比赛成果只是人成长背后的附属品，就好像种下一棵树，在收获满满硕果的同时，也能拥有一片荫凉。

第二，是她的价值观。她在辅导学生时，首先强调的就是所做的事情的价值引领，是满足国家、人民的需要，还是追求经济利益。我听到她问学生，"你是要做解酒的产品，还是要做保护老百姓健康的产品？""你是要在景区卖包包，还是要把少数民族文化推广到全世界？"这样的例子在本书中比比皆是。在很多老师还为如何做课程思政苦恼时，我看到她已经把思政教育融入血液中，课堂上和书稿中没有一句提到思政教育，但每一句都在向学生传递为国为民的家国情怀、砥砺奋进的使命担当、慎思明辨的科学精神和敏思笃行的创新意识。这是她认为重要的东西，是她的价值观，这样的价值观在不知不觉中指导着她的言语和行为，这些言语和行为又如春风化雨般影响了学生的价值观，实现了对人的价值塑造。

第三，是她的科学精神和方法论。多年的专业训练培养了她理性、严谨的科学态度，持续的学习成长也让她形成了一系列关于方法论的方法论，难能可贵的是，她把这样的科学态度和方法论运用到人才培养、教育管理、创新实践，以及项目运营等多方面，取得了令人惊艳的效果。例如，我看到她建立了一个有如好莱坞电影工业一般高度标准化、专业化分工的体系来指导学生的项目，并且建立了科学的指标体系对项目成果进行定量评估。这本书的内容也集中体现了如何用科学的方法和路径开启创造性项目。值得我们学习的，不仅是书中介绍的方法论，还有背后关于方法论的方法论。

以上种种，构成了本书的思想基础和方法论基础。全书围绕高校老师们普遍关心的竞争性、实践性、项目制实践教育，系统总结和分享了作者对这一命题的深刻理解和在四川大学探索实践的经验模式，不仅用成熟度量表和阶梯发展模型等方法、工具将高校的实践教育转化为可执行的进阶步骤，更指明了价值塑造如何在实践教育中落地。面对"如何在实践教育中将价值塑造、知识传授、能力提升有机融合"的命题，交出了自己的答卷。通过这样的一个体系，我们仿佛能够看到大学生们沿着阶梯一步一步成长，最终成为既有家国情怀、使命担当、科学精神、创新意识，又有发现问题、解决问题能力的卓越人才。

读一本书，就好像与作者进行一场深入的对话，可以从中品读到作者的思想、观点和情感，学习到作者与自己、与世界、与未来互动的方式，从而实现我们自身的成长。这本书就是这样一本值得品读和践行的好书，我郑重向广大读者推荐这本书。

裴 泱

机械工业出版社

序一

我们正面临着一个亟待解决的教育问题：如何有效地将理论与实践相结合，培养出既具备扎实的学科理论知识，又拥有强大的实践能力的新一代青年？在我面前的这本书为我们提供了一种可能的解决方案。

作为长期从事企业工作的校外创新创业导师，我深知大学实践教学所面临的困境。很多时候，学生们虽然掌握了丰富的理论知识，但在实际操作中却显得手足无措。这种现象，我们常称之为"眼高手低"。然而，这本书以创新项目为着眼点，引导学生们从项目实践中学习和成长。能力培养是一件公认的难而正确的事情：实践教学难，项目制实践教学更难，创新型、项目制的实践教学更是难上加难。这本书，相比于教理论，更关注教实践；相比于验证型实践，更关注创新型实践；相比于较为成熟的研究生阶段，更关注本科生创新科研训练入门阶段。面对已经普及开来的大创、大赛等创新实践教学活动，这是一本应需之作。它鼓励学生们从实践中发现问题，运用所学知识去解决问题，从而培养学生们的创新思维和实践能力。这种教学方法，无疑比单纯的理论传授更加生动、实用。

值得一提的是，这本书的内容建设过程充满了智慧与匠心。作者并没有闭门造车、孤军奋战，而是广泛地汲取了企业界、科研界以及学生们的宝贵意见。借助先进的语言大模型技术，这些来自各方的智慧被巧妙地融入教材中，使得内容既具有科学性，又富有实用性。同时，作者还以产品研发的思路来不断完善教材内容，充分听取并采纳学生们的反馈，这种以学生为中心的教学理念让这本书更加贴近学生的实际需求。

当我深入阅读这本书时，更是被其中的家国情怀和使命担当所打动。作者不仅仅是在传授知识和技能，更是在潜移默化中培养学生的品格和价值观。我们培养的不仅仅是技术过硬的专业人才，更是具有高尚品格和健全人格的公民。这本书正是在这方面做出了积极的尝试和探索。教育部副部长吴岩常说"高等教育小逻辑要符合社会发展大逻辑"，除了希望大学生的能力要符合社会发展需要之外，更多希望看到学生在面对挑战时无所畏惧的态度、在面对困难时百折不挠的精神、在面对私欲诱惑时不为所动的坚守。当很多人还在发愁思政怎么做的时候，这本书向我们展示了思政如何"如盐入水"，润物细无声。

我特别欣赏作者的理念。2017年年底，在成都的咖啡厅里，我和刚上任的吴院长有过长达6个多小时的长谈，至今记忆犹新。如今，她在大家的关注下，从一腔热血抱负的理想主义者，成长为科学理性的教育管理者。我问过她，你认为自己是管理者还是创业者，她回答是创业者，创一番教育事业，闯一方教育天地。这种勇于开拓、不断创新的精神，正是我们所期望看到的年轻一代的典范。而这本书，正是她这种精神的集中体现。回想起与作者的多次深入交流，我深感她对教育的热爱与执着。她坚信，只有通过实践与创新，才能真正培养出符合社会发展需要的高素质人才。而本书内容正是她这一教育理念的生动诠释。

综上所述，我强烈推荐这本书。它不仅仅是一本传授知识和技能的教材，更是一本能够启迪思维、培养品格的良书。我相信，无论教育者还是学习者，都能从中获得深刻的启示和实质性的帮助。在这个日新月异的时代，我们需要更多的实践能力和创新精神。而这本书，正是我们迈向这个目标的重要指南。

全国普通高校毕业生就业创业指导委员会委员

北京万学教育科技有限公司董事

序二

在这个日新月异的时代，高等教育站在了前所未有的历史交汇点上，既面临着巨大的挑战，也孕育着无限的机遇。我们更加深刻地感受到培养新一代拔尖创新实践人才的紧迫性和责任感，清楚地认识到教育不仅仅是知识的传递，更重要的是正确价值观的塑造和创新实践能力的提升。这本书便是四川大学为了回应这一时代命题而打造的重要成果。

首先，这本书在实践思政教育方面开辟了新的路径。它超越了传统教材的范畴，成为一本能够引领学生探索内心世界、发现自我价值并校准人生观的宝贵指南。我们深知教育的真谛不仅在于知识的灌输，更在于灵魂的触动和升华。因此，在这本书中，作者精心设计了真实的教育场景，让学生深刻领悟个人命运与国家发展紧密相连。这种润物细无声的思政教育模式，使得每一次项目实践都成为学生家国情怀的觉醒之旅，自觉地在实践中校准并坚定自己的价值观。

其次，在创新实践教学内容上，本书展现了创新实践精神。它的诞生，是对传统教材框架的一次颠覆。教材以学生为中心，以项目推进为核心时序，通过构建师生互动的社群环境，运用先进的语言大模型技术，以及广泛而深入的调研、统计与实证分析，成功地将那些难以言传的隐性知识转化为显性的、可操作的教学内容，并逐步实现了流程化、标准化、数字化和智能化，从而使得原本复杂且难以管理的大创工作得以规范化，育人效果也因此变得更为显著。

最后，在实践教学方法上，本书进行了一次革命性的探索。利用人工智能等先进技术，结合大学生创新项目成熟度量表，巧妙地实现了对几千个创新项目的客观、智能评价。这一创新举措不仅有效解决了创新实践教学中指导反馈的即时性和有效性问题，还为学生提供了更加个性化和精准的学习路径与实时反馈。这样的教学方法，不仅大幅提升了教学效率，更增强了学生的学习自驱力和兴趣。

面对"为谁培养人？培养什么人？怎么培养人？"这三个高等教育的根本问题，作者基于多年创新实践教育经验，给出了自己的答案。

国家高层次人才特殊支持计划领军人才
第七届中国国际"互联网+"大学生创新创业大赛金奖指导老师
2023 年国家级大创项目指导老师
四川大学副校长、教授、博导

序三

2017年我刚进入大学，参加迎新宣讲会时，学长学姐们站在讲台上说："你们一定要尽早做大创、尽早打比赛。"听到那些话的我很茫然，我不知道什么是创新实践教育，不知道什么是大创，也不知道怎么参加比赛，对"要在创新项目中拿结果"的责任感到恐惧，更不知道为什么要去面对这些挑战，这些负面情绪好似一股巨浪，在开学第一周就向我猛烈地拍过来。刚从高考中过来的我，是从课程和教材中学习的高手，但是那时候的大创、大赛没有教材，更没有课程，面对五花八门的创新实践活动，我变得怯懦。

大一，在学生会同学的邀请下，我加入了一个校园文创产品设计的课题组，我把这个课题当作"救命稻草"，有一种"终于有人带我做大创"的兴奋感。在准备项目的过程中，我积极参与讨论，跟项目成员一起做调研、跑工厂，有不会的问题就去问学长，或去哔哩哔哩、小红书上搜，但通常答案令人更加迷惘。立项成绩不尽如人意。我们当时就反思，为什么自己付出了和别人同样的时间和努力，但成绩如此不如人意，难道大创真的就像别人说的"是成绩好的同学玩的游戏"？我们不仅对这个项目的成绩有些失望，更对做大创这件事一下子失去了兴趣。答案在近一年后才浮出水面：参加结题答辩，旁听了别人的项目，我才意识到自己的差距。他们的课题都是涉及国计民生、国家安全，而我们设计文创产品，不用多说，格局和站位确实没法儿比，那一刻我才意识到选题的重要性。

大二，我鼓起勇气向老师提出了诉求，参与了一个荧光探针合成的课题，老师说有什么问题就问师姐。师姐也没有带大创的经验，如果我不主动联系她，她就不找我。那一年的大创做得着急忙慌，基本都是在申报、答辩等关键节点的前一周才迫不得已、急急忙忙找师姐，熬大夜赶实验，前三天匆匆忙忙写总结，不到系统关闭的最后一刻绝不提交。

大三，2019年我认识了作者，那时大创管理系统中刚刚推出了个新事物——"大学生创新创业项目成熟度量表",我成了第一批测试"用户"。在学校创业政策的扶持下,我作为负责人申报立项了一个创新创业项目,创新创业实践过程中所遇到的问题比想象中复杂得多。现在回想起来,感觉那个时候的自己很幸运,刚好在面对复杂问题的时候,可以利用量表拆分工作。我们将工作任务划分成9个里程碑,目标清晰了,分工明确了。我们一起商量着,不要把工作压到答辩前一周,要把任务分配在几个月完成,工作质量和效率有了明显的提升。事后复盘,我们几个小伙伴都感叹"原来我们几个,还能做成这么牛的事儿!"这一次,感受好多了。心理学家丹尼尔·平克在《驱动力》一书中告诉我们一个令人惊讶的真相:在胡萝卜大棒失效的时代,何以建设自驱力?在这不起眼的量表的帮助下,我们在创新实践教育中不知不觉地提高了绩效、焕发出热情。

一本好书的作用不仅在于传递有价值的信息,更能把有相似想法的人紧密地联系在一起。做大创或大赛时,负责人经常把"团队合奏"变成"独角戏"。负责人和成员之间总会出现信息差,负责人既不敢确定自己说得正确,又觉得教成员做事情麻烦,慢慢就懒得教了,变成一个人独挑"大梁"。成员没了成就感,也慢慢失去了兴趣。循着这本书指出的道路,我们团队成员可以快速统一认知,统一价值观,从而共同做出难而正确的选择,尽快走到正确的轨道上去,在创新实践教育中得到更大的进步。

大四,进入实验室乖乖准备毕业论文。对于当时从未接受过严格科研训练的我而言,突然要阅读大量的英文文献,要整理数据、绘制图表等,又成了一大难题。带我的师姐每天都愁着自己的实验,我怕她嫌我烦、嫌我笨,不敢打扰她。所有的工具方法就自己一点点地摸索。小红书上说有道好用,我就用有道翻译两天;知乎上说知云好用,我再用知云翻译试试。在这件事情上绕了许多弯路,耽误了不少时间。

在写本书时,作者邀请同学们站在"用户视角"发问,邀请了好多教授按照他们多年的教学经验回答问题,邀请双创专家带来前沿的产业认知。她经常说"创新实践教育,不能让同学们迷茫到'卷字数',应该塑造价值观,指明正确路径,介绍好用工具"。本书汇聚了几十位各界专家、教授和同学们的共同认知,内容的准确性、权威性和系统性,比我们自己东找西找,那是强太多了。在这本书即将付梓的前夕，我悄悄地告诉大家，这必将是一本会越来越厚的书。在人工智能技术的赋能下，你提出的问题，和迪姐姐召唤来的教授专家们，会不断增加这本书的厚度。

看完本书后，我的第一感受是非常羡慕，羡慕未来的学弟学妹们在创新实践教育起步之初，有这样一本书指路。如果在我大一的时候有这样一本书，我的大学生活可能会完全不同。也许我会更勇敢地向老师提出疑问与困惑；也许选题时我会有更开阔的眼界与格局；也许实验中我可以花更少时间摸索工具，有更多时间专注科研训练和创新思考。

大家都称呼作者为吴主任、吴院长、吴老师，但我更喜欢称呼她为迪姐姐。自从大三认识她之后，她就像大姐姐一样给我指引方向、提供帮助。她是一个很特别、很直爽的姐姐，我可以不用花时间去悟"言外之意"，迪姐姐会直接告诉我"怎么思考、怎么做"，让我少走很多弯路。我相信这就是她编写本书的心意，希望给同学们一本"拿来就能用，试试就好用"的创新实践学习指导手册。

如果说大创、大赛是一场游戏，那么这场游戏挑战之大，或在于"集齐十张神卡，才能召唤神龙"。这本书就是攻略，它让我们得以掌握"召唤神龙"的咒语。从大一开始，翻一翻攻略，了然于胸；玩一玩游戏，躬身入局；会一会高手，会当凌绝顶；做一点实事，一览众山小。

四川大学应用化学专业2017级校友

推荐语

如何在大创、大赛中少走弯路？到底该做什么？该怎么做？本书总结了大创、大赛多年发展过程中的规律和内核，蕴含着数十位"过来人"的血泪和智慧。初次面对大创摸不着头绪，来看看这本大创教科书吧。

——李浩宇，四川大学化学工程与技术专业2023级博士在读，第八届中国国际"互联网+"大学生创新创业大赛金奖"磷跑者"项目负责人

翻开这本书，一下就回想起了当年初次接触科研、被海量信息吞没时迷茫无措的时光。这本书非常惊艳，能够完美解答创新实践起步之初的许多困惑，打破数据壁垒和信息茧房，为同学们在茫茫迷雾中指明方向！非常推荐！

——谢卓君，四川大学2023级硕士研究生在读，2021年国家级大创项目负责人，中国国际大学生创新大赛（2023）金奖"颌图"项目核心成员

听一堂课，读一本书。但这本书或许会让你了解如何发现一个重要问题，培育一个新事物。

——陈鹏，四川大学材料学2022级博士生在读，2021年国家级大创项目负责人，第八届中国国际"互联网+"大学生创新创业大赛金奖"黑柔科技"项目负责人

从大一进入川大以来，就从老师和学长口中了解到大创等创新实践对于一个大学生发展培养的不可或缺性。以往参与大创或者浏览知乎、小红书之类的半真半假的空故事，或从师兄师姐口中了解到大创的只言片语，但始终缺乏系统的、详细的参考资料。这本书将大创按照成熟度拆解，层层递进，为各类专业大创的完整过程呈现了具体翔实的方案和建议，是开展大创必备的资料神器！值得每一位本科生放在案头！

——申强，四川大学机械设计制造及其自动化（卓越工程师）专业2021级本科在读，2022年国家级大创项目成员，中国国际大学生创新大赛（2023）金奖"颌图"项目核心成员

前言

在这个日新月异的时代，创新已成为推动社会进步和经济发展的核心动力。随着国家对人才创新实践能力的日益重视，大学生创新创业训练计划、中国国际大学生创新大赛等各类创新实践教育活动如雨后春笋般涌现，为广大学子提供了宝贵的实践平台和锻炼机会。然而，面对这些充满挑战与机遇的创新实践教育活动，许多学生甚至指导教师感到迷茫与无措，不要说系统而实用的方法论和培训体系无处可寻，就连最根本的价值塑造功能，都被抛诸脑后。比如，我们看到校外企业家擅长挖掘科技项目的产业价值，却往往难以阐释项目的人才培养意义；他们擅长联动政府、企业与资本，却淡化了教授、学生与学校其他宝贵资源的重要潜在作用。我们也看到校内指导教师在知识传授和能力培养两方面颇有心得，但对于无处不在、无时不在的价值塑造工作，却有意无意地弱化淡化，或视若无睹，或羞于启齿，或空洞无力；他们擅长激励学生努力，也明确努力的方向是培养社会所需的人才，但却未能很好地将国家、人类命运共同体的宏大需要与眼下的教育实践相结合。

或因如此，大创和大赛中越来越多的同学学会了"套路"，精致的"骨架"、丰满的"血肉"、好看的"皮囊"，但却缺乏深入骨髓的"灵魂"——既不见"燃烧的信念"，也没有"摇醒另一个灵魂"。这样的项目，且不论是否能脱颖而出，仅就教育部门主办创新大赛的育人初衷而言，也差之毫厘、谬以千里。

中华民族对德育有着"德才兼备，以德为先"这样从不含糊的执着，有着"力行近乎仁"等对价值塑造路径须得实践的清晰认知。过去几年，围绕中国国际大学生创新大赛（原中国国际"互联网+"大学生创新创业大赛，简称"大赛"）与国家级大学生创新训练计划（原国家级大学生创新创业训练计划，简称"大创"），我有幸与众多老师分享了"价值塑造"的相关主题。在每一次的交流中，总能觉察到那种深藏的共鸣，仿佛大家忽然记起了一种长久以来被遗忘的宝贵传统，那便是对德育的深刻重视。这种重视，如同被尘封的记忆，一经唤醒，便熠熠生辉，成为我们共同探讨的焦点。

依照大家的强烈要求，我编撰了这本书，希望凝聚起大家在创新创业实践教育一线多年的智慧，围绕大家关心的创造性、项目制、竞争性实践教育，围绕学生常有的疑惑，系统地分享我们的理解。

上篇：选题定胜负　价值出英雄

面对立项前的困惑，回答同学们"怎么选题"这一核心问题。许多同学在大学初期，对创造性、项目制实践教学的内涵模模糊糊，对评价标准糊里糊涂，于是只能随着大流，糊涂上马，在投入大把精力之前都没有认真思考过，选什么题，怎么选题，评委们凭什么肯定或否定一个选题，同学们如何做才能不绕弯路，把精力花在值得花的项目上。本篇的任务，是给同学们一个判断的标准。

选题是项目的灵魂，价值观贯穿始终。这不仅仅意味着在撰写申报材料和参赛材料的每一页、每一句话时都要紧扣其主题，更意味着师生在实践项目中的每一次选择、每一个动作都要与这些核心理念相契合。选题之根、定位之略、道路之策，它们如同指南针，确保每一步都方向正确。

第1章：如何选好题？价值决定方向

在这一章，直击选题根本，任务是解决"怎么选题"的问题。从价值的概念出发，深入探讨高等教育对于国家和人类发展的重要性。通过实例和数据，分析项目选题在大学生创新大赛中的关键作用。最终，为参赛师生提供一条清晰、实用的选题"金标准"——"四个面向"，帮助他们在比赛中脱颖而出。

第2章：如何定主线？明确教育为本

本章的核心任务是明确项目的定位，阐述定位之方略。从教育的本质出发，运用战略思维，深入分析教育的三大任务——价值塑造、能力培养、知识传授的时代意蕴和实践难题。通过案例对比，论证价值塑造在大学生创新项目立项与比赛中的重要性和迫切性。在此基础上，我们号召大家把思创融合的理念作为"明线"贯穿于项目的始终，确保项目在比赛中具有独特的竞争优势。

第3章：如何找亮点？突出融合之策

在这一章，我们将探讨如何选择正确的路径来实现教育目标，点亮道路之策略。基于大学生成长的规律运用互鉴思维，深入剖析学科交叉、科教融汇、产教融合等教育改革理念对于大学生创新大赛的深远影响。结合大赛的评分规则，梳理出这些先进教育模式在项目中的具体应用。最终，我们将为参赛者展现一条通向成功的"正道"，帮助他们在项目的立项、执行和表现上取得卓越的成绩。

下篇：项目成熟有阶梯　能力发展见数字

本篇的核心在于项目怎么执行推进。从怎么提出问题、立项申报，到筹备资源、学会方法，到分析结果、写作初稿，在研究项目起步阶段，人人都经历过、必须学的通用能力，我们以问题图谱的方式汇聚在此，免去同学们"东市买骏头、西市买长鞭"四方遍寻学习资料之劳苦，更降低学习资料未经鉴定之风险。

第4章：创新实践能力，提升有阶梯吗

本章解释论证成熟度量表之于大学生创新项目推进和能力发展的有效性。

第5~14章主要介绍了项目下一步要做什么。这几章逐级分解量表能力项和能力分项，以常见问题为牵引，构建能力型知识图谱。

在我们之前，众多备受尊敬的教育家、企业家以及投资界的佼佼者，都曾将创业项目计划书作为教学模板，传授给莘莘学子。历经十七载的实践教育探索，我们与成千上万的师生一同在实战中跌打滚爬，共同体验了荣获近30枚国金的喜悦，也经受了50多枚国银、国铜的遗憾，陪伴了十多个从早期淘汰到后来崛起的逆袭之旅，更见证了莘莘学子和青年科学家们在创造性、项目制这一实践教学环节相遇、相知、相伴。通过这一过程，我们深入洞察了校园师生的认知障碍、能力卡点及价值断层。基于此，我们创新研发了大学生创新项目成熟度量表等实用教学工具，尽管这些工具在企业和投资界眼中或显得微不足道，但它们在学生项目立项、申报、执行以及赛训等创造性、项目制实践教育环节中，已无数次证明了其实用性和有效性。我们将抽象的"创造性思维"具体化为表格、范本和武器库，将空洞的理论转化为可执行的实践步骤，使得本书所倡导的价值塑造在创造性实践训练中得以成为"明线"。

总之，上篇为"道"，下篇为"术"，相互补充，共同构成了参赛项目的完整框架。只有深入理解并切实运用，才能在比赛中取得好成绩，实现项目的价值。

在本书成书过程中，来自四川大学 25 个学院的 61 位老师积极主动地道出了呕心沥血指导学生的心得，毫不犹豫地搬出了多年积累珍藏的资料和范本，回应了上百个问题，为编著者弥补了格局与视角的不足。他们（排名不分先后）分别是四川大学的：

舒　予	图书馆	魏　强	高分子科学与工程学院
吴振国	化学工程学院	韩向龙	华西口腔医学院
田兵伟	灾后重建与管理学院	薛超然	华西口腔医学院
赵德威	材料科学与工程学院	白　丁	华西口腔医学院
贺立龙	经济学院	梁学栋	商学院
张卫华	计算机学院	陈兴蜀	网络空间安全学院
赵启军	计算机学院	柯博文	华西临床医学院
曾维才	轻工科学与工程学院	刘　进	华西临床医学院
梁伟波	华西基础医学与法医学院	甘　宇	华西临床医学院
王海舟	网络空间安全学院	郭孝东	化学工程学院
李昌龙	华西基础医学与法医学院	谭雪梅	生命科学学院
周学东	华西口腔医学院	原海兵	考古文博学院
吴　卓	艺术学院	孙　群	生命科学学院
龚勤林	经济学院	包　骥	华西临床医学院
苏　丹	生物治疗国家重点实验室	陈　豪	华西临床医学院
应斌武	华西临床医学院	汤　炜	华西口腔医学院
张　韵	华西基础医学与法医学院	曾　维	华西口腔医学院
吕建成	计算机学院	方　夏	机械工程学院
汤臣薇	计算机学院	袁　莉	公共管理学院
游劲松	化学学院	彭必雨	轻工科学与工程学院
宾正杨	化学学院	李小平	商学院
章　鹏	化学工程学院	邓国营	经济学院
董立华	华西基础医学与法医学院	潘　杰	华西公共卫生学院
李乙文	高分子科学与工程学院	朱向东	生物医学工程学院
顾志鹏	高分子科学与工程学院	吴家刚	材料科学与工程学院

武 岳	电子信息学院	任 彪	华西口腔医学院
王 鹏	电气工程学院	王泽高	材料科学与工程学院
廖 文	华西口腔医学院	孟雅婧	华西临床医学院
王 军	商学院	贾舜宸	教务处
杨文宾	华西口腔医学院	杨 维	教务处
程 伟	生物治疗国家重点实验室		

产教融合的本质，是教育的目标导向问题，是我们究竟要培养什么人，为谁培养人的问题，是"为党育人、为国育才"具体怎么落地的问题。作为从没走出过校园的教师，我所有的产业格局、行业认知、企业思维，都来自三百多位校外创新创业教育专家，其中以讲座形式在本书中做出贡献的校外导师（排名不分先后）有：

马德富	北京新产教科技有限公司	张立强	北京海君投资管理有限公司
黄贵洲	新未来在线教育集团	方铭洋	沅淼资本
曾 劲	万学创世教育科技有限公司	宁好敏	北京中泓投资基金管理有限公司
金摇光	中钢高科投资管理有限公司	夏春芬	成都种智孵化器管理有限公司
罗雪方	江苏罗化新材料有限公司		

在近年创新型、项目制实践教学中涌现出的优秀学生们，为本书的形成做出了至关重要的贡献。正是因为他们当年在校的奋力生长，沉淀为今天这本书的内容；是他们，让本书脱离"以教师为中心"的内容生产逻辑，完成"以学为中心"的转变；是他们，让本书在付梓之前，就完成了第一批"种子用户测试"，让我们对"正对大学生的胃口"自信满满。他们（排名不分先后）分别是四川大学的：

王仕锐、刘勇、朱彬、江华、吴涛、张炎成、黄珍梅、张冉冉、李浩宇、陈鹏、尹一佳、郭玖思、蒲觉非、赵书立、傅宇成、黄嘉、吴林嵘、赵艺、吕杉、吴东晖、尹泽琳、贺子妍、朱涛、谢卓君、申强、江南、田而慷、赵一燃、何传康、张书源、张琳媛、梁蕊、林予同、胡逸凡、胡亦清、姚云茜、蔡武峰、鲍旻玥、高怡宁、杨一鸣、卢慧、任叶蕾、朱世豪、詹美均、王振宇、吴晓悦、杨青欣、刘桢、郭玉莹、刘洪源、罗宇、唐璇、张舜皓、李天乐、金科宇、周茂林、周珂冰、周馨怡、马润宇、李忆博、刘丰硕、何科泰、周昶含、张雅、张春池、沈桢贞、游芷萱、韩佳宜、江南、王睿瑄、姚娟、李艾雯、崔光垚、张孙点滴、孙茜茜、王政云钦、毕语桐、陈昱霖、杨丹、黄晨婷、杨济琳、李焱、余佳阳、朱羽、王嘉慧、李丁奎

还有许多奋斗在创造性、项目制教学和管理一线的全国同行。你们都是超人，几个人，一点点资源，你们就能改变一群人、一个学院、一个学校乃至一个行业。过去几年，我们一起演讲培训、评审开会、促膝长谈、把酒言欢，你们对创新创业教育的精神理念和俯身实践，都深深地滋养着我。今天我能捧出这样一本自成体系的教材，其中许多事实、观点和模型，都来自你们这些把教育当使命的工作者、创业者。我无法列举每一位同行，下面仅列出写书过程中提供直接意见和建议的同行，他们（排名不分先后）分别是：

傅茂森	西北工业大学	王满四	广州大学
尹胜君	哈尔滨工业大学	田正芳	黄冈师范学院
高　鹏	北京邮电大学	温和瑞	江西理工大学
秦志宏	内蒙古大学	李冬梅	内蒙古工业大学
党建宁	兰州财经大学	朱　伟	西安电子科技大学
陈立斌	西安交通大学	张佳景	河北农业大学
孔令桂	山东协和学院	杨洪学	东北林业大学
陈海荣	金华职业技术学院	陈　烈	成都大学
施永川	温州大学	黄志坚	深圳职业大学
蒙志明	广西师范大学	杨舒然	云南大学
刘玉峰	黑龙江大学	刘德英	北京大学
韦　良	南宁师范大学	张清宇	南方医科大学
姜　攀	广西建设职业技术学院	冯晓莉	内蒙古医科大学

最后，我们重视 AI 时代大学生创新实践的巨大变化。一方面，编著者在撰写过程中亲身体验了文心一言，提高了文献查阅、文字梳理、文风统一、格式整理、数据统计、项目管理等工作的效率，效果惊人；另一方面，本书示例了在参加大创、大赛时 AIGC 能借之力（如第 6 章起每一章末尾的 "AI 试试看"），明确了使用 AIGC 的学术道德和规范（如 13.1.6 学校鼓励用 AIGC 吗），甚至训

练和发布了专门帮助学生做大创、大赛的 AIGC 智思体"大川小创"（如第 5 章末尾的"AI 试试看"），愿你借力，乘风而起。

本书是在多个教改项目的资助下推进的，项目的申报、研究、答辩和成果总结凝练过程无不凝聚着同行高手的智慧，虽挂一漏万，也须得提：教育部 2023 年度拔尖计划 2.0 课题（20232027），基于项目成熟度量表的拔尖创新实践能力评价指标研发与 AI 教学应用研究；中国高等教育学会 2022 年度高等教育科学研究规划课题（22CX0413），大学生创新创业项目成熟度评价量表研制与实践；四川省第二批产教融合示范项目——"四川省先进建筑材料产教融合创新示范平台"（川财教〔2022〕106 号）；四川大学新世纪高等教育教学改革工程（第十期）研究项目（SCUSJ31），党的二十大精神融入高校实践育人体系的机制与路径创新——基于"互联网+"大赛教育维度新内涵构建的实证研究等。

本书付梓前夕，四川大学受教育部委托，研究大学生创新实践能力提升的理论与实践课题，要求明确大学生创新能力的具体内涵，厘清大学生能力培养存在的问题，研究大学生实践能力培养的理念、方法和路径。这本书好似未卜先知地交上了编著者的答卷。纸上得来终觉浅，绝知此事要躬行。我们深信，能力培养更需要在创新实践中笃行实干、不断磨炼。编写这本书也正是作为一线教师践行育人初心的一场思想沉淀与理念升华。创新无处不在，探索永不止步。等风来，不如追风去。我们，一起跑起来！

感谢大家的支持与厚爱，让我们携手共进，为教育事业贡献更多的智慧与力量，为大学生走上能力增长自驱通道，共创美好的明天。

吴 迪

目录

编辑推荐

序一

序二

序三

推荐语

前言

上篇 选题定胜负 价值出英雄

第 1 章　如何选好题？价值决定方向	2
【学习目标】	2
1.1　价值判断标准：对需求	2
1.1.1　对谁有价值：不只是善恶那么简单	2
1.1.2　价值有大小：从马斯洛的需求说起	4
1.1.3　金奖是否等于赚钱：打破金钱迷思	6
1.1.4　三重逻辑：拨开金钱与荣誉的迷雾	7
1.1.5　价值观恒等式："四个面向"战略指引	9
1.2　价值追寻之路：用武器	12
1.2.1　经济发展价值	15
1.2.2　社会发展价值	20
1.2.3　国家核心价值	27
1.2.4　教育-科技-人才价值	30
1.3　价值实现路径：落场景	38
1.3.1　冰冷方程之融雪魔力：融于场景，温暖人间	38
1.3.2　物联网技术的"智慧牧歌"：植入场景，提质增效	39

　　　　1.3.3　微生物技术守护三星堆文物：赋能场景，
　　　　　　　守护文明　　　　　　　　　　　　　　40

第 2 章　如何定主线？明确教育为本　　　　　　44

【学习目标】　　　　　　　　　　　　　　　　　　44

2.1　揭秘教育核心：价值塑造为何至关重要　　　　44
　　　2.1.1　人生规划：价值观对个人选择的影响力　　45
　　　2.1.2　企业文化：价值观对组织决策的决定性　　47
　　　2.1.3　可否塑造：价值观是怎么形成的　　　　　49
　　　2.1.4　社会迫切：教育必须担负起价值塑造的责任　50
　　　2.1.5　反例警示：缺失价值塑造的教育危机　　　51

2.2　探寻最佳路径：为何创造性、项目制实践教育
　　　独领风骚　　　　　　　　　　　　　　　　　52
　　　2.2.1　价值塑造效果可见　　　　　　　　　　　52
　　　2.2.2　价值塑造效果可评价　　　　　　　　　　53
　　　2.2.3　价值塑造效果可定量　　　　　　　　　　53

2.3　主线任务：小白的英雄之旅　　　　　　　　　54
　　　2.3.1　情：从"有事无情"到"初心萌发"　　　56
　　　2.3.2　理：从"闭门造车"到"潜心求索"　　　57
　　　2.3.3　天：从"小趣怡情"到"心怀天下"　　　57
　　　2.3.4　地：从"政策文件"到"用心良苦"　　　58
　　　2.3.5　人：从"成长缺位"到"雄心壮志"　　　59

第 3 章　如何找亮点？突出融合之策　　　　　　62

【学习目标】　　　　　　　　　　　　　　　　　　62

3.1　互鉴思维下的教育维度　　　　　　　　　　　63
　　　3.1.1　评分规则解析　　　　　　　　　　　　　63
　　　3.1.2　"无障视界"的教育维度　　　　　　　　65

3.2　互鉴思维下的创新维度　　　　　　　　　　　66
　　　3.2.1　评分规则解析　　　　　　　　　　　　　66
　　　3.2.2　"光影流转"的创新维度　　　　　　　　67

3.3	互鉴思维下的团队维度	68
	3.3.1 评分规则解析	68
	3.3.2 "追光者"的团队维度	70
3.4	互鉴思维下的商业维度	72
	3.4.1 评分规则解析	72
	3.4.2 医联的商业维度	73
3.5	互鉴思维下的社会价值维度	74
	3.5.1 评分规则解析	74
	3.5.2 "乡振智疗"的社会价值维度	76
3.6	互鉴思维落地心法	77
	3.6.1 副标题体现场景	77
	3.6.2 互鉴团队组建策略	79

下 篇　第4章　创新实践能力，提升有阶梯吗　86

项目成熟有阶梯
能力发展见数字

【学习目标】		86
4.1	教育领域能力评价的挑战	86
	4.1.1 实践教学项目目标不明	86
	4.1.2 实践教学项目管理不实	87
4.2	项目成熟度作为评价工具有用吗	87
	4.2.1 项目成熟度在科技创新与产业落地中的广泛应用	87
	4.2.2 企业中项目成熟度的人才培养作用	87
	4.2.3 成熟度量表在教育领域的实践应用	88

第5章　创新零级成熟度：做好准备　91

【学习目标】		91
5.1	怎么参加大创	91
	5.1.1 什么是大创	91
	5.1.2 为什么要参加大创	92

5.2 如何选择？科学研究、技术开发、产品研发还是
   创业开店 94
   5.2.1 基础研究的小白的故事：冰点下降规律
        探究之旅 95
   5.2.2 技术开发/临床研究的小白之路：问卷调研与
        算法项目的医学实践 98
   5.2.3 产品研发的小白之旅：从实验室到市场的
        跌宕起伏 103
   5.2.4 创业开店的小白纪事：i创街上琴行兴衰 104
   5.2.5 小白的大赛逆袭故事：从染发剂到折叠屏的
        巅峰之旅 108

5.3 参加大创的程序是什么 109
   5.3.1 参加大创需要密切关注的网站 109
   5.3.2 大创分哪些阶段 109

5.4 大创怎么拿高分 110
   5.4.1 大创大赛的本质是什么 110
   5.4.2 为什么交叉融合很重要 110
   5.4.3 大创重点支持什么项目 110
   5.4.4 评审怎么评 111
   5.4.5 在高分段的答辩中，最常见的问题是什么 116

第6章 创新一级成熟度：提出问题 118

【学习目标】 118

6.1 如何提出问题 118
   6.1.1 好问题的特点有哪些 118
   6.1.2 科学问题、技术问题和工程问题的区别在哪儿 ... 119
   6.1.3 什么是关键（科学）问题 120
   6.1.4 为什么提出问题是第一步 120
   6.1.5 怎么找选题 121
   6.1.6 选好题后，怎么开始研究 122

	6.1.7	为什么要先调查文献才能提出问题	124
	6.1.8	如何提出问题	124
	6.1.9	如何细化和界定问题	125
	6.1.10	如何根据选题联系合适的指导教师	125
	6.1.11	如何评判选题的可操作性	126
6.2	如何查阅文献		**127**
	6.2.1	如何检索和下载论文	127
	6.2.2	如何辨别文献质量	128
	6.2.3	面对海量文献，每篇都要精读吗	128
	6.2.4	怎么找到关键论文	129
	6.2.5	如何快速找到关键信息	130
	6.2.6	如何循序渐进地读文献	130
	6.2.7	期刊与学位论文，应着重读哪类	131
	6.2.8	整理、阅读文献如何更高效	132
6.3	怎么写评述、前言、研究背景		**132**
	6.3.1	评述重要吗	132
	6.3.2	如何评述	133
	6.3.3	表格里的"项目的立项依据"怎么填	133

第 7 章　创新二级成熟度：立项申报　　139

【学习目标】　　139

7.1	如何写立项申报书		**139**
	7.1.1	为什么要写立项申报书	139
	7.1.2	立项申报书的常见模版下载	140
	7.1.3	怎么写立项申报书	140
	7.1.4	立项申报书最不该怎么做	141
7.2	如何写"拟解决的问题"		**142**
	7.2.1	为什么先写"拟解决的问题"	142
	7.2.2	"拟解决的问题"怎么写	142
	7.2.3	"提出问题"与"拟解决的问题"的区别是什么	143

	7.2.4	什么叫科学假设	144
	7.2.5	什么是"假设驱动"的科学精神	144

7.3 如何写"研究内容" 144
	7.3.1	研究内容重点写什么	144
	7.3.2	什么是研究方案	145

7.4 如何写"创新点" 146
	7.4.1	为什么创新点最难写	146
	7.4.2	示例说明创新点怎么写	147

7.5 如何写"摘要" 148
	7.5.1	为什么最后写摘要	148
	7.5.2	怎么写摘要	148
	7.5.3	摘要写作最容易犯的错误是什么	148
	7.5.4	如何避免摘要写得像前言	149

7.6 如何写其他部分 149
	7.6.1	申报书其他部分重要吗	149
	7.6.2	项目负责人研究基础怎么写	150
	7.6.3	指导教师研究基础怎么写	150
	7.6.4	工作条件怎么写	150
	7.6.5	预期成果怎么写	151

7.7 大创团队如何搭建 152
	7.7.1	靠谱的大创搭档具有哪些素质	152
	7.7.2	一个大创团队需要哪些成员	152
	7.7.3	大一、大二能参与大创吗？需要多高的专业能力	153
	7.7.4	好的大创团队氛围如何	153
	7.7.5	大创对于保研来说是否必要	154
	7.7.6	作为负责人，如何管理推进大创项目	155
	7.7.7	如何提高团队工作效率	155
	7.7.8	如何从项目成员转变成合格的大创项目负责人	156

	7.7.9	项目遇到困难怎么办	157
	7.7.10	如何在大学四年拥有和传承队伍，将项目越做越好	157
	7.7.11	能不能同时参与多个大创项目	158
7.8		如何求得老师更多的指导	158
	7.8.1	老师不主动找我怎么办	158
	7.8.2	老师积极性不高怎么办	159
	7.8.3	什么样的问题适合用微信问	160
	7.8.4	什么样的问题适合约时间电话问	161
	7.8.5	什么样的问题适合线下见面讨论	162

第 8 章　创新三级成熟度：资源筹备　　167

【学习目标】　　167

8.1　我会用到什么方法　　167

- 8.1.1　如何了解研究所需的方法和工具　　167
- 8.1.2　如何获得仪器、工具、原料、设备的使用权限　　168
- 8.1.3　调研前要做什么准备　　169

8.2　如何引入新方法、新工具　　171

- 8.2.1　引入新方法、新工具，是否有机会产生新结果　　171
- 8.2.2　我可否引入新方法、新工具　　172

第 9 章　创新四级成熟度：学会方法　　175

【学习目标】　　175

9.1　如何掌握实验方法　　175

- 9.1.1　培养创新创造与创业能力，照方抓药也是必要的吗　　175
- 9.1.2　如何学会使用仪器、工具、原料、设备　　176
- 9.1.3　用什么标准判断我学会使用仪器、工具、原料、设备了　　177

9.1.4　参与大创需要很多研究工具或者研究方法，
　　　　我还不会怎么办　　　　　　　　　　　　　178

9.2　如何掌握研究方法　　　　　　　　　　　　　　　178
　9.2.1　参与大创如何避免成为研究生的"工具人"　178
　9.2.2　如果大创研究需要开展实验室实验，作为新手
　　　　如何保证实验安全　　　　　　　　　　　　179
　9.2.3　"大创"实地调研过程中注意事项有哪些　　180

9.3　怎么报销　　　　　　　　　　　　　　　　　　　181
　9.3.1　能报销吗　　　　　　　　　　　　　　　181
　9.3.2　报销规定和流程是怎样的　　　　　　　　182

第10章　创新五级成熟度：拿点数据　　　　　　　　　185

【学习目标】　　　　　　　　　　　　　　　　　　　　185

10.1　拿数据　　　　　　　　　　　　　　　　　　　185
　10.1.1　实验、调查等拿数据的目的是什么　　　　185
　10.1.2　哪些数据要采集　　　　　　　　　　　　186
　10.1.3　数据获取的过程是否有必要留痕、记录　　187
　10.1.4　带有患者信息的隐私数据医学临床研究
　　　　　应该注意些什么　　　　　　　　　　　　187

10.2　评价数据　　　　　　　　　　　　　　　　　　188
　10.2.1　数据越多越好、越精确越好吗　　　　　　188
　10.2.2　数据可靠吗　　　　　　　　　　　　　　189
　10.2.3　如何判断数据质量　　　　　　　　　　　189
　10.2.4　一手数据与二手数据孰优孰劣　　　　　　190
　10.2.5　如何验证数据准确性　　　　　　　　　　191
　10.2.6　重复实验的必要性何在　　　　　　　　　192
　10.2.7　如何对待每一组实验数据　　　　　　　　193

10.3　做个样品　　　　　　　　　　　　　　　　　　194
　10.3.1　什么是样品？有样品就代表项目成熟度高吗　194
　10.3.2　什么是MVP　　　　　　　　　　　　　　195

	10.3.3	什么是概念验证	199
	10.3.4	什么叫打样？怎么打样？贵吗	200
	10.3.5	什么是小试、中试	201
	10.3.6	做出样品/MVP 能提高评上省级、国家级的机会吗	202
	10.3.7	工科项目做出样品能保证结题评价优秀吗	202

第 11 章　创新六级成熟度：分析结果　　204

【学习目标】　204

11.1　怎么分析　204

- 11.1.1　数据处理的基本原则有哪些　204
- 11.1.2　数据处理的基本方法有哪些　204

11.2　怎么画图　205

11.3　怎么解读数据　207

- 11.3.1　如何分析结果，解读数据　207
- 11.3.2　若没有得到预期结果，实验失败，是不是就不能结题了　208

第 12 章　创新七级成熟度：成果初稿　　211

【学习目标】　211

12.1　成果形式问题　211

- 12.1.1　哲学社会科学研究会产出什么成果　211
- 12.1.2　理工医科科学研究会产出什么成果　212

12.2　如何写科学论文　213

- 12.2.1　论文的基本结构是什么　213
- 12.2.2　论文最体现水平、最难写的通常是哪部分　216
- 12.2.3　如何确定论文格式　216
- 12.2.4　如何突破论文写作语言关　217
- 12.2.5　什么时候可以动手写论文　217
- 12.2.6　论文引用格式问题　218

12.3 如何写专利 222

- 12.3.1 为什么要写专利 222
- 12.3.2 申请专利对项目有什么好处 222
- 12.3.3 专利保护的是什么 223
- 12.3.4 国际发明专利是什么？如何申请 223
- 12.3.5 如何判断是不是能写专利 224
- 12.3.6 如何从项目设计中挖掘专利 224
- 12.3.7 专利只能写做出来的结果吗 225
- 12.3.8 如何通过代理机构申请专利 227
- 12.3.9 如何不通过代理机构自主申请专利 229
- 12.3.10 专利申请如何获得学校/学院的授权 232
- 12.3.11 什么是专利的优先审查？如何提交 233
- 12.3.12 如何回复专利审查意见 234

12.4 如何备赛 235

- 12.4.1 为什么创新成果有机会去参赛 235
- 12.4.2 学校认可竞赛时通常遵循什么原则 236
- 12.4.3 官方认定的重点竞赛有哪些 236
- 12.4.4 学校组织参加哪些重点竞赛？如何参赛 240
- 12.4.5 为什么创新成果参赛不一定能拿好成绩 246
- 12.4.6 如何推进创新成果，并参赛获得佳绩 246
- 12.4.7 如何将大创项目转化为大赛或者挑战杯的参赛项目 247

第13章 创新八级成熟度：成果投送 250

【学习目标】 250

13.1 学术道德问题 250

- 13.1.1 什么是学术道德问题？哪些行为算学术道德问题 250
- 13.1.2 毕业论文中，哪些行为算学术道德问题 257
- 13.1.3 学校规定出现学术道德问题应如何处罚 258
- 13.1.4 查重是什么意思 258
- 13.1.5 查重率过高，会怎么处罚 258

	13.1.6	学校鼓励用 AIGC 吗	258
13.2	如何投稿论文		259
	13.2.1	如何选择期刊	259
	13.2.2	如何投稿	260
	13.2.3	如何写投稿函？请提供模板	261
	13.2.4	如何面对审稿意见？是不是故意刁难我	263
	13.2.5	如果数据补不出来，论文一定发表不了吗	263
	13.2.6	会议论文还是期刊论文	263
	13.2.7	核心期刊的论文投稿第一作者必须由有职称的教师署名吗	264
	13.2.8	无法发表文章的学术论坛或交流会还有必要投稿、参加吗	264
13.3	如何投专利		265
	13.3.1	申请专利是不是必须找代理律师	265
	13.3.2	专利怎么提交	266
	13.3.3	如何确认专利投上了	266
	13.3.4	专利申请号几天能拿到	266
	13.3.5	专利申请号一长串号码代表什么	266
	13.3.6	申请专利要花多少钱	267
	13.3.7	学校可以报销专利申请费吗	267
	13.3.8	投专利要自己出钱吗	267
	13.3.9	专利一般多久才能审查通过	267
	13.3.10	专利一旦审查通过，是永久有效吗？有效期多久	268
	13.3.11	有效期过了，可否不续费？有什么影响	268
	13.3.12	实用新型专利和发明专利有什么区别	268
13.4	如何参赛		269
	13.4.1	为什么要参赛	269
	13.4.2	怎么选择合适的比赛	270
	13.4.3	如何备赛	271
	13.4.4	参赛团队问题	274

第 14 章　创新九级成熟度：标志成果　　281

【学习目标】　　281

14.1　论文类成果　　281

　14.1.1　什么标志着论文已发表　　281

　14.1.2　如何证明自己发表了论文　　282

　14.1.3　"论文在投"对比赛有加分作用吗　　282

　14.1.4　学术研究论文有哪些类型　　283

　14.1.5　学术研究论文是什么　　284

14.2　专利类成果　　284

　14.2.1　什么标志着专利已获授权　　284

　14.2.2　专利引用的格式规范是什么　　285

　14.2.3　授权专利通常如何提供附件材料　　285

　14.2.4　专利授权后，专利号怎么写　　285

　14.2.5　如何转化专利　　286

14.3　参赛获奖类成果　　287

　14.3.1　什么标志着作品参赛已获奖　　287

　14.3.2　参赛获奖引用的格式规范是什么　　287

　14.3.3　如何证明自己参赛获奖　　288

14.4　如何参加大创年会　　288

　14.4.1　什么是大创年会　　288

　14.4.2　参加大创年会有什么好处　　289

　14.4.3　如何参加大创年会　　289

　14.4.4　被选中参加大创年会，要做哪些准备　　290

　14.4.5　如何写好大创项目 PPT　　291

附录　参考答案　　298

参考文献　　303

上篇
选题定胜负
价值出英雄

第 1 章　如何选好题？价值决定方向

学习目标

价值目标：深入理解高等教育对国家和人类发展的重要性，自觉建立以家国情怀为基础的价值观。

能力目标：掌握选题"金奖标准"——四个面向，能够基于价值概念进行选题的评价与筛选。

知识目标：理解价值的本质，了解价值判断标准。

1.1　价值判断标准：对需求

我们常说"价值"，但你是否真正理解它的含义？

我们抛出第一个公式：

$$价值 = 对谁有价值 \times 有多大的价值$$

价值，就是"对谁有用"以及"有多有用"。这就像一把钥匙，只对匹配的锁有价值；一杯水，在沙漠中对旅行者的价值远超在河边。

1.1.1　对谁有价值：不只是善恶那么简单

我们经常听到"性本善"或"性本恶"的争论，但其实，技术也好，人也好，本身并没有绝对的善恶。比如一把刀，用来切菜就是善，用来伤人就是恶。关键在于，你用它来做什么，以及动作对象是谁。所以，价值大小取决于对象，具体而言，是对象的广度、高度和需求强度。

- **对象的广度**：你的产品或服务能帮助多少人？是局限于一个小圈子，还是能够惠及广大人群？对象越广，你的市场就越大。

- **对象的高度**：你帮助的对象在行业或社会中的地位如何？他们手中握有的资源、影响力有多大？对象越权威，你能够撬动的资源就越多。
- **对象的需求强度**：他们是否真的需要你的产品或服务？是偶尔需要，还是日常离不开？需求越刚性、越高频，他们付费的意愿就越强烈。

某高校团队新合成一种"特别黑"的高分子，用什么项目来参赛呢？面前有两个选择：这种高分子可以用于染发，也可以用在显示屏里作为背板。前者是美容美发业，后者是消费电子行业。前者可以在美发行业代替有致癌风险的苯胺类染发剂；后者可以克服目前显示屏背板材料的"卡脖子"问题，是国家战略储备材料。

这两个项目所选应用场景中的服务对象区别显著：

- **对象广度方面**：黑色染发剂主要服务于中老年群体和"少白头"人群，而显示器元件原材料做成的终端显示屏几乎人人都要用。
- **对象高度方面**：染发剂大概率由个人决策，一般使用个人财富来购买；显示器则除了在手机、电视机等消费电子行业由个人使用个人财富来购买，更有可能在政府部门、军队机构、企业等各类场景大面积使用，纳入其预算或成本。
- **对象需求强度方面**：我们假设一位老人在满足了食宿、医疗等基本需求后，会选择先买手机、电视机，还是染发剂呢？二者虽然单价不同，但因为染发是周期性的，累计五年的消费额度和单台手机、电视机差不多。两样都不是刚性需求，老人的决策取决于他认为通过手机、电视机与外界信息交互的需求更强烈，还是通过白发染黑证明人不老更重要。行文至此，我看了一眼我的 70 多岁的父母，他们选择购买手机、电视机，而任由银发如霜。

这么比较下来，团队发现，虽然把高分子做成染发剂，产业链更短，离服务对象更近，但是努力突破技术难题，把高分子用到显示元件上，价值显然更大。

是的，2020 年团队坐拥 Science 论文等一系列高级别科研成果，以"黑发能量——全球首创生物黑色素染发剂"项目止步省赛铜奖。经过两年的技术储备，本科生陈鹏改变项目主攻方向，以"黑柔科技——新型柔性显示电路板"为题，2022 年拿到了大赛金奖，完美诠释了"选题定胜负"。

> **项目卡片**
>
> **"黑柔科技"**
>
> "黑柔科技"项目专注于柔性显示电路板行业,通过自主研发的人造黑色素新材料与膜法新工艺,成功推出高性能柔性显示电路板。产品具备散热、耐弯折、电磁屏蔽等优良特性,可替代进口产品。"黑柔科技"项目已与华为等龙头企业合作,并通过严苛评测,实现稳定供货。项目团队由多学科交叉的精英组成,拥有丰富的实习经验与资源。"黑柔科技"项目致力于打破技术封锁,推动国产高端新材料在制造业的应用,为中国制造业的自主发展贡献力量。
>
> 资料来源:杜柳,四川大学,https://mp.weixin.qq.com/s/vU-6nPIQ6TGWSOgGKbRBsg,2022年11月28日。

1.1.2 价值有大小:从马斯洛的需求说起

你可能听过马斯洛的"需求层次理论":生理需求、安全需求、社交需求、尊重需求和自我实现需求。其实,这就是价值大小的底层逻辑。

- **满足基本需求**:比如食物、水、住所,这些是我们生存的基础。如果你的产品或服务能够满足这些基本需求,那么它的价值就非常大。
- **追求更高层次的需求**:人不仅仅满足于基本需求,还追求归属感、尊重和自我实现。所以,能够满足这些更高层次需求的产品或服务,往往能够创造更大的价值。

> **案 例**
>
> **"细胞质基质"从医学美容到器官再生的价值差异**
>
> 有一种神奇的高分子材料正悄然崭露头角。它不仅能够存储营养,还能作为"细胞质基质",让细胞在其上茁壮成长。这种对活体无害的材料,打开了医学美容和器官再生领域的大门。

1. 医美行业的新宠：自我填充的"细胞质基质"

想象一下，用这种材料填充泪沟、法令纹或进行隆胸手术，不再是简单的物理填充，而是激发人体自身的脂肪细胞"长过来"进行自我填充。这无疑是对传统医美材料的一次颠覆。它克服了传统材料容易代谢、容易失效、容易排异等缺点，为追求美丽的人们提供了更加自然、持久的选择。

事实上，这个项目已经从实验室走向了市场，已获得A轮融资，建好厂房，正在批量生产、市场试用。这无疑证明了其在医美行业的巨大潜力和市场价值。

2. 器官再生的梦想：从老鼠到人类的跨越

然而，这种高分子材料的魅力远不止于此。它还有可能被用于器官再生领域。想象一下，用高分子材料雕刻出耳朵甚至心脏的模板，让细胞按照这些模板长成相应的器官形状，再植入人体。这听起来像是科幻小说中的情节，但科学家们正在实验室里一步步将其变为现实。

当然，这个过程充满了挑战。目前，这项技术还在老鼠身上进行反复试验，距离真正应用于人类还有很长的路要走。即便如此，我们依然可以看到其巨大的潜力和价值。

3. 马斯洛需求层次理论下的价值评估

用马斯洛的需求层次理论来分析这两个项目，我们可以发现它们在满足人类需求上存在的显著差异。医美行业的应用主要满足的是人们的社交需求和尊重需求。一张美丽的脸庞和匀称的身材往往能带来更多的自信和尊重。因此，这种"细胞质基质"医美材料在大都市白领中的市场价值不容低估。

器官再生项目则满足的是更底层、更根本的需求——生理需求和安全需求。每个人都希望能够健康地活着，远离疾病的困扰。器官再生技术有望解决器官移植中供体器官短缺的问题，为那些等待移植的患者带来新的希望，延长人类寿命，提升生活质量。这种技术的应用将不再局限于修复缺陷或提升美感，而是直接关乎人类的生命、健康和尊严。

因此，从马斯洛的需求层次理论来看，器官再生项目的价值无疑要大于医美项目。

虽然距离器官再生技术真正应用于人类、走向临床、造福人类还有很长的路要走，但我们依然能够清晰地看到其远远高于医美的价值。这不仅仅是因为它能够满足人类更底层、更根本的需求，更是因为它有可能为人类带来更加美好、更加健康的未来。

在这个多彩的世界中,我们像探险家一样追寻价值的光芒。价值,是通往智慧宝库的钥匙,让我们洞悉世间万物的奥秘。它从不孤芳自赏,而是与"有用"相伴相生。马斯洛需求层次理论揭示了价值的奥秘:从生理到自我实现,需求在升级,价值在闪耀。

真正的价值,不在于你拥有多少,而在于你能给予多少。

在这个追求价值的时代,让我们携手创造更多价值,点亮生活的每个角落。因为价值,是我们通往美好未来的坚实基石,是我们内心深处的渴望和力量源泉。

1.1.3 金奖是否等于赚钱:打破金钱迷思

金奖不是摇钱树,但可能是影响力的起点。

在当下社会,金钱似乎成为衡量一切的标准。当我们谈论金奖时,很容易联想到赚不赚钱。但真正的金奖,从来不是简单的盈利数字的比拼。它是对项目创新价值、社会价值和教育价值的认可。金钱或许可以衡量一部分价值,但金奖所蕴含的真正价值远超金钱本身。

在教育部主办的国家级大学生创新训练计划(原国家级大学生创新创业训练计划,以下简称"大创")和中国国际大学生创新大赛(原中国国际"互联网+"大学生创新创业大赛,以下简称"大赛")等创造性、项目制实践教学环节中,我们看到了不一样的风景。这里,金钱并非万能,价值才是王道。接下来,让我们通过两个案例来对比分析。

> **案 例**
>
> #### "薪公益":月流水 2000 万元,却只获银牌
>
> 在 2019 年的大赛中,"薪公益"项目以月流水 2000 万元的傲人业绩吸引了众多目光。这样的数字,无疑证明了该项目在商业模式和盈利能力上的出类拔萃。然而,在国家级现场赛中,它却惜败给了其他项目,最终只获得了银牌。这让我们不禁思考:这"创业"大赛难道不在乎赚钱多少?不在乎盈利能力?

> **"基因方舟":收入微薄,却赢得金牌**
>
> 与"薪公益"形成鲜明对比的是"基因方舟"项目。截至2019年10月比赛时,该项目的总收入仅为5万元。这个数字在很多人看来微不足道,但"基因方舟"瞄准"中国人基因安全要掌握在中国人自己手上",凭借其独特的国家安全价值,强势夺金。"基因方舟"的成功,让我们看到了大赛通过如此严格的遴选比拼,比的不是赚钱多少,不是简单的盈利能力,而是价值。

通过对比分析这两个案例,我们可以清晰地看到:在大创和大赛中,金钱并非唯一的衡量标准。相反,价值才是决定项目成败的关键因素。

这也给我们带来了深刻的启示:在追求成功的道路上,我们应该更加注重价值,而非简单地追求金钱和利益。因为只有这样,我们才能成为真正的赢家,为社会的进步和发展做出更大的贡献。

1.1.4 三重逻辑:拨开金钱与荣誉的迷雾

那么,为什么大创和大赛没有把盈利能力放在第一位去评价考核呢?在充满活力与创意的大创与大赛中,每一个项目都是一场智慧与梦想的较量。这不仅仅是一个展示才华、争夺荣誉的舞台,更是一个深层次地体现教育、评奖和投资逻辑的交汇点。让我们一同穿越三重逻辑的迷雾,探寻教育的真谛。

1. 投资逻辑:赚钱,赚大钱,长期持续赚大钱

投资的本质是金融,要用财务指标——钱作为考量基础。

它像精打细算的商人,时刻关注着项目的盈利能力和回报预期。在这个逻辑下,金钱成为衡量项目价值的重要尺度。值得一提的是,创新驱动发展的新时代,金钱甚至不是所有投资者考虑的唯一因素。

2. 评奖逻辑:有影响力,有很大影响力,有长期持续的影响力

评奖的本质,是评奖者通过选树典型,彰显评奖组织的价值观。

一年一度的"感动中国",授予那些在不同领域默默奉献、用实际行动温暖他人、传递正能量的人物。无论扎根乡村的教育者,还是坚守一线的医护人员,他们的故事激励着每一个人去追寻内心的善良与美好。

四年一度的奥林匹克运动会，宣扬的价值观是"更快、更高、更强、更团结"，它不仅是一场体育盛宴，更是对运动员在奥林匹克精神鼓舞下长期艰苦训练的肯定与嘉奖。这种奖励机制鼓励着人们追求卓越，挑战自我，不断超越个人的极限。

关键问题是，评奖者是多元化的，这决定了他们评奖所宣扬的"价值观是多元化的"，他们评出的奖项，即便是同一个人和项目，也可能是为了彰显其不同的价值观。

教育部组织的全国高校青年教师教学竞赛，是为了选树潜心教学、擅长教学的老师，是为了让高校青年教师学习优秀的教育教学做法，受到优秀同行的鼓舞，朝着"大先生"的教育家方向努力前进；获得第一名的南京大学夏天娇老师也获得了全国五一劳动奖章，全国总工会授予夏老师这一奖励的目的是表彰在中国特色社会主义建设中做出突出贡献的劳动者，为了宣扬基层劳动者在各自岗位上兢兢业业、敢闯会创的精神。

3. 教育逻辑：有教育力，有很大教育力，有长期持续的教育力

教育的根本问题是"为谁培养人，培养什么人，怎么培养人"。

教育者的评奖逻辑是评奖逻辑中的特殊情况。教育者组织评奖必然是"选树教育力典型"，甚至不满足于一师一生的个性化的无价情谊，项目的教育意义、启发意义以及示范、复制、模式化的潜力被放在了首位，教育部出于它的使命，更关心：什么样的模式、范式、形式，可以让"教育力"效果更好、效率更高、惠及面更大。换用教育的话说，是什么样的模式、范式、形式，可以让学生价值观被塑造得更令人笃定、能力被培养得更能解决问题、知识被传授得更精准有效。

教育力 = 价值塑造力 + 能力培养力 + 知识传授力

教育强调的不仅是知识和技能的提升，更是思想和行为的深刻改变。

以"科教融汇"为例，这种教育理念主张将科学研究与教育教学紧密结合，让学生在探究科学问题的过程中，不仅获得前沿科学知识，更培养了创造性解决问题的能力和思维。在大学教育中，科教融汇的实践让学生有机会参与到真实的科研项目中，与导师共同探索未知领域，这种经历无疑是对学生思想和行为的一次深

刻改变。它不仅提升了学生的专业素养，更激发了他们对科学研究的热情和追求。

再如"产教融合"，这种教育理念主张将产业需求与教育教学紧密结合，让学生在学习过程中就能接触到产业实际环境和问题。在大学教育中，产教融合的实践让学生有机会将所学知识应用于实际的产业工作中，提高了他们的实践能力和职业素养，也使学生更好地了解社会需求和职业发展趋势，为自己的未来规划打下坚实基础。

"科教融汇"和"产教融合"是近年教育部主张和推进的教育理念，在这些理念下，各学校、各专业结合实际，形成了"可复制、可规模化"的教育模式、范式和形式，使得培育出来的学生在比赛中表现出更利国利民的价值观，更能解决问题的实践能力，更精准适配的知识图谱。这样的学生就成为大赛组织者——教育部寻找选树的焦点。

在教育部组织的大创、大赛中，投资逻辑是表象，我们之所以关注投资逻辑，是因为大创、大赛的活动名称中带有"创业"二字，评委老师中有部分来自投资界，教育界迫切需要产业专家的声音来践行"产教融合"理念；评奖逻辑是本质，为我们在大创、大赛中指明方向，自觉向着评奖者所宣扬的价值观靠拢；教育逻辑是根本，是我们可以以大创和大赛为重要抓手来开展教育、学习、工作的根本原因。将教育理念融入项目中，通过项目体现教育理念、模式、范式的教育优势，让更多参与者得到更好的成长与提升，这就是大创、大赛的使命、愿景、价值观。

1.1.5 价值观恒等式："四个面向"战略指引

为了进一步深挖"教育逻辑"，理解大创、大赛的价值观如何落地，我们抛出"价值观恒等式"。

<u>金奖标准＝比赛宗旨＝教育理念＝科研方向＝国家战略（四个面向）</u>

下面就恒等式里的每一个等号进行解释。

1. 金奖的背后：超越技术的价值观

为什么金奖标准＝比赛宗旨？

金奖非金，乃人之精英所聚，理念所归。

如前文所述,这就是金奖评选背后的深层逻辑。

金奖,不仅仅是一块闪耀的奖牌,一群优秀的师生和一个好的投资标的,它更是教育者选树的符合他们价值观的典型案例、执行榜样。

评委,是每一场比赛的灵魂守护者。他们经过层层筛选,最终被主办方选聘,不仅仅是因为他们在学术或技术上的卓越成就,更是因为他们与主办方的价值观产生了共鸣。"与善人居,如入芝兰之室,久而不闻其香,即与之化矣。"评委在与主办方的接触过程中,不断地被主办方影响和监督,最终认同并愿意传承这场比赛的核心理念。

当我们为金奖获得者欢呼时,我们是否想过,为什么是他们?答案很简单:他们在技术上无疑是卓越的,但更重要的是,他们的项目所宣扬的使命、愿景、价值观与大创、大赛的使命、愿景、价值观完美契合。教育者所推行的教育理念在金奖团队上见到了效果,形成了模式,构成了影响力。

2. 比赛的灵魂:教育的理念

为什么比赛宗旨=教育理念?

"比赛,非单是技艺之竞,更是理念之争。"在这场看似普通的比赛中,实则蕴含着深远的教育意义。它不仅仅是一次智慧的较量,更是一次对教育价值观的深刻诠释。

权威主办方是教育部高等教育司。大创、大赛的主办方是教育部高等教育司等机构。这些机构像灯塔一样,凝聚着教育界同仁的智慧,指引着高等教育的方向,肩负着培养国家未来人才的重任。他们发起的每一项比赛、活动,都是基于对高等教育的深刻思考和实践,都不可能脱离"为党育才,为国育人"的宗旨。

比赛的细节:教育理念的体现。

比赛的每一个细节都无不回应着"为谁培养人、培养什么人"这一根本问题。从比赛规则的制定到评委的遴选,从参赛者的选拔到比赛结果的评定,每一个环节都渗透着教育的价值观。这些价值观在比赛中得到了延伸和具体化,让参赛者可以一次次通过评选,与教育者校对价值观、修正价值观,做出更加符合教育者期待的选择;让参赛者不仅能够提升自己的技能水平,更能够培养自己的职业使命感和社会责任感。

3. 大学的使命：当小逻辑遇上大逻辑

为什么教育理念=科研方向=国家战略？

人才培养、科学研究、社会服务、文化传承创新、国际交流合作等，是几乎每个高校章程中规定的使命，几者紧密相连，共同构成了高等教育的小逻辑。然而，这个小逻辑并非孤立存在，它必须与社会大潮相融合，与时代发展的大逻辑相契合。

人才培养：为未来而教，为世界而育。教育的核心在于教书育人，激发潜能，唤醒心灵。教育的目标不仅在于传授知识，更在于培养学生的独立思考和终身学习能力。毕业并非终点，而是新起点，他们将带着所学所得，投身社会经济发展的广阔天地。

科学研究与社会服务：服务社会的创新动力。

创新是推动社会进步的重要引擎。高校学者们的科研成果不仅为经济发展注入活力，更为国家重大需求提供坚实支撑。他们的努力，让科技与社会紧密相连，共同推动时代的进步。

文化传承创新：连接时空的纽带。

大学作为文化的传承者和创新者，承载着连接过去与未来的重要使命。通过哲学社会科学的研究与教育，大学将人类文明的智慧结晶代代相传，同时也不断创造出新的文化成果，丰富人类的精神世界。

当高等教育小逻辑遇上社会发展大逻辑，大逻辑引领方向，小逻辑铸就基石。大学必须顺应历史潮流，积极调整自身使命和发展方向。只有将小逻辑融入大逻辑之中，大学才能更好地履行其社会职责，为人类社会的持续进步贡献力量。

4. 以"四个面向"战略统领"价值观恒等式"

"坚持面向世界科技前沿、面向经济主战场、面向国家重大需求、面向人民生命健康"是习近平总书记2020年9月11日在科学家座谈会上提出的"四个面向"要求，明确指引了科技发展方向。大学科学研究与人才培养、社会服务、文化传承创新等工作的实质一体性，"四个面向"也就成为高等院校人才培养、社会服务、文化传承的战略方向，也就毫无疑问地成了大创、大赛的宗旨和优秀项目的方向。

- **科研方向**：科学研究是高等教育的重要使命之一。在"四个面向"的指引下，科研方向应该紧密围绕国家重大需求和科技前沿问题展开，注重原始创新和关键核心技术的突破，注重与产业界的合作，解决产业界的真问题，真解决产业问题。

- **教育理念**：教育理念是高等教育的灵魂。它指引着教育的发展方向，塑造着学生的价值观念和思维方式。在"四个面向"的统领下，教育理念应该注重培养学生的创新精神、实践能力和社会责任感，让他们成为推动社会进步的重要力量。

- **比赛宗旨**：大创、大赛作为高等教育实践教育的重要一环，旨在激发学生的创新精神和实践能力，培养团队协作和问题解决能力。出于大创、大赛活动组织者的使命、愿景、价值观，活动必然遵循"四个面向"的要求，选拔能够切实服务社会、解决产业实际问题的项目，以此来锻炼和培养学生。

- **金奖标准**：大创、大赛组织者评选金奖项目，必然遵循"四个面向"的标准。首要考虑的是选题方向是否符合国家战略，是否具有重大价值，能否助力我国经济"建圈强链"，解决产业关键问题，并在此过程中塑造为国为民的价值观。其次才考量项目的技术卓越性和业绩领先性，培养创新实践能力。

综上所述，高等院校必然坚持"四个面向"——面向世界科技前沿、面向经济主战场、面向国家重大需求、面向人民生命健康，作为科技发展的方向。通过科教融汇、产教融合的教育理念，明确人才培养的方向，这正是党的二十大报告所强调的教育、科技、人才"三位一体"的核心内涵。大创、大赛作为实践教育的重要环节，也必须遵循"四个面向"的战略导向，依此标准培养和选拔人才。

1.2　价值追寻之路：用武器

1. 解锁项目价值迷雾：为什么我们需要一个价值武器库

在创新创业的征途上，我们常常听到这样的豪言壮语："我的产品是为全世界设计的，每个人都需要它！"然而，这种"大而全"的想法真的能够引领我们走向成功吗？让我们通过几个例子来探讨为什么在项目初始阶段更需要聚焦特定人群、特定场景的特定价值，以及为什么需要一个价值武器库来助力前行。

2. 从"全民皆可用"到"精准打击"：重新定位产品价值

有人声称自己的产品适用于每个人，这似乎是一个诱人的梦想。然而，现实告诉我们，这种"都能用"的梦想往往难以落地。蛋糕，昨天是我的早饭，今天，承载了生日的欢乐，并不是每个人在每时每刻都需要它。微信，这款应用无处不在，昨天用它和朋友视频通话分享生活，刚才用它接收了领导布置的工作文件，晚上还要用它来为孩子心仪的礼物付款，每时每刻，它的功能灵活多变，价值也随之展现。

把时间、地点、人物和具体需要眉毛胡子一把抓，就是找不到确切意义的根本原因，甚至就是人生迷茫、提不起劲、找不到意义的底层原因。

这正是我们强调"对谁有价值、有什么价值"的重要性所在。与其追求泛泛而谈的全民适用性，不如深入挖掘特定人群在特定场景下的真实、具体需求。这样做不仅能够帮助我们更精准地定位产品，还能让我们在资源有限的情况下，集中力量解决最核心的问题。

3. 多元化需求下的价值：为何需要价值武器库

在多元化的时代里，人的需求呈现出前所未有的复杂性和多样性。根据马斯洛的需求层次理论，我们知道人的需求从生理到安全再到归属和尊重等多个层次。这意味着，不同的项目、不同的产品所满足的需求也是千差万别的。它们可能代表人类突破认知边界，满足了人类的好奇心；可能更接近工业化生产，更快赚钱变现；可能满足了国家重大战略需求，获得了国家不计成本的支持；也可能关乎千家万户国计民生，受到了民众的追捧。

然而，在这个信息爆炸的时代里，我们很容易被眼前的现象所迷惑。比如，直播带货现象的兴起，让我们看到了情绪价值的巨大潜力，也可能让我们忽略了其他更为重要的价值。为了防止这种"一叶障目"的情况发生，我们需要一个价值武器库来对价值进行分类和解读，搞懂大学生能否参与贡献各种价值。

4. 解锁项目之魂：价值武器库的使用与共建

为了深入剖析并清晰传达我们的项目真正"为谁而生"，旨在解决哪些核心问题，以及能够为目标群体带来"何种实实在在的价值"，本节将根据多年大创、大赛涌现出的项目，采用穷举法，精心打造一座价值武器库，见表1.1。当您在探寻项目意义，乃至人生意义的旅途中感到迷茫时，不妨打开这座武器库，挑选一把最趁手的武器，让它助您一臂之力。

表1.1 价值武器库

经济发展价值	社会发展价值	国家核心价值	教育-科技-人才价值
生产变现的价值	人民健康的价值	国家主权和领土完整的价值	人才结构调整的价值
降本增效的价值	科学进步的价值	国家安全和国家统一的价值	保就业就是保民生的价值
市场价值	人民信心的价值		职业生涯理性规划的价值
品牌价值	文化传承的价值		
战略价值	生态可持续的价值	国家政治制度和社会大局稳定的价值	情绪价值
知识产权攻防价值			
市值管理价值	社会公平的价值		
避损价值			

为了更好地服务于这一目的，本书将摒弃枯燥无味的武器结构图解和装卸指南，转而聚焦于如何运用这些武器、如何在实际操作中克敌制胜。同时，本书也暂时不涉及"知识产权价值评估""品牌价值评估"等专业技术层面的探讨（这些内容往往需要厚重的教材和专著来详细阐述，现实生活中通常是专业机构收费提供服务）。在此，我们希望为您呈现一幅宏大的价值全景图，帮助您快速把握项目价值的全貌。

当然，站在全人类的视角去解构每一种意义，对笔者而言无疑是一次巨大的挑战。受限于个人的视野和格局，难免存在疏漏和不妥之处。但请相信，任何一座武器库在初创时期都是简陋的，都需要经过不断丰富、完善和强化才能日臻成熟。因此，笔者在此斗胆抛出这块引玉之砖，诚挚邀请广大专家、读者共同参与、共同建设这座价值武器库。

1.2.1 经济发展价值

1. 生产变现的价值：从产品到利润的直接通道

实现价值的一种最直观且基础的方式就是生产变现。这意味着将构思中的产品或服务进行批量生产，然后通过交换的方式，销售给有需求的人群。这种直接的生产到销售的流程，是价值实现的简捷路径。以竹篾编制竹篮为例，将其制作完成后带到市场上出售，这种源自农村的传统手工业模式，就是生产变现的典型代表。

2. 降本增效的价值：效率提升与成本优化的金手指

想象一下，你手中掌握了一种神奇的技术或工具，它可以让你在更短的时间内完成工作，而且毫不费力；或者，它能够减少原料的浪费，让你的生产过程更加环保和节能；再或者，它可以延长产品的保质期，减少货物损坏，让你的产品更加完美。

这些神奇的魔法，其实都指向了一个共同的目标——降本增效。通过提高产品生产或服务的工作效率，或者降低生产成本，你能够用同样的成本生产出更多的产品或服务，从而赚取更多的利润。这就是降本增效的魔力所在！

据不完全统计，大学生创新大赛的重要奖励中，七成以上的项目是援引新技术改造老的工艺产线，达到降本增效的效果。

3. 市场价值的觉醒：信息时代的宝藏发掘与共享繁荣

酒香也怕巷子深，曾经，那些藏在深山老林、街头巷尾的优秀产品和服务，就像被埋没的宝藏，无人知晓。但如今，随着现代信息技术的飞速发展，这些宝藏终于有机会重见天日，从原本的无人问津变成了抢手货。这就是市场价值的神奇转变，也是商品流通的魔力所在。

想象一下，平台上那些带货达人们热情洋溢地介绍着云南的菌类、甘肃的枸杞、贵州的瑶浴包、新疆的葡萄干……这些原本只在特定地区销售的农产品，如今却通过互联网走进了千家万户。人们纷纷下单购买，不仅让这些带货达人名声大噪，也带动了乡村经济的繁荣发展。

这就是市场价值的力量，它让优秀的产品和服务得以展现自我，也让消费者们享受到了更加丰富多彩的选择。在这个信息爆炸的时代，只要敢于展示、敢于创新，每个人都有机会成为市场价值的创造者和受益者。

4. 品牌价值的魅力：超越产品的信仰与体验溢价

"品牌不仅是商品的标识，更是消费者心中的信仰。"这句话深刻地揭示了品牌价值的重要性。以星巴克为例，它的咖啡为何能远超成本价销售？原因就在于星巴克为消费者提供的远不止是一杯咖啡，而是一种高品质的生活体验。坐在星巴克店里，手捧星巴克的杯子，消费者感受到的是一种身份的象征和生活的品质。而这种体验和社交展示，正是星巴克品牌价值的体现。

我们几乎无法避免为品牌价值买单。想想那些大牌皮包，走出专柜就打折，这恰恰说明了品牌在装修精美的专卖店中所产生的溢价效应。品牌价值是消费者选择产品的理由，也是产品能够卖得更贵的依据。它包括产品的属性、品质、档次、文化、个性以及特殊意义等多个方面，是企业在竞争中的特殊优势。

实现品牌价值的方式多种多样，"副品牌"策略就是其中之一。美业国际巨头宝洁公司通过收购并整合"沙宣"品牌，进一步推出"沙宣专业护发"副品牌，成功打破了中国护发市场没有国际大牌的局面。这个例子充分展示了如何通过副品牌策略提升整体品牌的价值。

在创新创业的过程中，我们也需要善用品牌价值。当我们遇到投资人时，如果发现对方是清科创业投资机构30强上榜机构，我们就会对其高看一眼。这就是品牌价值在投资领域的体现。同样，清华大学师生创业公司的名字中往往带有"水""木""清""华"等字眼，这也是在利用大学的品牌影响力来提升公司的技术领先性和可信度。

总之，品牌价值是商业世界中的重要资产，也是我们创新创业过程中需要善加利用的重要资源。通过深入挖掘和提升品牌价值，我们可以为消费者提供更优质的产品和服务，同时也为企业带来更大的商业成功。

5. 战略价值：长远规划与竞争优势的基石

"未来并非我们想象出来的，而是我们创造出来的。"这句话深刻诠释了战略价值的精髓。以第六代移动通信（6G）为例，它能让网络信号覆盖任何偏远角落，实现万物超快互联。这种技术为信息与各行业的融合提供了巨大的想象空间。因此，在5G技术尚未大规模商用之时，全球各国就已迫不及待地布局6G技术，甚至为标准制定权展开激烈争夺。

战略价值，往往是指那些短期内不一定能赚钱，但远期可能实现巨大价值的希望。它就像一场远期的博弈，参与者们争相布局、投入资源，目的是提前卡位，生怕错过未来的发展机遇。这种"花钱买个希望"的行为，在政府和民众中并不少见。

以生物科技为例，21世纪初，这一领域被寄予厚望，吸引了大量学生修读相关专业。然而，当他们毕业时却发现找不到专业对口的工作。可以说，全社会在相关领域的投入一度被认为是浪费。但经过20年左右的战略储备，生物医药技术开始规模商用，如华大基因的数百万例基因检测、华熙生物的生物发酵技术等，都产生了高额利润，生物科技的经济价值终于开始兑现。

高校科技创新具有前瞻性的特质，决定了它无法迅速生产变现。因此，战略价值往往以科研经费、社会认可等形式展现。但正是这种看似遥远的价值追求，却为抢占未来提供了有力支撑。"要抢占未来，则必未雨绸缪。"这正是对战略价值最好的诠释。

6. 知识产权攻防价值：创新的护盾与利剑

"知识就是力量。"这句话在知识产权领域得到了淋漓尽致的体现。专利制度，作为保护创新主体市场利益的重要机制，为创新者提供了一副坚不可摧的护盾。同时，它也是一把利剑，助力创新者在商业竞争中脱颖而出。

大学师生们通过创新形成的发明专利，只有转移、转让或授权给企业，才有可能实现其经济价值。对于企业而言，获得一项新技术方案，不仅意味着节约了新开发的时间和费用，更能加快研发进度、完善专利布局，从而在市场竞争中占据有利地位。

善于管理专利的企业，能够充分发挥专利的作用，助力高新技术等企业认定，进而享受减免税费、人才优惠等政策红利。知名企业更是利用专利池筑起技术长城，防御新创企业的闯入，保护自己的利润空间。而初创企业则可以通过进攻知名企业的专利软肋,快速提升自己在业界的知名度。

韶音,这家骨传导耳机厂商就是一个典型的例子。2020年,在巨头环伺、增速下滑的消费电子行业中,韶音却实现了逆势增长,产品客单价高达100美元,毛利率更是达到了惊人的70%~80%。这背后的秘诀就在于韶音对知识产权的重视和运用。它几乎申请了所有相关技术的专利,其他企业只要涉及骨传导相关产品,都可能收到韶音的侵权律师函。这种强势的专利战略让整个行业瑟瑟发抖,就连索尼这样的巨头也不得不绕道而行。

另外,知识产权的缺失也可能让创新者陷入困境。比如国金项目"追光者"所提到的,国外在铱配合物发光材料专利上的布局,让OLED发光显示行业被卡住了脖子。项目组不得不从原理上颠覆原有发光原理,才找到了有机发光材料这片蓝海。这充分说明了在知识产权密集的领域,只有从基础科学出发,掌握核心专利,才能摆脱受制于人的境地。

总之,知识产权既是保护创新成果的护盾,也是商业竞争中的利剑。对于创新者来说,只有善于运用知识产权制度,才能在激烈的市场竞争中立于不败之地。

补充阅读

知识产权:贸易摩擦中的"隐形武器"与中国的历史机遇

"知识产权,乃国家之利器"。这句话在2017年的中美贸易摩擦中得到了深刻印证。当时,美国以知识产权为起点,对中国商品加征关税,试图遏制中国的崛起。这场贸易摩擦,表面上看是商品和贸易的较量,实则是大国之间科技实力和高科技产业的争夺,更是以知识产权为核心的较量。

值得注意的是,美国此次加征关税的目标并非中国传统的中低端制造业,而是战略性新兴的高技术产业,如航空、新能源汽车、新材料等。这些领域正是《中国制造2025》计划重点发展的方向。美国的这一举措无疑是想提前卡位,遏制中国的科技发展。

然而,历史总是充满辩证。这场贸易摩擦对于中国科技界而言,不仅是一次挑战，更是一次历史机遇。它逼迫中国强化知识产权的生产与保护，推动自主科技创新的进一步发展。正如古人所言："塞翁失马，焉知非福。"在这场较量中，中国转压力为动力，做实创新驱动战略，带动产业升级，建立创新驱动力。

如今的中国，正以前所未有的速度和力度推进自主创新，构建自主知识产权实力。从"天眼"探空、"蛟龙"探海，到高铁飞驰、5G 网络遍布城乡，中国科技创新的步伐愈发坚定。这一切都离不开对知识产权的重视和保护。

展望未来，知识产权将在中国的崛起过程中发挥更加重要的作用。只有掌握了核心技术的自主知识产权，才能在全球科技竞争中立于不败之地。而这一切，都始于对知识产权的尊重和保护。

7. 市值管理价值：股价背后的"魔法"与高校科技的"点金术"

"股票市场是有耐心的投资人的福地，是不懂耐心的投资人的陷阱。"这句话揭示了市值管理的微妙与重要。对于上市企业而言，市值不仅是股份总额与股价的简单乘积，更是企业价值与市场信心的综合体现。

在这个充满变数的市场中，市值管理成为一门深奥的学问。有时，一家专注于储能电池的企业忽然宣布布局太阳能电池领域，并非真的打算立刻投入巨资建设生产线，而是希望通过这个消息提振市场信心，引发投资人的抢购潮，从而推升股价。这种巧妙运用前瞻性技术来进行市值管理的做法，在商界屡见不鲜。

而高校科技创新正是市值管理的另一片蓝海。这些创新往往具有前瞻性，能够在产业链尚不完备的情况下，通过恰当的市值管理手段超前兑现经济价值。例如，某高校研发出了一种新型材料，虽然目前尚未实现大规模生产，但其巨大的应用前景已经引发了市场的广泛关注。通过与合作企业共同发布研发进展、展示应用前景等方式，该高校成功吸引了大量资金注入，推动了相关企业的市值增长。

市值管理并非简单的股价操控，而是一门需要深谙市场心理、把握产业趋势的艺术。对于上市企业而言，善于运用市值管理工具，不仅能够提升企业的市场价值，更能够在激烈的市场竞争中立于不败之地。而对于高校科技创新来说，市值管理更是"点金术"，能够让那些看似遥不可及的前瞻性技术提前兑现其经济价值。

8. 避损价值：预防性投入的智慧与必然

在历史的长河中，避损价值的重要性无数次被证明。1947年美苏争霸就是个生动的例子，为避免武器装备落后而带来的战争和外交上的劣势局面，美苏双方开展了激烈的军事装备战，迫使苏联在国力不足的情况下倾力发展重工业，错失了轻工业发展机遇，为后来的解体埋下伏笔。

心理学研究揭示了人类对损失的天然厌恶：相较于赚取100元，人们更不愿意承受100元的损失。因此，为了减少潜在损失而进行的预防性投入，虽然表面上没有带来额外的收益，却实现了避损价值，这种"花钱买个心安"的做法在现实中并不少见。

保险业就是避损价值的一个典型体现。尽管保险产品的定价大多基于精算数据，但多数消费者在购买时并不会深入了解这些数据。相反，他们往往受到保险销售人员对风险夸大描述的影响，从而提高对潜在损失的预判，进而提升对避损价值的认知，最终促成购买行为。

环保领域的投入也是避损价值的一个例子。尽管环保设备的投入和运行成本高昂，对于许多企业来说既不能直接带来收益，也不能立即降低生产成本。然而，在环保法规日益严格的大背景下，企业不得不投入重金进行污水处理等环保措施。因为一旦环保督查发现不合格，企业将面临巨额罚款、关停工厂等严重后果。这种为了规避未来可能发生的巨大损失而进行的投入，正是避损价值的体现。

经济发展价值不止常见的生产变现、降本增效、市场销售三种，经济社会运行的规则千变万化，实现经济价值的办法也不止上述8种。这些价值或着眼于更长远的收益，买个希望；或着眼于潜在的风险，买个心安。按马斯洛的需求理论，这多归类于安全、生存、发展层面的需求。

1.2.2 社会发展价值

1. 人民健康的价值：守护生命的无尽可能

在"四个面向"的指引下，人民健康作为至高无上的追求，已然成为医学和医工结合项目的核心驱动力。当我们谈论健康时，我们谈论的不仅仅是身体的状态,更是一个国家、一个社会对于其成员的深深关怀与承诺。

结核病像一个隐形的杀手,悄无声息地夺走人们的劳动力和生命。"赤纸芯"项目(见图1.1)的出现,犹如一道曙光,将昂贵的实验室和精密仪器浓缩为一张纸芯片和一个保温杯。这不仅加速了疾病的治愈进程,减轻了病患和家人的痛苦,更为国家节约了宝贵的医疗成本。它用实际行动诠释了人民健康价值的深刻内涵,为解决"因病致贫、因病返贫"问题贡献了自己的力量。

图1.1　第六届中国国际"互联网+"大学生创新创业大赛
"青年红色筑梦之旅"赛道银奖项目"赤纸芯"

在我国广大的农村乡镇,基层医院面临着诸多挑战:先期投入不足、医疗服务水平有待提升、盈利状况不佳、医生收入不高……这些问题相互交织,形成了一个恶性循环。但"Ai笑少年"项目(见图1.2)的成功实施,为我们打开了一扇新的大门。通过帮助基层医生提升技能、掌握更好的治疗方法,这个项目不仅提升了基层医院的医治能力,也为其带来了更多的收入,从而留住了优秀的医生。这是一个多赢的局面,更是对人民健康价值的最好诠释。

图1.2　第八届中国国际"互联网+"大学生创新创业大赛
"青年红色筑梦之旅"赛道金奖项目"Ai笑少年"

人民健康这个大事，牵动着无数人的心。从国家层面的医保政策、医院布局，到大医生的医学进步、医学教育，再到医学生的诊疗技术、陪护模式创新，每一个环节都至关重要。生命至上，为了守护这份无价之宝，国家、医生、家属都会不遗余力。因此，面向人民健康的项目价值，怎么强调都不为过。

然而，对于大学生大创立项来说，找到"什么值得做"和"我能做到什么"之间的平衡至关重要。在这个领域里，每一个问题都似乎早已被无数人思考过、尝试过。但请记住，每一次创新的尝试都有可能点燃新的希望之火。只要我们怀揣着对人民健康的深深关怀和坚定信念勇敢前行，就一定能够找到属于自己的那片星空。

2. 科学进步的价值：从好奇心到人类未来的无限可能

当历史的时针拨回到16—19世纪，英国的天空群星璀璨。达尔文、培根、牛顿、波义耳、胡克……这些名字如同科学的明灯，照亮了工业革命的前路。正是他们的智慧与探索，奠定了英国作为世界科技强国的基石，让"科技进步改善生活"的信念深植人心。

科学的魅力在于探索未知，每一次突破都像是打开新世界的大门。当人类实验证实量子纠缠的存在，瞬间跨越空间的神秘联系让我们开始想象"心灵感应"的可能，梦想着物质与能量的瞬间转移。尽管这一理论距离实际应用还有漫长的旅程，但人类的好奇心与探索欲已然点燃，照亮了我们追寻科学真理的道路。

回望过去三十年，高等学府中的科学家们常常在冷清的实验室中默默耕耘。他们的研究或许源于个人兴趣，或许受好奇心驱使，但更多时候，是那份对科学进步的坚定信念支撑着他们。即便成果离商业化遥不可及，即便要坐数十年的冷板凳，他们依然无怨无悔，因为他们深知，科学进步的价值远非金钱所能衡量。

阿波罗计划就是科学进步价值的最好例证。在美苏争霸的冷战时期，美国毅然投入了240亿美元实施阿波罗计划。这笔巨款是否只是为了满足人类登月的好奇心？答案显然是否定的。阿波罗计划不仅成功地将宇航员送上月球，更在无形中推动了科技的飞速发展。

1958年，德州仪器制造出了世界上第一块集成电路，这一创新性成果为阿波罗计划的实施提供了强有力的技术支撑。短短几年后，美国生产的集成电路

中有高达55%都应用在了阿波罗计划上。这一举措极大地促进了集成电路产业的发展,美国国内集成电路销售总额在短短七年内增长了100倍,让美国在全球集成电路产业中占据了统治地位,为其开启IT时代奠定了坚实的基础。

阿波罗计划的成功不仅彰显了人类的智慧与勇气,更揭示了科学进步的深远意义。它告诉我们,科学进步的价值不仅在于满足我们的好奇心和探索欲,更在于它能够推动社会的发展和进步,开辟人类科技的新篇章。正如那些为科学进步付出辛勤努力的科学家们所坚信的那样,科学进步是推动人类社会不断向前发展的强大动力。

3. 人民信心的价值:从消费之困到生活之光的转变

在经济起伏不定的时代,消费低迷成了全球各国都面临的难题。人们紧捂钱包,企业的产品和服务在市场中苦苦挣扎。但在这背后,隐藏着一个深层次的逻辑:人民的信心才是经济复苏的关键。

如何让人民"能消费"?稳就业、增收入是治本之策。只有让每个人的钱包鼓起来,消费能力才能真正提升。这需要国家和地方政府出台一系列政策,保障就业,提高居民收入水平。

如何让人民"敢消费"?解除后顾之忧是关键。公共服务的完善,养老、育儿、住房等问题的妥善解决,能让人们放心消费。例如,社区课后教育培训项目的兴起,不仅解决了年轻人的子女教育问题,还让他们能安心工作、有信心生育。这类项目往往能得到政府的支持和资助,成为提升公共服务水平的有力抓手。

如何让人民"愿消费"?顺应消费升级趋势,提供高质量的产品和服务是核心。只有让消费者觉得物有所值,他们才愿意打开钱包。这也正是许多企业转型升级、提升产品质量的动力所在。

"银发经济"热潮恰恰反映了这一点。无论地产企业的养老地产、保险公司的养老保险还是技术企业的养老高科技产品,其本质都是为了让年轻人有更多养老方案的选择,从而少存点儿钱,释放出更多的消费潜力。

"房住不炒"政策的出台同样体现了政府对提升人民信心的重视。通过影响房价、改善居住环境等措施,让普通人买得起房、住得起好房,从而有更多资金用于其他消费。这不仅有助于经济的平稳运行,更是对人民生活质量的切实提升。

人民信心的价值不仅在于当前的经济复苏,更在于它对未来社会发展的深远影响。一个充满信心的人民群体,将拥有无限的可能和创造力,推动社会不断向前发展。因此,国家和地方政府会高度重视人民信心的培育和提升,将其作为保民生、促发展的重要任务来抓。

4. 文化传承的价值:守护历史的火种,照亮未来的道路

历史长河中,无数珍贵的文化遗产如同闪亮的珍珠,串联起人类的过去与未来。然而,这些宝贵的遗产却面临着种种威胁,甚至有可能一出土就灰飞烟灭。象牙,作为一种象征权力和地位的奢侈品,在古代社会被广泛使用。然而,出土的象牙却极易腐蚀,大量珍贵的历史信息随之消失。这不仅是一个技术问题,更是对人类文化传承的严峻挑战。

在这个关键时刻,四川大学生物学专家孙群教授挺身而出,通过基因组测序等生物研究技术,成功找到了解决象牙无损抑菌问题的方法。她的努力不仅为考古工作提供了有力支持,更担负起文化传承的重要任务。

考古作为一项国家行为,其意义远不止于挖掘出土文物。更重要的是,通过考古工作,我们可以保护出土文物、保存文明火种、追述历史事实、揭示传承文明。这些工作对于人类社会的发展和进步具有重要意义。因此,即便抑菌剂保护下来的象牙"有价无市",不能直接产生商业价值,一个有能力的政府也会不惜重金,让象牙抑菌剂这样的项目(见图1.3)活下来、做好点。

图 1.3　中国国际大学生创新大赛(2023)主赛道本科生创意组银奖项目"文物医生"

高等学校作为文化传承的重要阵地，肩负着培养人才、传承文化的使命。每年，全社会都会投入大量资金用于高校的文化传承工作，无论建设博物馆、考古实验室，还是保护非遗、发掘精神营养、讲好中国故事。这些工作不仅有助于提升高校的文化底蕴和学术水平，更为社会培养了无数具有文化素养和人文精神的人才。

自2020年起，教育部开始推动"新文科"建设，其核心之一就是跨学科发展，将理工科技术与文化传承相结合，以更好地推动文化传承工作。这一举措不仅有助于打破学科壁垒，促进学科交叉融合，更为文化传承注入了新的活力和动力。

文化传承的价值不仅在于守护历史的火种，更在于照亮未来的道路。通过保护和传承文化遗产，我们可以更好地认识自己、理解过去、把握现在、展望未来。因此，我们每个人都应该肩负起文化传承的历史责任，为守护人类的共同记忆和推动社会的持续发展贡献自己的力量。

5. 生态可持续的价值：从"环境之痛"到"绿色共赢"的华丽转身

曾几何时，中国的一些地方在追求经济发展的道路上，不惜以牺牲生态环境为代价。山秃了，水臭了，空气污浊了……这些环境污染问题成为中国现代化建设的沉重负担，被形象地称为"发展之痛"。

然而，时代在进步，观念在转变。2005年，国家提出的"两山论"如同一盏明灯，照亮了中国生态文明建设的道路。从用绿水青山换金山银山，到既要金山银山也要保住绿水青山，再到绿水青山就是金山银山，这一理念的升华标志着中国对生态环境与经济发展关系的深刻认识。

在这个过程中，中国不仅加大了环境治理力度，还积极探索生态与经济协同发展的新路径。以太阳能发电为例，中国已成为世界太阳能装机容量最大的国家。然而，太阳能电池的安装对周边环境也带来了一定的影响。如何在发展清洁能源的同时保护好生态环境？内蒙古鄂尔多斯市库布齐沙漠给出了答案。

这里创新实施了"板上发电、板间种草、板下养鸡"的立体经济模式。光伏电池板不仅为沙漠地区提供了清洁能源，还起到了挡风遮阳的作用，促进了植物的生长。散养的羊和鸡在电池板下自由觅食，它们的粪便为土壤提供了有机肥料，改良了土壤质地。这种生态循环模式不仅修复了土地，还带动了当地农牧民的创业就业和脱贫致富。

亿利集团等龙头企业积极响应党和政府的号召，大力发展沙漠生态光伏、生态旅游和生态农牧业等沙漠生态产业。这些产业的兴起不仅改变了库布齐沙漠腹地寸草不生、荒无人烟的生态环境问题，还为当地居民带来了可观的经济收益。库布齐沙漠治理的成功实践被联合国选为"全球生态经济示范区"，并荣获了"全球治沙领导者奖"和"地球卫士终身成就奖"。

从"环境之痛"到"绿色共赢"的华丽转身，中国用实际行动诠释了生态可持续的价值。这一价值的实现不仅需要政府和企业的共同努力，更需要全社会的广泛参与和支持。让我们携手共进，为建设美丽中国、实现全球生态文明贡献自己的力量！

6. 社会公平的价值：从局部发展到全局共赢的壮阔跃迁

西电东送，将中国西部，主要是云贵川丰富的水电资源送到经济相对发达的华东、华南地区，满足其日益旺盛的电力需求，缓解其能源紧缺、价格高昂的局面，为经济持续增长提供了有力支撑。这项工程把西部的资源优势转化为经济优势，带动了西部地区的经济发展。同时，它也调整了全国能源结构，降低了火电比例，保护了青山绿水，实现了绿色、协调发展。

南水北调工程连接长江、淮河、黄河、海河，构成我国水资源"四横三纵、南北调配、东西互济"的总体格局，有效缓解了北方地区水资源严重短缺局面。作为新中国水利建设的一项重大跨流域调水工程，它既是一条调水线，也是一条生命线，对我国国民经济和社会发展乃至中华民族的长远发展起到决定性作用。

脱贫攻坚，秉持"先富带后富，共奔富裕路"的理念，各级政府不断加大扶贫资金投入力度，同时引导社会资本进入贫困地区，发展特色产业，改善基础设施，提供教育和医疗，完善贫困地区社会保障体系，实施精准扶贫，帮助数以亿计的贫困人口走上了致富之路，这不仅体现了社会主义制度的优越性，更展现了中国人民团结一心、攻坚克难的精神风貌。这一伟大成就，极大地促进了社会的公平与和谐，增强了民族的凝聚力和自信心。

从南水北调到扶贫攻坚，从局部均衡到全局共赢，我们见证了社会公平价值的伟大力量。它打破了地域、阶层、行业之间的壁垒和隔阂，使得社会分工得以在更大范围内进行，各地区、各阶层、各行业能够更大程度地发挥各自的长处和优势，降低成本，提高效率。这种全局性的协同，不仅促进了经济的持续健康发展，更激发了全民族的凝聚力和向心力，更推动了社会的全面进步和共同繁荣。让我们携手并进，共创美好未来，让社会公平的价值在全局共赢的壮阔跃迁中绽放出更加璀璨的光芒！

仓廪实而知礼节。往往在经济发展到一定阶段后，社会发展价值以政府的倡导、组织和投入等形式表现出来，对单个企业、局部地区的发展进行补充和调整，从"局部性、短期性、单一化"向"全局性、长期性、多元化"转变，以谋求人民更加广泛、长远和多方面的福祉。

1.2.3 国家核心价值

在波诡云谲的国际风云中，中国始终如一地坚守着自己的核心价值。2011年，国务院新闻办公室发布的《中国的和平发展》白皮书掷地有声地宣告了中国的六大核心利益：国家主权、国家安全、领土完整、国家统一、中国宪法确立的国家政治制度和社会大局稳定，以及经济社会可持续发展的基本保障。这六大底线不仅是中国政府对外政策的基石，更是亿万中华儿女的共同心声。

当国家核心权力受到挑战时，中国从不退缩，不惜一切代价捍卫国家尊严。这种坚定和执着，就像一位勇士在战场上"勒紧裤腰带"也要冲锋陷阵，展现了中国人的骨气和血性。在这个过程中，大院大所、大型国企作为国家的"排头兵"，往往扮演着举足轻重的角色。他们不仅是国家经济的支柱，更是国家安全的屏障，是国家在关键时刻能够依靠的力量。

1. 国家主权和领土完整的价值：守护神圣疆土，科技重器显国威

国家主权是神圣不可侵犯的权力，它涵盖了管辖权、独立权、自卫权和平等权，是国家的根本所在。而领土作为国家主权的物质载体，由领陆、领水、领空和底土四部分构成，每一寸土地都流淌着民族的血液。

南沙群岛是中国领土不可分割的一部分。然而，菲律宾、越南等邻国却长期以各种手段非法侵占。面对挑衅，中国政府秉持和平外交原则，通过和平挤占、武力反击以及搁置争议、共同开发等方式，坚定维护国家主权和领土完整。

随着科技的飞速发展，中国终于亮出了自己的重器——"天鲸号"绞吸式挖泥船（见图1.4）。这艘巨无霸由中国交通建设股份有限公司投资建造，联合上海交通大学、德国 VOSTA LMG 公司共同设计，由招商局重工（深圳）有限公司精心打造。2017年，更强大的"天鲲号"也加入了这一行列。这些国之重器在南海短短170天内便填海造陆29万平方米，让一座座现代化海洋城市在祖国的南海之上拔地而起。

图1.4 "天鲸号"绞吸式挖泥船模拟作业

如今，中国在南海已成功"种"下7座岛屿（永暑岛、美济礁、渚碧岛、华阳岛、南薰礁、东门岛、赤瓜礁）①，其中3座岛屿已具备起降大型客机的能力。美济岛作为南海最大的岛屿，面积达到5.66平方千米，规划成为一座热带海岛旅游大都市，承载人口将达到50万人以上，可以起降大型空中客机。

但南海吹沙填岛的战略意义远不止于此。这一举措让中国彻底扭转了南海争端中的被动局面，牢牢掌握了南海领土实际控制权，使得南海争端暂时平息。这一技术的成功应用，不仅彰显了国家的科技实力，更是对国家主权和领土完整的有力捍卫。上海交通大学牵头完成的"海上大型绞吸疏浚装备的设计研发与产业化"项目拿下了2020年国家科学技术进步奖特等奖。

---

① 永兴岛本来就具有岛的特征，我们只是扩建，故未将其划入人工岛之内。

南海的每一寸土地、每一滴海水都见证了中国政府和人民捍卫国家主权和领土完整的坚定决心。科技的力量让中国在国际舞台上更加自信地挺起了脊梁，也让世界看到了一个大国的崛起与担当。

2. 国家安全和国家统一的价值：青春力量守护网络边疆，筑牢国家安全的铜墙铁壁

网络安全和国家安全密切相关，没有网络安全就没有国家安全。年轻的红客们用他们的智慧和勇气，筑起了一道守护国家安全和统一的铜墙铁壁。他们用行动证明，青春力量可以为国家的安全和统一做出实实在在的贡献。

随着互联网的迅猛发展，网络空间已成为国家安全的新边疆。西方反动势力借助这一平台，在全球范围内发起颜色革命，构建文宣阵地，进行意识渗透。这不仅会造成巨大的社会影响和经济损失，更威胁着广大民众的生命安全，直接冲击着国家的安全和统一大局。

面对国际舆论的花样百出和密集攻击，我们怎么办？一群刚入大学的"小黑客"给出了他们的答案。他们不再"闲来无事瞎黑网站"，而是将自己非凡的计算机能力和年轻旺盛的精力投入国家网络内容安全的战场。他们开发了一个项目，为门户网站提供人工智能审核接口，帮助门户网站用更少的人工、更高效地识别敏感内容。这一创新不仅帮助网络门户企业避免了因违规内容而被关停检查的广告收入等经济损失，更是在守护国家清朗的网络空间。

青年兴则国家兴，青年强则国家强。这群年轻的"小黑客"正是新时代的青年代表，他们用自己的行动践行着这一信念，为国家的安全和统一贡献着自己的力量。这群年轻人的努力没有白费，他们的项目在大赛中脱颖而出，荣获金奖。这是对他们技术的认可，更是对他们守护国家安全决心的肯定。

3. 国家政治制度和社会大局稳定的价值：跟党创业解决民生难题，创新力量助力社会和谐

"治国有常，利民为本"。只有真正解决好民生问题，才能够实现国家的长治久安和社会的和谐稳定。

"民惟邦本，本固邦宁"。在国家政治制度的坚实保障下，社会稳定成为国家繁荣的基石。然而，在过去，民工工资拖欠问题曾像一颗定时炸弹，威胁着这一基石的稳定。无数家庭因此而愁眉不展，社会和谐也面临严峻考验。尽管国家政策不断出台，但执行层面的难题仍让这一问题难以根治。

在这一背景下，一群有志青年，以四川大学2012届毕业生李昭君为代表，选择了"跟党一起创业"，他们以"让天下没有难领的薪水"为使命，挺身而出，决心从根源上解决这一民生难题。他们创立的"薪太软"项目，通过创新性的资金管理模式，确保工人工资不被挪用，按时足额发放。这一举措不仅保障了民工的合法权益，也为社会的和谐稳定贡献了积极力量。

更进一步的是，李昭君等人并未止步于此。他们联合多家银行，设立了庞大的专项薪酬"纾困资金"，为受疫情等不可抗力影响的工程方提供及时有效的贷款援助。这一行动不仅展现了他们的社会责任感，也体现了新时代青年跟党一起创业、服务人民的坚定信念。

他们的努力得到了广泛认可，"薪公益"项目在大赛中荣获国家级银奖，李昭君和朱彬更是跻身福布斯中国"30位30岁以下精英"榜单。这些荣誉不仅是对他们个人能力的肯定，更是对他们跟党一起创业、解决民生难题的高度认可。

跟党一起创业，不仅是一句口号，更是新时代青年的实际行动。李昭君等人用智慧和勇气诠释了这一信念，他们的创新力量不仅解决了民生难题，更为社会的和谐稳定注入了新的活力。

根据马斯洛需求理论，安全需求位于五层需求的最底层。无论时代如何变化，国家安全始终是经济和社会发展的前提，主权独立国家也必将坚守自己的主权底线。对于能够实现这样价值的项目，国家常常会全力支持。

1.2.4　教育-科技-人才价值

党的二十大报告强调，教育、科技、人才是全面建设社会主义现代化国家的基础性、战略性支撑。虽然大学生就业是其中一个重要议题，但它并非全部内容。这里从国家和个人两个层面分析四种常见的价值：人才结构调整的价值、保就业就是保民生的价值、职业生涯理性规划的价值以及情绪价值。

1. 国家层面：人才结构调整的价值——塑造行业未来，共筑中国梦

在飞速发展的当今社会，人才的重要性日益凸显。一种职业门类的兴衰往往与教育的缺失、能力的不足息息相关。高校科技成果难以转化、乡镇医院医生水平参差不齐，这些问题都直指人才结构调整的迫切需求。

以高校科技成果转化为例，尽管政策密集出台、道路不断探索，但最大的短板仍是专门人才的匮乏。技术转移经理人的培养不是一蹴而就的，需要放在成熟的技术转移转化市场中去磨砺。然而，当前中国在高新科技转化落地方面尚无成熟模式可循，这使得技术转移经理人的培养起步艰难，进而导致高校科技成果转化困难重重。

同样，在乡镇医院层面，从赤脚医生转型而来的医生普遍面临医学知识匮乏、诊治能力薄弱的困境。这不仅影响了他们的职业资格考试通过率，更使得现代诊疗手段难以在农村地区推广。"因病返贫、因病致贫"成为长期困扰西部农村的一大难题。

为了解决这些问题，国家和社会各界都在积极探索人才结构调整的新路径。"乡振智疗"项目通过课程补齐知识、虚拟实验系统练习手术技能、远程辅诊系统帮助诊断和治疗等方式，显著提升了乡村医生的执业能力，使得乡村医生执业证再注册通过率大幅提高。这不仅解决了基层医生职业教育问题，更有力推动了农村基层医院的发展。

提升人才素质，使其更适应岗位需要，就能改变一个行业的发展轨迹。这就是人才结构调整的价值所在。创新创业教育作为高等教育改革的重要驱动力，正是通过科教融汇、产教融合、动手实践等方式，努力改变"闭门造车""纸上谈兵"的现状，使得大学生的素质更加符合社会需求。

在人才结构调整的过程中，我们不仅要关注行业结构，还要关注区域结构。西部留人、乡村留人仍是中国面临的难题。为了实现共同富裕的目标，国家正在积极谋划并倾注资源。企业也把目光投向了西部地区，利用税收优惠和人才成本低的优势，在这里设立生产、客服等部门。同时，"Ai笑少年"（见图1.2）和"乡振智疗"（见图1.5）等项目也为西部乡村医生提供了有力支撑，使得西部乡村医院能够在恶劣的工作条件下留住人才。

图1.5　第七届中国国际"互联网+"大学生创新创业大赛
"青年红色筑梦之旅"赛道金奖项目"乡振智疗"

医生多点执业的合法化以及医联（后叫企鹅医生）等创新模式的出现，更是将人才结构调整从"换岗位"变成了"分时共享"。这种巧妙的人才结构调整办法不仅降低了人们去大医院的各种成本，也为医疗行业带来了新的活力和机遇。

"治国经邦，人才为急"。人才结构调整是国家发展的关键所在。只有不断优化人才结构、提升人才素质、创新人才培养模式、推动人才合理流动、共享人才资源，我们才能共筑中国梦、共创美好未来！

2. 国家层面：保就业就是保民生——共筑稳定之基，共享发展红利

在广袤的西部大地、偏远的农村地区，就业承载着无数家庭脱贫致富的希望。一人就业，全家脱贫，这不仅是一句口号，更是无数人心中的期盼。就业率作为经济运行状况的晴雨表，其背后关联着千家万户的生活质量。

"人有恒业，方能有恒心。"这句古训道出了就业对于个人和家庭稳定的重要性。一个人有了稳定的工作，就能更容易地安定下来；一个家庭中只要有一人就业，整个家庭就多了一份稳定的力量。因此，保就业就是保民生，就是为国家和社会筑牢稳定之基。

保就业就是保民生，共筑稳定之基才能共享发展红利。

在这个背景下，各种职业资格证书考试培训如火如荼地开展着。然而，吸引人们的不仅仅是那张证书，更重要的是取得证书后带来的执业机会。学业和职业生涯规划咨询类的产品或服务也应运而生，它们通过问卷调查、贴标签等方式帮助用户了解自己的职业倾向。但如果能够进一步开阔用户的眼界，引导他们通过原本不知道的道路进入原本不了解的行业和岗位，这样的服务将更具有提升就业质量的价值。

为了拓宽大学生的就业渠道，2022年国家明文要求校长们"访企拓岗"。校长们纷纷行动起来，通过访问企业了解市场需求和人才缺口。然而，高校往往难以培养出完全符合企业岗位要求的人才，这使得拓岗工作面临一定的困难。在这样的背景下，一批产教融合平台应运而生。它们通过整合政府、企业和高校资源，为大学生提供现代产业培训和实践机会。这种共赢的模式不仅得到了政府的支持，也受到了企业和学生的欢迎。

建设这样的平台需要政府、企业和高校共同出力，而运营这样的公共平台本身也创造了大量的就业机会，为更多人提供了稳定的工作和收入来源。这不仅是对民生福祉的有力保障，也是对国家稳定发展的重要贡献。

"治国之道，富民为始。"在新时代的征程中，让我们以保就业为己任，携手努力，为更多人创造就业机会，共同书写国家繁荣富强的新篇章！

3. 个人层面：掌舵人生航向，理性规划职业生涯——点亮未来之路，成就非凡自我

在人生的十字路口，我们常常面临选择。而每一个选择背后，都隐藏着不同的机遇与挑战。如果再给你一次机会，你会如何规划自己的人生和职业生涯？这个问题其实包含了三个层面的思考。

首先，"知不知道还有另一种选择"。这其实是信息差和格局眼界的体现。在这个信息爆炸的时代，如何获取更多、更准确的信息，成为我们做出明智选择的关键。有项目通过爬虫技术爬取成千上万的行业岗位信息，用人工智能技术进行分析；实习中介提供的是对职业岗位的体验性认知；MCN公司帮助网红将粉丝的喜爱转化为商业价值；抖音上的商业达人分享出人意料的创业路径和商业模式；还有用AIGC帮助学生把个人经历与目标岗位自动匹配生成简历的项目。这些项目的出发点，都是帮助年轻人及其父母拓宽视野、提升格局，以更全面的信息做出更明智的选择。

其次，"知道了会不会选"。这关乎使命、愿景、人生观和价值观的塑造。大学生热衷于参与少年科普课程、研学项目等，这些不仅能够提升他们的实践能力，更在潜移默化中影响他们的人生观和价值观。一些大学甚至愿意拿出教学资源支持大学生创业做中小学生研学，因为这可能激发中小学生对科学和大学的向往，为大学的未来发展布局。四川大学文学与新闻学院、艺术学院的同学们通过编排《江姐》等红色剧目，还原革命先烈的决策过程，这种沉浸式体验让观众深刻反思自己的价值观和生活方式。大学生在大学里参加各类竞争性的创新创业项目实践，实际上也是在用自己的选择和评委专家"对答案"，校对自己对项目的选题和人生的选择是否符合国家战略和国家期待。

最后，使知识构建、能力养成过程更加理性。人生如航海，理性规划是明灯。现代社会对从业者的要求更加个性化，这对高校教育提出了新的挑战。传统的填鸭式教育已经无法满足个性化需求，按需定制的学习成为新的趋势。因此，如果知道自己未来从事什么行业什么岗位，再按照要求去学习和练习，效率会更高。一些应用型本科和高职院校已经出现了"企业定制班"，按照企业的需求培养人才。一流高校也纷纷建立现代产业学院，打破学科壁垒，以新产业新方向对人才的需求来组织人才培养。

对于大学生而言，参加大创、大赛等项目的历练过程具有重要的教育价值。这不仅能够帮助他们建立对人生和岗位的明确目标，更能通过实践一次次校对自己的方向是否正确、修炼过程是否得当。在这个过程中，他们不仅提升了自己的能力和素质，更在潜移默化中塑造了更加坚定的人生观和价值观。

"人生在世，不为无益之事，何以遣有涯之生？"在有限的时光里，让我们以理性规划为桨、以坚定信念为帆，驶向更加辉煌的未来！

补充阅读

读经典书，学硬核课，做困难事

当下全社会读书的情形令人担忧。互联网时代普遍的数字化，以及因电子浏览器和智能终端的广泛使用带来的阅读媒介多样化，使得"浅阅读"大行其道。浅阅读具有快速（即时性）、快感（娱乐性）、快扔（浅显性），以及快餐化、平庸化和碎片化等特征，惯性的浅阅读一旦形成，很难进入深度思考。虽然阅读本是十分个人化、个性化的事情，选择什么内容阅读是个人自由，采用什么方式读也是个人权利，更何况"浅阅读"毕竟也是一种阅读，不能武断地加以否认和排斥，但更值得提倡的是沉静潜心的"深阅读"，尤其值得推崇的是阅读经典。周知，但凡称得上"经"称得上"典"的，都代表了所在时代的最高智慧，经典是经受住岁月考验而历久弥新的人类精华，值得用心去深阅读。

展言之，经典是人类精神遗产的宝库和人类文化学术轨迹的里程碑，是书之上品和极品。阅读经典不仅有助于扩充知识，还有助于知识的专精、广博和贯通。更重要的是，经典中有对人与自我、人与社会、人与自然的关系更深刻的洞察，对"真源了无取，妄迹世所逐"的世风更敏锐的警觉，对光怪陆离、神奇诡谲的大千世界更透彻的辨析。阅读经典可以使人思维更细密，视野更开阔，胸襟更博大，使人能在多元中把握主导，在多样中把握均衡，在多变中把握趋势，避免在选择中不知所措，在决断前迷惘茫然。保持经常性阅读经典有益于增广见识，培养智识，知古博今，消弭浅薄、固执与偏见，通晓人间正道。对金融机构、上市公司、行业协会等财经领域的高管、专家、企业家和创业者而言，若能拨冗研读诸如《国富论》《就业、利息和货币通论》《市场如何运行：非均衡、创业和发现》《人类行为的经济分析》《21世纪资本论》《穷查理宝典》《漫步华尔街》《集体行动的逻辑》《资本之王》《创新与企业家精神》，以及冯·诺依曼、摩根斯特恩所著的《博弈论与经济行为》等经典，当大有裨益。

同样的道理和逻辑，学课程应多学"硬核"的课，而不是好混学分的"水课"；做事应多做"困难"的事，而不是轻松容易的事。人在难与易之间，应自觉选择"难模式",甘于、勇于、善于做难的事,做标准高的事,做不会做的事,在事上磨炼,砥砺前行。为什么越硬核的课越值得学,越困难的事越值得做?首先,学硬核的课和做困难的事可以增长"功力",进而取得真正意义上的进步,有硬核学业/技能/本领的加持,做其他的事就能游刃有余。学硬核的课、做困难的事当然"难",但"难"是人生的磨刀石,是增长见识、提高能力、磨炼心智的利器。其次,做难事是走向成功的关键,做难事方能成大业。善行者究其难,如果想变得更优秀,就要越艰难越要做,且越困难越有劲。乔布斯曾言:"成功没有捷径,必须把卓越转变成身上的一个特质,最大限度地发挥自身的天赋、才能、技巧,才能把其他人甩在后面。"最后,困难的事往往是机会所在,也许还会更容易成功。因为困难的事情让大众止步,"做难事"的定位驱赶了平庸者,这正是真正优秀者脱颖而出的机会。做难事的意义和理由还在于,通过做困难的事,可以打造高标准文化。在高标准文化中,主动选择做困难的事,有利于提升工作的挑战度,这不仅体现一种工作精神和卓越追求,还有助于形成可持续的竞争力。

资料来源:徐飞,中国金融信息中心,https://www.nbd.com.cn/articles/2023-01-10/2628403.html,2024年4月16日。

4. 个人与群体共鸣:情绪价值的时代浪潮

在物质丰盈的今天,情绪价值成为新的消费热点。民众越来越愿意为情感买单,那些触动心灵、满足人性需求的项目成为市场的香饽饽。企业家们敏锐地捕捉到了这一趋势,纷纷投身其中;资本也紧随其后,追逐着这些能够引发情感共鸣的行业。

然而,在这个看似充满感性泡沫的时代里,大学生创新创业大赛却持理性态度。以四川大学为例,在其2023年立项的1600个大学生创新创业训练计划中,纯粹为满足情绪价值而立项的项目数为0。这并非对情绪价值的否定,而是对大学生创新创业的一种引导和期待——我们需要的不仅仅是短暂的情感满足,更是能够解决实际问题、创造长期价值的创新项目。

> **补充阅读**
>
> ### 任泽平年度演讲：2023 中国经济十大预测
>
> 未来情感需求将呈现快速增长态势。宠物经济、宅经济、医美、心理医生等行业正在迅速崛起；老人护理、护理机器人、元宇宙等新兴产业也展现出巨大的市场潜力。这些行业之所以能够快速发展，正是因为它们满足了人们对情感的不同需求。
>
> 在这个时代，单身经济和懒人经济成为新的消费趋势。快节奏、高成本的生活压力以及婚恋观的转变使得越来越多的人选择单身或追求更为便捷的生活方式。因此，宠物喂养成为单身人群的新宠；一人份餐食、迷你家电、智能家居等迎合懒人需求的产品也受到市场的热烈追捧。
>
> 金句频出的背后，是人们对情感的渴望和追求："幸福就是找一个温暖的人过一辈子。"在这个看似冷漠的社会里，每个人都在寻找着那份属于自己的温暖和幸福。而真正的爱，不是短暂的激情燃烧，而是长久的陪伴和守护。正如那句深入人心的告白："陪伴是最长情的告白。"
>
> 我们都是单翼的天使，在这个纷繁复杂的世界里寻找着彼此。只有当我们紧紧拥抱在一起时，才能感受到那份完整的温暖和力量。因此，在这个时代里，让我们更加珍惜那些能够给予我们情感支持和陪伴的人吧！因为在这个看似充满物质的世界里，最珍贵的依然是那份无法用金钱衡量的情感价值。
>
> 资料来源：泽平宏观，商界杂志，https://mp.weixin.qq.com/s?__biz=MjM5Mzg5Njk2MQ==&mid=2650232670&idx=2&sn=6e8266208b12c8041953531f26c0f227&chksm=be93f83089e47126f3137b3a7e29678e80d6ef62fd8a9d5a87c05a00b244ba2b8cdf61ffa0f2&scene=27，2022 年 12 月 21 日。

在吃饱穿暖，满足了基本生活需求后，尚未承担起社会责任的大学生们，往往会过于看重自己的情绪波动。当他们选择创新创业项目时，可能会错误地将对身边同学的观察视为整个社会的普遍现象，或者将大学校园内无忧无虑的生活状态与同龄人进行错误类比，从而导致对社会真实需求的误解。然而，当我们真正站起来,拓宽视野,肩负起责任,关注国家战略和人民的迫切需求时,我们会发现,个人的情绪波动与这些大局相比,往往显得微不足道。因此,大学生们需要更加深入地扎根国情民情,脚踏实地,才能把论文写在中华大地上,才能理解国家对青年的期待,更好地成长,未来为社会做出更有价值的贡献。

1.3 价值实现路径:落场景

技术若没有应用场景,便如同无根的浮萍。

在实验室的深处,技术可能只是一篇篇论文、一份份专利,或是一套套概念论证样机,它们静静地等待着,等待着那一抹场景之光的照耀。因为,只有场景,才是技术价值的真正舞台。在这里,"人"成为核心,需求者带着期待而来;在这里,"事"成为焦点,具体的困难和需求呼唤着技术的助力。

当技术与场景交融,潜力如同火山爆发,喷薄而出。它不再是一行行公式、一堆堆硬件模块,也不再是一行行枯燥的软件代码,而是变成了实实在在的解决方案,为社会带来翻天覆地的变化。

1.3.1 冰冷方程之融雪魔力:融于场景,温暖人间

冰冷的公式、高深的理论,如克拉伯龙-克劳修斯方程[1],在教材中可能只是令人费解的符号、枯燥的计算题。然而,当这些技术进入场景,便焕发生命。

南方初雪后的青石小街上,奶奶带着孙儿在家门口撒上融雪剂,撒了盐化了雪,行人走路别摔着。冷冰冰的方程,担负着人性的关怀与传承。

回家过年的人群堵在高速上,归心似箭的司乘人员正在焦急地等待路政播撒融雪剂,撒了盐化了雪,开车不要打滑出车祸。冷冰冰的方程,承载着家的温暖与期盼。

天空中盘旋着快要耗尽燃油的飞机,等着机场播撒融雪剂,撒了盐化了雪才能降落。冷冰冰的方程,承载着对生命的渴望和嘱托。

---

[1] 克拉伯龙-克劳修斯方程及其衍生出来的一系列方程,描述了溶液浓度、气压和溶液熔沸点的关系。

1.3.2 物联网技术的"智慧牧歌":植入场景,提质增效

自 2000 年起,物联网技术便如一颗新星冉冉升起。而在西安电子科技大学的师生团队手中,它化身为智慧养殖的守护者。在"共赴牧业"项目中,物联网技术通过皮下植入芯片、铺设装置等手段,实现了对奶山羊日常饮食、身体状况的实时监测。一旦小家伙们出现拉肚子、食欲不振等状况,系统便会立刻发出预警,让养殖人员能够第一时间进行干预。

这样的智慧养殖模式,不仅让羊儿们过上了更加健康、安全的生活,更为养殖业带来了前所未有的经济效益。而这正是物联网技术在农业养殖场景中绽放的价值之光。在经济价值方面,物联网技术为养殖业提质增效,让农民的钱包更鼓了;在社会价值方面,它为农业现代化、标准化贡献了自己的力量,助力中国粮食安全迈上新的台阶。而这仅仅是技术在场景中燃爆价值的一个缩影。

对技术而言,场景是价值的归宿,也是创新的源泉。让我们期待更多技术在场景中绽放光彩,为人类社会带来更加美好的未来!

> **项目卡片**
>
> **"共赴牧业"**
>
> 2022 年第八届中国国际"互联网+"大学生创新创业大赛(现中国国际大学生创新大赛)国家级金奖,红旅赛道。
>
> "共赴牧业"项目围绕蒲城县奶山羊产业发展的迫切需要,针对奶山羊养殖过程的三大痛点问题——"易生病养不好""效率低规模小""凭经验养得糙",攻关四大关键技术,形成奶山羊智慧养殖模式。 一是通过皮下植入芯片和布设装置打卡机的智慧羊栏,实现对奶山羊日常饮食及身体状况的全方位观测,出现异常通过手机 App 向用户推送预警。 二是基于智能物联网技术,通过手机对羊舍环境进行实时监控,实现自动添食、补水、刮粪、通风等功能,显著提高单位劳动力饲养量。 三是研制基于电导率和 pH 值的羊奶在线检测桶,在挤奶过程中实现对羊奶质量的检测,避免产出浪费。 四是利用 RGBD 相机和红外线监测设备对奶山羊身

高、体长进行监测,为奶山羊生长发育状况提供科学依据。以人工智能技术为依托,融合物联网、大数据等技术,从 2018 年开始在陕西省蒲城县桥陵镇、苏坊镇探索奶山羊养殖产业转型升级方式。目前已建成蒲城县奶山羊产业智慧养殖数据中心,建(改)造 3 座标准化智慧羊舍,探索出了可复制的奶山羊智慧养殖模式,形成了依托于规模化奶山羊养殖的全产业循环经济链。

资料来源:新华网,http://education.news.cn/20230420/911eb3bd5c1f4785bf75defdae6ac5b8/c.html,2023 年 4 月 20 日。

1.3.3 微生物技术守护三星堆文物:赋能场景,守护文明

曾经,微生物技术在医疗、环保、食品等舞台上独领风骚,然而,当它与古老的三星堆相遇,一场前所未有的跨界合作正式拉开帷幕。这次邂逅,不仅让微生物专业的骄子吕杉有机会与千年象牙亲密接触,更让象牙的"出土即碎"宿命得以改写。

2020 年,三星堆遗址考古重启,新发现的 6 个坑中宝藏无数,象牙、贝壳与甲骨,宛如时间的密语,悄然出土。这些骨质残片,曾是古人书写历史的纸张,是他们跨越三五千年向我们递来的万卷情书。然而,象牙的脆弱超乎想象,一旦暴露于现代空气,便成为细菌的温床,迅速腐败、碎裂,古老的记忆在眼前烟消云散。

传统的保护手法显得捉襟见肘,抑菌剂与石膏的包裹不仅阻隔了我们对文物表面痕迹的探索,更无法长久守护这份历史的馈赠。1986 年的三星堆象牙,短短 35 年后便无一幸存,这是怎样的遗憾与警示!

幸运的是,四川大学微生物专业的本科生吕杉,在孙群教授的引领下挺身而出,勇挑重担。他们应急立项,深入坑底,取样研究,运用 PCR 基因测序、菌斑测试等微生物常规技术,数千次实验,研发出一款名为"曦和"的神奇产品。它如魔法般抑制了骨质文物表面的细菌滋生,为考古队解了燃眉之急,更为中国人类文明史的推进工作画下了浓墨重彩的一笔。

如今,三星堆的文物在微生物技术的守护下重焕生机,它们诉说着古老的故事,也见证着技术与场景完美结合的力量。这是一场现代技术与古老文明的浪漫

邂逅，也是一次场景体现价值的完美案例。

> **项目卡片**
>
> **"文物医生"**
>
> 2023年中国国际大学生创新大赛（原中国国际"互联网+"大学生创新创业大赛）国家级银奖，本科生创意组，新文科。
>
> "文物医生"是针对骨质文物进行保护和修复的项目。项目团队研发了一款具有独立自主知识产权的抑菌剂——"羲和"，旨在解决骨质文物因微生物腐蚀而面临的问题。该抑菌剂能够在文物表面迅速形成抑菌膜，有效抑制微生物的蔓延，为文物保护提供了一种全新的解决方案。"文物医生"获得了四川省文物考古研究院的高度评价，并与发酵行业龙头企业签订了代生产合同，进行脂肽的代工生产和抑菌剂复配。同时，"文物医生"寻求与博物馆、高校研究所等合作，共同推广文物保护技术，已签订数百万元的合作协议。

大学生在创新、创造与创业实践中，最重要的选题依据是价值。

价值大小判断的标准在于需求！这是我们最根本的原理。由此，我们可以推导出"价值观恒等式"，即大创、大赛的主办方教育部需要大学生自觉地将人生努力的方向对齐国家战略与人民需求。

在价值的追寻之路上，我们建立了"价值武器库"。这个武器库可以帮助我们开阔视野，拨开迷雾，找到那些值得我们为之付出的人生方向。它就像指南针，引导我们走向正确的道路。

而价值的实现，则需要我们把学到的知识、技能融入合适的场景。这个场景里有对象、有事情、有困难、有需求，它能够让我们的知识和技能得以发挥作用、实现价值。

因此，在选题时，我们需要深入思考：我们的技术可以用在什么场景里？如何满足用户的需求？我们的价值如何在具体的场景中得以实现？只有明确了这些问题，我们才能找到真正有价值的选题，才能在创新、创造与创业实践中选好选题，不白白浪费人生。

高阶训练

一、选择题

1. 以下哪种项目更容易在大创中获得国家级立项、在大赛中拿到金奖？（   ）

   A. 用跨物种基因技术来治疗肿瘤

   B. 用高分子材料技术来避免火锅气味溢出

   C. 用新材料技术来提高美白针效果

   D. 用物联网技术来解决猫走丢的问题

2. 某项目用一种网络安全甄别技术解决网络空间自媒体造谣、造成社会恐慌的问题，请问这是什么技术在什么场景的应用？（   ）

   A. 人工智能技术在文学场景的应用

   B. 新闻传播技术在计算机场景的应用

   C. 网络安全计算机技术在新闻传播学场景的应用

   D. 新媒体技术在网络安全场景的应用

二、讨论题

项目一："智能餐桌"

想象一下，当你步入一家餐厅，无须等待服务员的引导，一张智能餐桌已经为你预留了你习惯的最佳位置。这张餐桌不仅能自动调节高度和温度，以适应你的坐姿和饮食需求，还能通过内置的物联网传感器实时检测你的饮食习惯和健康状况，实时显示每一盘菜的营养成分、每一勺饭的卡路里，在选择高碳水、高油脂食物时向减肥期顾客发出警告。更神奇的是，它还能与你的手机无缝连接，让你在享受美食的同时，轻松处理工作、娱乐等事务，甚至能把远在天边的亲朋好友投影到桌旁与你共同进餐。这就是"智能餐桌"项目，旨在通过物联网技术为人们带来前所未有的用餐体验。

项目二："云养猫"

对于那些喜爱猫咪，但因各种原因无法亲自在家里"撸猫"的人来说，一个全新的"云养猫"智慧线上平台应运而生。这个平台利用物联网技术，将老家、全小区、全校或其他用户指定猫咪生活场景实时传输到用户的手机上。用户可以选择自己心仪的猫咪，通过手机随时查看猫咪的动态，甚至还能通过智能设备与猫咪进行互动，如投喂食物、玩耍等。这就是我们的"云养猫"项目，旨在通过物联网技术，为广大爱猫人士打造一个全新的互动体验。

思考与讨论：

假设你是一位教师，面对一群充满激情的大学生，他们提出了上述"智能餐桌"和"云养猫"的创业项目，并打算一边实操一边参赛。然而，你深知创新、创造与创业选题之路并非坦途。作为指导教师，你如何帮助他们避免常见的创新创业陷阱，把人生投在更为值得的事情上？

第 2 章　如何定主线？明确教育为本

学习目标

价值目标：深刻理解价值塑造、能力培养和知识传授三大教育目的的时代意蕴，认同创造性、项目制实践教育是价值塑造的重要路径。

能力目标：掌握将思创融合的理念贯穿于项目始终的方法，能自觉以"情理天地人"五步法理解和塑造自己在创造性、项目制实践教育中的成长。

知识目标：了解价值塑造的教育路径及其重要性。

教育界曾有一种争论：在介绍创新创业项目时，我们应该以项目的发展为主线，还是以人的成长为主线？

按照"价值武器库"的逻辑，我们很容易得出结论，那就是要着重阐述项目的价值意义和进展。因为只有在具体场景中，项目才能实现其价值，才能形成有意义的教育。

然而，我们需要明确一点：大学生创新创业比赛并非投资活动，而是教育活动。本章将通过解释教育的本质，来回答如何定主线的问题。

2.1　揭秘教育核心：价值塑造为何至关重要

2023 年，生成式人工智能（AIGC）技术的崛起引发了广泛的担忧。许多人担心机器会逐步取代人类，因为它们展现出了惊人的智能：从前的机器仅仅是执行预设代码的工具，如今却能自主学习海量数据，形成独特的算法，甚至能完成遣词造句、绘图拍摄等复杂任务，且效率远超人类。这种担忧在人群中蔓延：我们是否即将被机器所取代？

然而，要反驳这种担忧，我们必须重新审视"价值塑造"的重要性。目前，

人类社会运行的基本规则是有流程的地方按流程走、有标准的地方执行标准，但仍有许多领域缺乏明确的流程和标准。在这些情况下，人们依靠什么来做出选择和判断呢？答案是价值观。

以一个实验为例，节日里，寒风中的地铁口放置了一箱红色玫瑰花，旁边写着温馨的提示语和收款二维码。在这个场景中，没有明确规定人们应该支付多少钱。是否购买、购买几朵以及支付多少金额，完全取决于个人对玫瑰花的价值认同。实验结果显示，在短短一个多小时内，100 朵玫瑰花以均价 5 元的价格被售出。这表明在特定的情境下，人们普遍认为用 5 元钱购买一朵节日玫瑰来表达感恩是值得的。这就是价值观引导选择，并对现实世界产生的影响。

价值塑造的重要性在于，它塑造了我们的行为准则和选择偏好。如果在一个缺乏"感恩、诚信"等价值观的社会环境中推广无人售花项目，很可能会面临亏损的困境。同样的，一个社会如果没有积极正面、和谐统一的价值观作为支撑，就难以维持稳定和秩序。因此，尽管 AIGC 技术带来了诸多变革和挑战，但人类独特的价值塑造能力仍是我们无法被机器所取代的关键所在。

2.1.1 人生规划：价值观对个人选择的影响力

著名心理学家卡尔·罗杰斯曾说："我们生命中的大多数选择，其实都是对我们自己价值观的回应。"这句话深刻指出了价值观在选择中的重要作用。每个人内心深处都有一套独特的价值观体系，这套体系影响我们对事物的看法、评价和行为选择。

在日常生活中，个人选择无时无刻不受到价值观的影响。即使是那些看似微不足道的小决策，比如选择早餐吃什么、周末去哪里玩，背后也往往折射出我们对健康、休闲等价值观的考量。

有些选择需要付出更多的思考和努力。当面临长远利益与眼前利益的冲突时，该如何抉择？比如，当一场难得的大咖科学家讲座与必修课程的考前复习时间冲突时，应该选择哪个？选择前者，可能会获得科学精神的洗礼和科学方法的启蒙，但却需要承担考前绕弯路的代价；选择后者，可以确保课程的复习进度，但却可能错过一次难得的学习机会。在这样的抉择中，人需要更加深入地审视自己的价值观，明确自己真正追求的是什么。

有些选择更加艰难，比如当面临经济压力与学业的冲突时，大学生是否选择去兼职工作以减轻家庭的经济负担？去吧，可能会耽误本就紧张的学习时间；不去吧，看着父母微薄的收入支持自己的学业又于心不忍。在这样的两害相权中，该如何选择？面对这样的选择，你可能会问老师、问家人、问朋友，但最终起决定作用的，是你觉得哪个更重要，是你的价值观。

在重大的人生选择上，价值观的主导作用更为显著。军人的子女在大学组织征兵入伍时，更高比例地选择暂别，甚至放弃大学生活，毅然投身国防事业，做出这样的选择，可能是他们从小耳濡目染的军人精神和对国家安全的深刻理解，使得他们视保家卫国为己任。同样，有些优秀毕业生会选择去山区支教，而非留在大城市，这背后可能是他们曾受过山区支教大学生的帮助，形成了奉献、感恩与爱的价值观，因此更希望回馈家乡，帮助后人。

案 例

选题之惑：医美还是器官再生

梁同学，高分子专业的大二学生，在学校的"三进"（早进实验室、早进课题组、早进研究团队）政策推动下，有幸加入了杨老师的高分子科学课题组，面临两个研究方向的选择：一是已投产并受资本热捧的医学美容材料；二是前途未卜但在器官再生领域有潜力创造划时代成果的科学技术。

父母、辅导员、杨老师分别给出了建议，但梁同学仍深感迷茫。这不是一个简单的二选一，而是关乎他未来人生道路的重大抉择。经过深思熟虑，梁同学意识到，选择不仅基于个人兴趣和能力，更在于内心深处对价值的认同和追求。医美材料虽能带来快速回报和社会认可，但器官再生研究则可能对人类健康产生深远影响，尽管这条道路充满未知和挑战。

最终，梁同学决定听从内心的召唤，选择后者。他明白，这是对自己价值观的

真正践行,是自小对"当一个科学家"召唤的回应,即便前路坎坷,也要勇往直前。这一选择不仅展现了梁同学的勇气和决心,更凸显了价值观在个人选择中的决定性作用。

梁同学的故事告诉我们,价值观是我们在人生道路上的指南针,它引导我们做出符合内心真实想法和追求的决定。无论外界如何诱惑或施压,坚守自己的价值观才是实现人生价值的关键。

2.1.2 企业文化:价值观对组织决策的决定性

一个组织的价值观不仅定义了其存在的意义,还为其长远发展提供了方向。价值观如同组织的基因,渗透在每一个决策之中,塑造着组织的行为和方向,在组织的决策过程中起到了至关重要的作用。

在日常运营中,许多看似琐碎的决策,都受到组织的愿景、使命、价值观的指引。比如,一个以低碳环保为研究目标的课题组在选择实验废水、废气和废渣的处理方案时,出于凝练共识、践行使命的目的,会主动选择处理效果更好的方案,即使成本可能更高。这就是价值观在日常决策中的体现。

当组织面临重大的战略选择时,价值观的决定性作用更为显著。以苹果公司为例,这个全球知名的科技巨头,其核心价值观强调创新、简约和用户体验。苹果公司在开发手机产品时,抛弃了常规的用户调研方法,"一意孤行"、不断推出没有键盘的颠覆性的 iPhone 手机,不仅技术领先,更重要的是重新定义了用户体验,使得科技变得更加人性化。这种创新精神的背后,正是苹果公司曾经的掌舵人乔布斯对技术进步和用户体验的极致追求。

总之,价值观对组织决策具有决定性的影响。管理大师彼得·德鲁克所言:"文化(即价值观)能把战略当早餐吃。"一个清晰、强大的价值观体系可以为组织提供持久的动力和指导,帮助组织在复杂多变的环境中做出明智的决策。

> **案 例**
>
> ### 决策之争：抢占市场还是救死扶伤
>
> 　　早惠团队针对市场上新生儿罕见病检测试剂盒的不足，成功研发了一款覆盖66个病种、价格仅为竞品四分之一的试剂盒。这一创新产品迅速被泸州市卫健委选用，为全市新生儿遗传罕见病筛查提供了服务，成功筛查出一例遗传罕见病，实现了早诊断早治疗，避免了一个家庭因病致贫的悲剧。
>
> 　　然而，在面临资源有限的情况下，团队需要做出选择：是加速生产、降低成本、扩大销售以获取更多利润，还是全力投入研发下一代产品，以扩大病种覆盖率，让更多的新生儿和家庭免受遗传罕见病的困扰。
>
> 　　团队内部展开了激烈的讨论。一些人认为，应该利用现有产品的成功，迅速占领市场，实现盈利；而另一些人则坚持，作为医疗行业的从业者，他们的首要责任是救死扶伤、关爱每一个生命。在这种价值观的指引下，团队最终选择了后者。
>
> 　　这个决定不仅体现了早惠团队对医疗人文情怀的坚守，更证明了价值观对公司选择的影响力。在商业利益和社会责任之间，团队选择了后者，这是对他们价值观的最好诠释。这也提醒我们，无论在哪个行业，公司的长远发展终究会依赖那些符合社会价值、有益于人类进步的决策。

> **项目卡片**
>
> ### "早惠科技"
>
> 　　"早惠科技"项目专注新生儿遗传病筛查。早惠试剂盒是一款为新生儿提供全面、精准且经济的遗传代谢病筛查产品。它运用创新的技术和工艺，成功实现对66种遗传代谢病的有效筛查，其筛查范围广、灵敏度高且成本低，为家庭和医疗系统带来了革命性的变化。该产品已获得多家三甲医院的认可并采购使用，累计筛查新生儿达40万例。"早惠科技"正在积极扩大市场覆盖，将有更多的家庭和医

院受益于这一创新产品。"早惠科技"致力于提高我国新生儿筛查的普及率和质量，为儿童的健康成长保驾护航。同时，他们也希望通过打破国外技术垄断，推动国产医疗高端产品的发展，为中国医疗科技的进步贡献一分力量。未来，"早惠科技"将继续深耕新生儿筛查领域，不断创新和完善产品，以期让更多的家庭享受到科技带来的健康与幸福。"早惠科技"项目在2023年获得中国国际大学生创新大赛（原中国国际"互联网+"大学生创新创业大赛）的国家级银奖。

2.1.3 可否塑造：价值观是怎么形成的

一次次选择，塑造了个人价值观，成就了独特的人。正如哲学家亚里士多德所言："我们日复一日做的事情，决定了我们是怎样的人。"一次次基于价值观的选择所累积形成的行为成了"习惯"，从而形成我们这个"人"。

长期从事团队运动的人，在团队合作中更易于信赖同伴，展现出更为显著的团队协作精神，这归功于他们在无数次的体育竞技中深刻体会到，信任队友，将软肋交给队友，自己则勇往直前、全力以赴，往往能收获比孤军奋战更为卓越的成果。

年轻的夫妻初建家庭，往往需要一段时间磨合来化解争执，比如洗碗的时间和频率，或者收入的管理方式。一方可能认为饭碗用完后应立即洗净，而另一方则觉得留到晚些时候一起洗也无妨；一方可能倾向于尽情享受当下的生活，而另一方则更倾向于节俭储蓄，为实现购房购车的梦想而努力。这些分歧看似只是关于日常琐事的选择，但实际上，它们背后反映的是双方在价值观上的差异，家庭和谐取决于价值观的统一。在不断的磨合沟通中，夫妻双方逐渐了解了对方的底线，理解了对方的价值观，做出了妥协退让，达成一致的价值体系，并找出解决方案，指导着他们在日常生活中的每一个决策和行动，比如购买洗碗机，饭后第一时间把碗收到洗碗机里，或者储蓄的金额不少于一年2万元。

组织的一次次选择也能反过来塑造企业的文化。乔布斯一次次的公开演讲，公司选人用人的标准，甚至公司的装修和布置，都在不断强化员工和顾客对苹果公司创新、简约和用户体验等价值观的认知和认同。

中华民族共同的价值观，如"善""孝"等，都是历经漫长文明发展而逐渐形成的。从古代的启蒙教育强调"人之初，性本善"，到现代的文化活动如"感动中国"，都在不断弘扬和塑造"善"的价值观。无论传统的"百善孝为先"的教诲，还是现代国家政策，如提高赡养老人专项附加扣除标准，都在实际行动中贯彻、强化和塑造"孝"这一价值观。

价值观，并非只是墙上的标语、演讲中的口号，它是我们做出每一次判断的基石，每一次选择的深层次原因，更是每一次行动的终极追求。在现实世界的无数次抉择与实践中，这些价值观不断地被校准、被验证、被坚守，它们是我们行为的准则，是我们生活的方向标。正是这些朴素而深刻的价值观，塑造了个人的个性、团队的特征、民族的文化、社会的氛围。也或者说，判断、选择和行动，归纳起来，就是人、团队、民族和社会的价值观。

2.1.4　社会迫切：教育必须担负起价值塑造的责任

社会发展大逻辑决定了教育的首要职责是塑造价值。对于一个想要稳定发展的国家而言，社会的迫切需求在于确立一些核心的、广泛认可的、积极向善的价值观。这些价值观能够在国家面临压力时凝聚人心，群策群力；在共同决策时减少分歧，形成合力；在出现内部矛盾时，能够劝人顾全大局，做出牺牲。

教育的工作对象决定了它在价值塑造方面不可推卸的责任。教育面向的是价值观尚未定型的青少年，他们的价值观相对容易被塑造。相比于成年人而言，他们更加敏感、好奇，也更容易被群体性的教育活动、环境和周围的同龄人所影响。因此，教育在这一阶段的作用至关重要。

正因如此，学校作为教育的主阵地，必须担起塑造青少年价值观的重任。通过精心设计的课程和活动，学校不仅要传授知识、培养能力，更要引导青少年形成积极健康的价值观，培养他们在与同龄人互动中学会尊重、理解与合作。这一过程关乎个人成长，更关乎社会和谐与进步。因此，教育必须系统、科学地将价值观塑造融入日常教学，让青少年在学习中不断领悟、内化并积极践行，如此，社会将更加和谐稳定，国家也将更加繁荣昌盛。这就是教育部要求高等院校"社会主义核心价值观贯穿全过程、全课程"的根本原因,也就是教育部大力推行"课程思政""大思政"的根本原因。

2.1.5 反例警示:缺失价值塑造的教育危机

如果教育只注重知识传授和能力培养,而忽视价值观念的塑造,那么这样的教育就会背离其初衷,导致在"为谁培养人、培养什么人"这一根本问题上出现偏差。以下是一些具体的反例,用以警示人们忽略价值塑造的危险。

1. 考古专业:缺乏职业伦理教育的风险

在考古专业中,学生不仅需要学习考古学的知识和技能,还应该接受职业伦理教育。考古行业的"行规"是不能一边考古,一边做收藏、鉴宝等工作。这是老一辈考古学家的自律,也是新时代考古专业教育中特别强调的职业伦理教育内容。除了考古实践必需的专业知识和技能的教学,考古专业教育更不能缺少的是"献身事业、不唯利是图"等价值塑造。

2. 化学专业:忽视社会责任教育的后果

化学专业的学生在学习过程中会接触到各种化合物,包括毒品的合成技术。如果不注重教育学生远离毒品合成等违法活动,那么这些学生可能会利用所学知识从事危害社会的行为。这种教育缺失不仅损害了学生的个人发展,也对社会造成了严重危害。

3. 医学专业:缺失人文关怀教育的弊端

医学专业的目标是培养救死扶伤的医者。然而,如果在教育过程中不注重强调医者仁心的人文关怀精神,那么这些学生可能会在未来的医疗实践中忽视患者的心理和情感需求,导致医患关系紧张,甚至引发医疗纠纷;甚或利用患者求医迫切的心态,索取财物。这样的教育结果违背了培养具有人道主义精神的医学人才的初衷。

综上所述,缺失价值塑造的教育是危险的。它不仅可能导致学生在职业选择上出现偏差,还可能对社会造成负面影响。因此,价值塑造在任何学校、任何层面都是贯穿教育始终的主线,是教育之本。

2.2 探寻最佳路径：为何创造性、项目制实践教育独领风骚

我们分析现存两种价值塑造的教育路径。

【路径1：常见的思政教育】黄同学，文学专业，大二女生，写得一手好文章。在参观"江姐纪念馆"后，她感触颇深，认真撰写了3000字的心得体会，表达了对革命先辈的敬佩和向党组织靠拢的愿望。她的优秀作业和深情演讲展现了认真学习的态度和对正确价值观的追求。然而，当被放在个人利益与集体利益冲突的场景中，让她二选一时，谁也不知道她会不会像她说的那样选择。

【路径2：创造性、项目制实践教育】李同学，机械制造专业，大二男生，技术宅男，不善言辞，在核工业修理机器人项目中脱颖而出。为了比赛，他放弃了暑假回家、交朋会友、海外游学，甚至与女友的旅游计划也多次搁置，为了项目全力以赴。最终，他们的机器人在比赛中大放异彩，赢得荣誉。作为教育者，我们通过李同学做出的一系列价值判断和行动决策，证明了他的价值观：坚定、一致，以国家和集体利益为重。也让我们有理由相信，在未来面临类似选择时，他将继续做出正确的决策，持续走向成功之路。

2.2.1 价值塑造效果可见

两种路径的最大区别在于让学生决策的场景的真实性。传统思政教育，无论理论课程上讲述、播放伟人故事，还是参访式教育，参观伟人纪念馆，都是希望用别人的故事感动学生，效果都难以用实践检验；而创造性、项目制实践教育则通过真实场景中学生已经做出的选择和行动，以事实证明是否有效地塑造了学生的价值观。或者说，在创造性、项目制实践中能找到事实依据，证明价值塑造的效果：不是看学生讲的有多好听，而是看他是怎么做的。

创造性、项目制实践教育的实质在于为学生提供自主选择的机会，让他们在并无明显对错的选项中，基于个人价值观做出选择。随着项目的推进，这些选择将逐渐表现为项目进展的差别，与其他同学的项目形成对比。在教育者的指导下，学生们能够进行自我评估和调整，从而找到更佳的路径并自觉践行。这种教

育模式没有惊天动地的感动，没有耳提面命的说教，没有枯燥乏味的灌输，只有潜移默化的影响，悄无声息的不断反馈，和有根有据的行动证明。

从这个意义上说，在价值塑造方面，创造性、项目制实践教育具有显著优势。这就是在创新驱动发展的时代，在国家越来越重视创新实践能力发展的今天，创造性、项目制实践教育以大创、大赛的形式，被越来越重视的原因。

2.2.2 价值塑造效果可评价

教育作为一门科学，评价是教学闭环的关键环节，往往也是最具挑战性的环节。教学效果如何，是否达到预期目标，最终需要通过学生的学习成果来验证、反馈和调整。缺乏评价的教学就如同没有仪表盘的汽车，驾驶者无法判断速度是否适当，油量是否充足，盲目加速极易引发事故。

评价知识传授的效果，考试简便易行。评价能力培养效果，难度则有所增加。例如，计算能力和操作技能可以通过考试或观察来评估，但沟通能力、团队协作能力等软技能则难以直接评价。教育者常常只能依赖问卷调查等方式来了解学生的自我感受，这种方法的客观性不足，所以对教育者的反馈价值有所欠缺。

相比之下，价值塑造的评价更为复杂。传统的理论教学和参观访问等实践教学旨在通过他人的故事触动学生，但其实际效果往往难以衡量。而创造性、项目制的实践教育则提供了一种更为直观的评价机制。表面上，项目立项评选、中期评选、评奖评优等评价环节关注的是项目的进展情况，但实质上它是对学生近期价值判断和行为决策的评判。这一过程不仅为学生提供了一个向师长求证"我做得对吗"的校对机会，也为教育者提供了即时纠正学生不当判断和错误选择的反馈渠道。

因此，创造性、项目制实践教育是目前行之有效的价值塑造教育效果评价反馈机制。

2.2.3 价值塑造效果可定量

价值观怎么定量？心得体会字数越多，说明价值观越正吗？

这是教育评价中面临的关键问题之一——"元评价"问题，即如何获取、选择和测量客观的数据来反馈给教育者。若选择的参数不对，就像汽车仪表盘只显示车辆重量、长度和高度，而不显示速度和油量，导致驾驶员无法判断行驶状态，可能引发严重事故。

价值观通过学习生活中的行为选择得以体现，因此是可以通过选择行为来评价的。类似MBTI等心理学测试能通过一系列问题评估个性倾向，但这些测试需要大量无关场景和散乱问题，并要求测试者凭直觉作答。这类问卷通常假设人的个性在短期内保持稳定，因此短时间内重做无效。然而，如果价值观也只能通过这种方式评价，那么如何对价值塑造进行阶段性反馈呢？

在创造性、项目制的实践教学中，项目的进展可以被定量评价。我们可以根据大学生的创造性项目在起步阶段的规律，划分等级并半定量地定位学生（团队）的项目进展水平。通过这种方式，我们可以向学生（团队）反馈其价值判断和行为决策的正确性，同时也可以向教师和教育管理者反馈近期教学政策、措施和氛围的有效性。这种方法为价值塑造提供了可操作、可客观测量、可（半）定量的评价手段，或许也是目前唯一的已知手段。

综上所述，创造性、项目制实践教育路径因其在教育评价与测量技术上的特殊优势，在价值塑造方面也展现出了其优于其他教育路径的显著成效。

大创、大赛，作为创造性、项目制实践教育的典型代表，在教育学中的本质是完成教育教学评价闭环。老师并非迫不及待地把学生置于具有超级挑战的创造性项目任务中，而是通过布置具有一定挑战性的创造性任务，将学生置于真实场景中，观察其选择和判断，进而映射出其价值观，为学生提供了评价反馈和迭代的机会，同时也让老师得以审视自己最近的教育教学成效。

因此，同学们应积极参与大创、大赛，以争取更多的评价反馈机会。在参与过程中，同学们应努力推进项目进展，以此展现并明确自己的价值观，并通过正反馈，更加坚定地塑造个人的价值观。

2.3　主线任务：小白的英雄之旅

回到本章的起始问题：当大学生投身于创造性、项目制的实践教学中，我们关注的焦点究竟应该放在项目的价值意义与顺利推进上，还是更应当注重学生个人的品质与成长呢？经过前面的探讨，我们隐约得出了"以个人成长为核心"的答案。现在，借助人项耦合 Ω 模型（见图 2.1），我们将进一步深入分析这两条主线的区别。

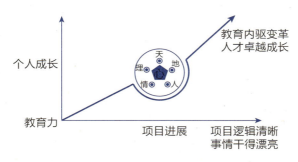

图 2.1　人项耦合 Ω 模型

在人项耦合 Ω 模型中，项目发展为横轴，旨在向评委展示项目进展情况，给评委留下"事情干得漂亮"的印象。

在求职简历、评奖评优自评报告、国际大学深造申报书 Personal Statement 等文件中，大学生常用"口说无凭的优点"来自我表扬，这在人项耦合 Ω 模型中是纵轴上的若干个点，孤立、静态、主观：缺乏教育和环境的支撑，显得空穴来风；缺乏优点形成的过程，显得自说自话；缺乏客观证据来支撑人的优点，显得口说无凭。

和前两条叙事路径不同，我们主张的叙事路径是"以创造性项目为依托的小白的英雄之旅"。这在图 2.1 中表现为斜向上的箭头，指向项目与人同时成长。这条斜线不仅具有客观性和动态性，能够通过项目的实际进展来客观地证明学生的价值塑造和能力提升效果；同时，它还能够通过学生的个人成长历程来动态地展示教育模式的有效性。这样，我们既看到了项目的推进，又看到了学生的个人成长，实现了两者的有机结合。

在创造性、项目制的挑战任务中，如何阐述个人成长呢？我们独立研发的"情理天地人"五步法（见图 2.2），将项目的情感、逻辑、背景、实践和价值等维度融为一体。通过展示常见的个人成长节点，我们希望为读者提供心理准备和决策参考，帮助读者在任务开始前调整心态，在面对困难选择时找到方向。

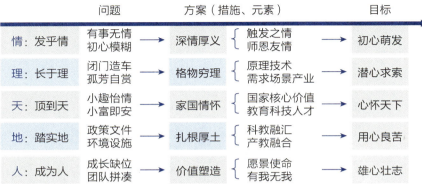

图 2.2　教育维度"情理天地人"五步法

2.3.1　情：从"有事无情"到"初心萌发"

"情"这一维度主要展现了主人公小白从初涉项目到深情投入的心路历程。起初，小白团队可能只有同情亲友遇到困难的"小情小爱"，更可能只是出于功利目的而参与项目，对解决问题本身并未有太多情感投入。然而，随着他们深入基层，了解国情民情，与教师、产业工程师等师长共同奋斗，克服重重困难，小白团队与项目中的各种角色建立了深厚的情感联系。这种深厚的情感在项目中发挥了至关重要的作用，它激发了团队成员的积极性和创造力，成为推动项目不断取得突破和成功的强大动力，更让团队成员明确了自己的初心和使命。

"乡振智疗"团队的几位学生，最初只是随着学校医学院组织的公益活动去往乡村。他们可能只是抱着完成任务的心态，不打算跟老乡们有什么深入接触。然而，在乡村的所见所闻所触，让他们受到了深深的震撼。他们看到了乡村的落后和贫困，听到了乡亲们的期盼和呼唤，摸到了乡村医疗事业发展的脉搏和痛点。这种震撼和触动让团队成员开始自觉地、发自内心地想要为乡村做些什么。他们不再仅仅把项目看作是一项任务或工作，而是将其视为自己的使命和责任。他们想要解决乡村面临的实际问题，想要创造更多的机会和可能，想要推广乡村的文化和价值。

这种从"有事无情"到"初心萌发"的转变，不仅让"乡振智疗"项目焕发出了新的活力和动力，更让团队成员找到了自己的方向和目标。他们开始以更

加饱满的热情和更加坚定的信念投入项目中，用自己的行动和汗水践行着对乡村的承诺和担当。这种情感的转变和初心的萌发，也成为项目不断前进的强大动力和支撑。

2.3.2 理：从"闭门造车"到"潜心求索"

"理"这一维度凸显了人在科技研发价值观方面的成熟与进步。在项目起始阶段，主人公小白容易陷入对技术的执迷，专心于技术的研发和创新，却忽略了产业的瓶颈和用户的真实需求。这种闭门造车的方式虽然能够在技术上取得一定的进展，但是随着项目进展，小白团队发现技术创新带来的花里胡哨的功能增加了成本负担，用户却并不买单，后悔自己纸上谈兵，浪费了时间和精力，从而回到起点，认真调研，把时间和精力投入"解决真问题、真解决问题"的事情中去。

以黑色素项目为例，团队最初揭示了黑色素结构与其颜色深浅度的科学关系，并在科学领域取得显著成果，但在应用转化中遭遇了巨大的阻碍。他们想把黑色素分子应用在显示屏幕元件中作为衬底，衬托显示屏元件亮度更亮、颜色更纯，但无论他们的黑色素比原有的黑色素材料性能参数好多少倍，只因为稍微高一点点的成本，显示元件组装厂就不愿意采用这种高科技新材料。面对这一困境，团队放弃了研究"更黑"这一参数，转而研究兼具导电、导热功能的黑色素材料，用一层代替27层，大幅节约成本。相比于单个参数提升，多个参数齐头并进这个技术问题更加艰难了，但意义也更加重大了，是追求发表高质量论文，还是潜心解决真实的产业重大问题，团队做出了自己的选择。

这种从"闭门造车"到"潜心求索"的转变，不仅让许多技术团队找到了更加符合市场需求的应用场景，也体现了团队在技术研发中的成长和科学家精神的养成。他们不再仅仅关注技术先进性，还更重视实用性与可行性。这一转变不仅推动项目成功，还为团队未来发展奠定坚实基础。

2.3.3 天：从"小趣怡情"到"心怀天下"

"天"这一维度描绘了人对项目的宏大背景和深远意义的逐步认知过程。在项目的萌芽阶段，往往源于主人公小白的小兴趣、小想法、小同情、小热爱。这些初衷可能单纯而微小，但随着项目的推进、老师的推荐、产业的应用、用户的反馈，团队逐渐发现项目背后蕴藏的巨大的社会价值，也逐渐认识到低估了自己人生的意义。

"哮天犬"的三位创始人最初只是一群以破解手机密码、网吧密码和邻居WiFi密码为乐的青少年小黑客。与其说他们热爱的是破解密码后获得使用权限相关的利益，不如说他们就是在炫技，以展现其技术才华为乐，更多的是一种对技术的探索和娱乐。然而，当他们进入大学后，他们的视野和思维方式发生了巨大的变化。在大学的课程学习和项目制创新教育中，他们开始意识到自己的网络技术可以应用在网络舆情领域。他们意识到，在这个信息时代，网络舆情的引导和管控对于国家的稳定和安全具有极其重要的意义。于是，他们决定将自己的技术才能投入这一领域，帮助中国在网络空间中打赢没有硝烟的战争。他们利用自己的网络技术，开发了一系列网络舆情监控和分析工具，为政府和企业提供了有力的支持。他们的项目不仅帮助中国在网络舆情战场取得了重要的胜利，更为中国的国防安全和国家稳定贡献了巨大的力量，守护了国家网络的清朗空间。

这种从"小趣怡情"到"心怀天下"的转变，不仅体现了"哮天犬"项目三位年轻的创始人在技术上的成长和突破，更展现了他们的家国情怀和责任担当。他们的故事告诉我们，一个微小的兴趣和想法，在宏大的创新项目中实践，才有可能成长为具有深远影响力和巨大社会价值的宏伟贡献。这种转变和成长，正是"天"这一维度所要传达的核心意义。

2.3.4 地：从"政策文件"到"用心良苦"

"地"这一维度关注的是人如何理解和利用外部环境，特别是对政策环境和教育环境的利用与适应。在项目的起始阶段，小白团队往往对政策文件和相关支持一知半解，只是机械地罗列政策条款，而对于如何充分利用政策红利来推动项目发展缺乏深入的理解和思考。

"颌图"的创始团队小白最初的目标非常单纯，就是想要为自己的牙医小伙伴们打造一款能够提升工作效率的软件。然而，在项目的推进过程中，他们逐渐发现医疗器械软件管理的严格性和复杂性远超预期。面对烦琐的政策要求和审批流程，他们开始感到厌恶和畏惧，甚至有些手足无措。

但随着时间的推移，他们意识到这些政策并非无的放矢，而是为了保障医疗器械的安全性和有效性。于是，他们开始转变态度，从厌恶、畏惧政策转变为理解、研究政策。他们深入钻研相关政策法规，积极与相关审批部门沟通交流，努力寻找符合项目需求的政策支持。

在这一过程中，他们惊喜地发现自己有望符合绿色通道的申请条件。为了成功进入绿色通道并获得快速审批的资格，他们进一步提升了项目的创新性，优化了产品的设计和功能，增加了临床试验数量。最终，他们成功利用绿色通道快速拿到了销售资格，实现了项目的产业落地。

这一路的艰辛与收获，让团队深刻体会到了国家政策的用心良苦和大力支持。他们开始更加珍惜和利用这些政策资源，不仅将其视为项目发展的助力，更将其视为对国家和社会的一种责任和担当。这种从简单视"政策文件"为限制条件到理解政府和学校的"用心良苦"的认知转变，不仅体现了团队在产业落地中的成长和成熟，更展现了他们对国家政策的感恩之心和回馈之意。

2.3.5 人：从"成长缺位"到"雄心壮志"

接在"情理天地"四步之后的"人"，聚焦人之为"人"的完整性，是知识人、技能人与智慧人的统一，是生物人与社会人的统一，是顶天又立地的人。小白和其团队成员开始的时候可能会存在各种不足和缺位，然而，通过参与创造性项目，小白团队逐渐弥补了这些不足，提升了自身的能力和素质。同时，他们也在这个过程中树立了雄心壮志，对未来充满了信心和期待。这种从"成长缺位"到"雄心壮志"的转变，是团队在大创、大赛中最宝贵的收获之一。

"安舒捷"的负责人小白在项目开始时，仅仅是一个在实验室里重复合成化合物、进行动物实验的博士生。他的工作虽然重要，但在更大的科学愿景和社会价值中，他似乎还没有找到自己的定位。他知识多、技能好，但就像科学界的一台精密仪器，缺乏灵魂。

随着项目的深入，他开始接触到更多的科学问题和挑战。他不再满足于仅仅是一个实验的执行者,他开始被老师们的科学家精神所感染,被药学先贤们的奉献精神所激励。

最终,在一次关键的实验中,他勇敢尝试用自己的血液来进行实验,以验证药物的安全性和有效性。这一决定不仅体现了他对科学的献身精神,也标志着他从一个单纯的实验员成长为一个有远见、有担当的科学家。他开始学"神农尝百草",开始理解张载"为天地立心,为生民立命,为往圣继绝学,为万世开太平"的博大胸襟,并以古人之志践行自己的职业生涯之路。

在这个过程中,他不仅提升了自己的专业技能和科研能力,更重要的是,他找到了自己的职业使命和价值追求。他的心态从最初的迷茫和困惑转变为清晰和坚定,他的目标从最初的完成项目转变为追求科学真理和服务病患。这种从"成长缺位"到"雄心壮志"的转变,正是大创、大赛对团队成员个人成长的最大期待和最好见证。

综上所述,我们用五位大学生身边的例子详细说明了"情理天地人"五步法的使用方法,通过突出情感驱动、理论研究、宏观背景、实际环境和团队成员的成长等多个维度中人的成长,可以让听众更加深刻地理解项目的育人价值所在。

一言以蔽之,大创、大赛里一切项目进展都是个人成长的依托、价值塑造的证据、教育效果的反馈。

高阶训练

一、选择题

1. 上海交通大学的"海上大型绞吸疏浚装备的自主研发与产业化"荣获2019年度国家科技进步奖特等奖的最重要的原因是(　　)。

　　A. 三代造船人情系海洋强国梦,大国重器,筑梦深蓝

　　B. 项目负责人黄旭华是院士,很牛

　　C. 上海交通大学船舶与海洋工程专业很强

　　D. 技术在国家主权和领土完整方面的重要价值

2. 今有核壳技术(一种高分子技术)可以用在美白针(一种医美针剂,可

使皮肤变白），减缓熊果苷等有效成分变质，让美白效果更好。因为医美行业的需求和相对较低的门槛，这项研发工作变现时间短。这种技术也可以用于肿瘤治疗药物的递送，因体内用药物研发难度大、成本高、成功率低，所以变现赚钱遥遥无期。在参加大创、大赛时，这两个项目哪个更好？理由是什么？（　　）

A. 美白针，因为变现快，商业价值高

B. 美白针，因为门槛建在场景上，我们团队有医美场景的大专家

C. 肿瘤药，因为肿瘤大专家给了我们一手的需求信息

D. 肿瘤药，因为价值观是"四个面向"

二、简答题

我国"工业大摸底"中，找到了一些因应用场景更换而价值猛增的技术，你能举出3例吗？

三、讨论题

假设你加入了计算机专业的师生团队，并共同研发出了一种先进的人工智能影像技术。这项技术能够非破坏性地探测石头内部的化石，避免了传统考古发掘中因敲碎石头而对文物造成的潜在损害。此外，它还能高效地帮助考古人员将碎片还原成完整的器皿，其效率远超人工，甚至比现有的软件还要快上数十倍。然而，考古队的经费完全依赖国家的有限拨款，这意味着这项技术在经济上的回报可能并不显著，甚至可能被视为一桩"小生意"。在面对大创、大赛的挑战时，团队内部产生了分歧：我们应该如何定位并展示这项技术的价值？

一方面，我们可以强调技术的强大与实用性，突出其在文物保护和利用方面的卓越表现。毕竟，能够无损探测并快速复原文物，对于考古学和地质学领域来说，无疑是一项革命性的进步。另一方面，我们也可以借助考古队大专家的指导背景，来展示项目的权威性和可靠性。这不仅能证明我们的技术得到了专业领域的认可，还可能吸引更多考古队的关注和预算投入。此外，我们还可以将目光投向广阔的文物交易市场。那些活跃的收藏家们往往拥有雄厚的经济实力，对于能够提升文物鉴赏和修复效率的技术，他们或许会成为潜在的买家。

假设你也是团队的一员，学习了本章内容，你会提出什么样的建议，重点强调项目哪方面的价值呢？

第3章 如何找亮点？突出融合之策

学习目标

价值目标： 理解学科交叉、科教融汇、产教融合中的互鉴思维。

能力目标： 能够自觉运用学科交叉、科教融汇、产教融合指导开展创新型、项目制实践教学，能够将先进教育模式应用于项目中，构建竞争力。

知识目标： 了解大创、大赛评分规则的具体含义。

置身于时代的浪潮之巅，我们目睹了一场前所未有的变革。在这场变革中，大学生创新大赛引领着无数热血青年探索未知、追逐梦想。而在这背后，互鉴思维如同一盏明灯，照亮了学科交叉、产教融合的广阔天地。

互鉴思维是一种通过相互学习、参比来认识事物的思维方式。在创新创业实践中，互鉴思维可以帮我们审视不同理念和思维之间的异同，洞悉其长短，因而更为立体、全面。

大赛的评审规则，不仅仅是一套评价标准，更是一部指导互鉴实践的宝典。它涵盖了教育、创新、团队、商业和社会价值五个维度，全方位地考察着每一个参赛项目。而在这五个维度中，我们都能清晰地看到多学科交叉、科教融汇、产教融合的身影。

在推动学科交叉的过程中，首要的任务是紧密关注社会的实际需求。这种需求往往来自现实生活中的问题和挑战，尤其是在基层和偏远地区，由于资源和技术的限制，许多问题得不到及时有效的解决。例如，在基层医院，由于缺乏专业的眼科医生和先进的诊断设备，白内障等常见眼疾的早期诊断成为一大难题。这不仅影响了患者的健康和生活质量，还增加了后期治疗的难度和费用。

因此，通过学科交叉的方式，将计算机技术与医疗影像诊断学相结合，开发出智能诊断软件，可以帮助基层医生提高白内障等眼疾的早期诊断率。这样的创新不仅回应了社会的迫切需求，还能为基层患者节约大量的医疗费用，提高他们的生活质量。

要实现这一目标，需要跨学科团队的紧密合作和共同努力。计算机科学家可以提供先进的技术支持，医疗影像诊断学专家可以提供专业的医学知识和经验指导，而基层医生则可以提供实际的应用场景和反馈意见。通过这样的合作模式，可以推动学科交叉的深入发展，为解决现实问题提供有力的支持。

3.1 互鉴思维下的教育维度

3.1.1 评分规则解析

在大赛中，教育维度的评分表是衡量参赛项目在价值塑造、能力培养和知识传授方面的重要工具。以下几个方面尤其凸显了学科交叉在教育维度中的重要性：

价值观塑造与家国情怀：

- 项目在弘扬正确价值观、体现家国情怀方面，是否通过多元互鉴的视角，更全面地理解和融入社会、文化、伦理等元素，提升项目的教育意义和社会价值。
- 团队是否利用跨学科、跨行业的知识和方法，更深入地探讨和体现创新创业精神，为培育新时代的创新创业人才提供有力支撑。

专业知识与商业知识的融合：

- 项目在将专业知识与商业知识有效结合方面，是否通过产教融合的方式，打破学科壁垒，实现知识与技能的互补和协同，提高项目的创新性和实用性。
- 团队是否运用跨学科思维，将专业知识、商业知识和行业知识等多元知识体系有机融合，形成独特的创新创业策略和方案。

知识与技能的娴熟掌握与应用：

- 团队在展现对创新创业所需知识与技能的娴熟掌握与应用方面，是否通过跨学科的学习和实践，提升团队成员的综合素质和能力水平，为项目的成功实施提供有力保障。

- 项目是否充分利用团队成员的跨学科背景和技能，解决复杂问题，展现高级思维和创新能力。

团队成长与院校成果体现：

- 项目在锻炼和提升团队成员创新创业精神、意识、能力方面，是否通过跨学科的团队合作和交流，增强团队成员的协作能力和创新意识，为未来的职业发展奠定坚实基础。

- 项目是否充分体现院校在推进教育、科技、人才工作方面的成果，特别是在新工科、新医科、新农科、新文科建设方面的跨学科探索和实践，展示院校在培养创新创业人才方面的综合实力和特色优势。

综上所述，教育维度的评分规则强调了学科交叉、产教融合在提升项目教育价值、培养创新创业人才和推动院校教育改革方面的重要性。通过跨学科的合作与交流，团队能够更全面地理解创新创业的本质和要求，提升项目的教育意义和社会价值，为未来的职业发展和社会进步做出更大的贡献。

项目卡片

"无障视界"

2021年第七届中国国际"互联网+"大学生创新创业大赛（现中国国际大学生创新大赛）国家级金奖，本科生创意组。

"无障视界"项目由四川大学计算机专业2019级本科生张焱成率队，致力于开发白内障智能诊断软件。项目通过AI技术提升B超设备在白内障诊断中的精度和效率，解决了基层医院依赖B超设备进行白内障诊断精度低、效率慢的难题。团队已在多家医院进行产品试用，显著提高了诊断精度和速度。

演讲稿摘录：

【实地调研】在数据科学引论课堂上，计算机学院吕建成教授把华西医院的白内障影像数据发给我们学习，我被带入了AI影像学新天地。我申请了大创课题，跟随吕老师着手进行实地调研。两年来，我们的调研覆盖了四川的3个县、21家基层医院、235套诊断设备。我们发现中国大部分医院主要依赖B超诊断白内障。

【产品验证】2021年3月，依托大学生创新创业训练计划，我们的产品在绵阳盐亭5家医院试用的4个月中，累计切实服务了4000余名患者。相比于未使用我们软件的人工诊断，医师诊断精度提高20%，诊断速度提升5倍以上。我们的产品在华西医院、盐亭人民医院和爱尔眼科的试用都得到积极反馈。

【核心团队】团队由实习经验丰富的四川大学本科生组成。我们这群新生代程序员，在面对B超影像一筹莫展时，通过四川大学吴玉章学院的交叉创新培养，遇到了临床医学院的包婉莹同学，我们一起分析病理、研发算法。从最开始，我们这个团队就有着医工融合的"基因"。

3.1.2 "无障视界"的教育维度

"无障视界"项目凭借其独特的教育价值和互鉴交融的实践，展现了显著的高分特征。

首先，"无障视界"项目在弘扬正确价值观、体现家国情怀方面做出了积极贡献。项目团队通过把自己所学的计算机技术用于开发白内障智能诊断软件，解决了医疗影像学领域的技术问题，解决了基层医院在白内障诊断中的难题，体现了对社会责任和创新创业精神的追求。这种价值观的培养和体现符合教育维度中对学生综合素质培养的要求。

其次，该项目在多学科专业知识的结合方面表现出色。团队成员来自计算机、临床医学等不同学科背景，他们通过跨学科合作，将计算机技术与医学知识有效融合，开发出具有经济价值和社会价值的智能诊断软件。这种跨学科的实践不仅提升了学生的专业技能和创新能力，也培养了他们解决实际问题的能力。

再次，"无障视界"项目在团队成员的创新创业能力培养方面也取得了显著成果。团队成员通过实地调研、产品研发、市场验证等一系列创新创业过程，锻炼了自己的计划、组织、领导、控制等创新创业能力。同时，项目的成功实施也提升了团队成员的自信心和团队合作精神，为他们未来的职业生涯奠定了坚实基础。

最后，该项目充分体现了院校在推进教育、科技、人才工作方面的成果。团队成员在四川大学的支持下，通过参与大学生创新创业训练计划、与企业合作等方式，将课堂知识与实际应用相结合，推动了科技成果的转化和人才培养模式的创新。正如他们在演讲稿中所说："在大赛本科生创意组的引领下，我们这样一群'理工男'被带入实业报国新天地。现在，我们本科生的课堂融入社会，作业接壤企业，课题揭榜命题，学业融入产业。我们不纸上谈兵，在这里我直面真实命题，把国计民生放在心里。我学会了创业原来是需要'抓人、抓钱、抓方向'的，我知道了什么是商业模式，我理解了国家对于科技创新的决心与重视。我们是'初生牛犊不怕虎'的中国少年，勇于开先河、立潮头、领风骚。本科生是国家的'战略重器'，'无障视界'就是我们本科生团队的责任与担当。"

这种产学研一体化的实践模式，不仅提高了学生的综合素质和创新创业能力，也为社会培养了更多具有创新精神和实践能力的人才。

综上所述，"无障视界"项目在教育维度的各个方面都展现出了显著的高分特征。通过多互鉴的实践，该项目不仅培养了学生的综合素质和创新创业能力，也推动了教育、科技、人才工作的有机结合和协同发展。

3.2 互鉴思维下的创新维度

3.2.1 评分规则解析

在创新大赛中，创新维度的评分是衡量项目是否具有突破性、前瞻性和实际应用价值的重要指标。从互鉴思维的视角看，以下几个方面尤其凸显了互鉴在创新维度中的重要性：

创新过程的跨学科性：

- 项目在从创意到研发、试制、生产、进入市场的整个创新过程中，是否充分利用了科教融汇、产教融合的优势，实现了从单一学科创意向跨学科实践的跨越。
- 通过融合不同学科的知识和方法，项目是否成功地将基础研发成果转化为具有实际应用价值的产品或服务。

需求导向的学科整合：

- 团队是否能够准确识别社会和市场的实际需求，并基于多学科的专业知识进行问题定义和需求分析。
- 通过运用各类创新的理念和范式，团队是否能够将不同学科的知识和技能有效整合，形成独特的解决方案，并满足实际需求。

创新成果的多样性与质量：

- 项目是否从产品创新、工艺流程创新、服务创新、商业模式创新等多个方面着手开展创新创业实践，展示了丰富的创新成果。
- 这些创新成果是否得益于科教、产教一体协同的效应，体现了高质量、高效率和创新性，并具备潜在的市场竞争力。

综上所述，创新维度的评分规则强调了学科交叉、科教融汇、产教融合在推动项目创新过程中的重要性。通过跨学科的合作与整合，团队能够拓展创新思路、提高创新效率、增强创新成果的实际应用价值，从而在大赛中脱颖而出。

> **项目卡片**
>
> **"光影流转"**
>
> 2022年第八届中国国际"互联网+"大学生创新创业大赛（现中国国际大学生创新大赛）国家级金奖，研究生创意组，总冠军。
>
> "光影流转"项目由南京理工大学电光学院2019级博士生王博文领衔，致力于开发亿像素红外智能计算成像技术。该项目通过突破物理极限，提升红外成像的分辨率和性能，为军事、安防、医疗等领域提供了高性能的成像解决方案。团队已在多个领域进行了产品试用和推广，取得了显著的市场反响和社会效益。

3.2.2 "光影流转"的创新维度

"光影流转"项目在创新维度的评分上表现出色，这得益于团队多学科交叉和科教融汇、产教融合的背景和突出的创新能力。

首先，该项目严格遵循了从创意到研发、试制、生产、市场应用的创新过程。王博文领衔的团队从红外成像技术的物理极限出发，通过突破性的技术研发，实现了亿像素红外智能计算成像，为军事、安防、医疗等领域提供了前所未有的高分辨率成像解决方案。

其次，团队在解决实际需求时充分运用了光学、电子、计算机等多个学科的专业知识。这种多学科交叉的融合使得团队能够从不同角度审视问题，提出创新的解决方案。例如，团队在提升红外成像分辨率的同时，还优化了图像处理算法，进一步提高了成像的清晰度和稳定性。

此外，"光影流转"项目在产品创新、工艺流程创新、服务创新等方面也取得了显著成果。团队研发的红外成像产品不仅性能卓越，而且易于集成到现有系统中，为客户提供了便捷的升级方案。同时，团队还注重工艺流程的优化，提高了生产效率和质量控制水平。这些创新成果充分体现了团队在创新思维和实践能力方面的优势。

在接受采访时，王博文表示："我们团队的多学科背景为我们提供了更广阔的视野和更丰富的创新思路。通过不断尝试和探索，我们成功突破了红外成像技术的物理极限，为市场带来了更高性能的产品。"这番话不仅展现了团队的自信和骄傲，也道出了科教融汇、产教融合在推动科技创新方面的重要作用。

综上所述，"光影流转"项目在创新维度的各个方面都展现出了显著的高分特征。通过多学科交叉、科教融汇、产教融合的创新的实践过程，该项目不仅解决了红外成像技术的难题，还为市场和社会的实际需求提供了有效的解决方案。这种创新思维和实践能力不仅体现了团队的创新力和综合素质，也为未来的科技创新和产业发展提供了有益的启示和借鉴。

3.3 互鉴思维下的团队维度

3.3.1 评分规则解析

在大赛中，团队维度的评分，特别强调团队成员的多样化背景。针对团队维度的评估，以下几个方面突出体现了互鉴的重要性：

团队组建与学科交融：
- 团队在组建过程中是否注重吸纳来自不同学科背景的成员，有效融合了多元化的学科知识和技能。

- 通过这种多学科交叉、多背景融合的组建方式，团队是否形成了有力的知识、技术和经验支撑体系，显著提升了团队的综合实力和创新潜力，为项目的持续发展奠定了坚实基础。

组织结构与跨学科协作：

- 团队是否建立了明晰的组织构架，其中不同学科背景的成员能够在合理的角色和职责下充分发挥各自的专业优势。
- 团队是否形成了高效的分工协作机制，促进了跨学科成员间的有效沟通和协同工作，从而显著提升了团队的整体工作效率和创新能力。

团队投入与项目契合度：

- 团队成员是否紧密关联项目主题，其学科背景是否与项目的核心需求和发展方向高度契合。
- 团队成员是否对项目投入了大量的资源和精力，包括时间、专业知识、技能等，展现出将项目转化为实际创业成果的坚定决心和高效行动力。这种投入反映了团队成员对项目的深刻理解和高度承诺，也是多学科交叉、多背景融合的优势得以充分发挥的关键。

综上所述，这样的评分标准旨在全面评估团队在项目中的贡献和作用，特别是强调多学科、多背景在团队组建、协作和项目实施中的重要作用。通过科学合理的评分，可以选拔出真正具备创新思维、跨学科解决问题能力和高度执行力的优秀团队，进而推动创新创业项目的蓬勃发展。

项目卡片

"追光者"

2021年第七届中国国际"互联网+"大学生创新创业大赛（现中国国际大学生创新大赛）国家级金奖，产业命题赛道。

"追光者"项目由成都追光者科技有限公司发起，专注于OLED柔性显示发光材料的研发。项目响应中钢集团的产业命题，成功研发出符合要求的发光材料，有望打破欧美日韩在该领域的垄断。团队通过创新的 TADF 原理和碳氢活化技术，显著提升了材料的发光效率和稳定性。产品已在柔性屏龙头企业应用，并获得了行业专家的高度评价。公司计划融资，用于扩大产线和产品迭代。

演讲稿摘录：

在游教授的带领下，团队历经十五年科技攻关，从头计算了上百万个分子结构，精选合成了五万多个全新分子，突破了骨架设计底层难题，制备和测试了上万个器件……

我们的导师游劲松教授现在担任四川大学-华为化学材料联合创新中心的主任，从师门走出的杨修光硕士现任命题企业的研究员，还有像他这样的几十位师兄师姐活跃在企业研发一线，把我们组的研发优势转化为产业强势……

曾经的我们专心于科研，想用科技改变世界，却苦于与行业需求之间的信息不对称，我们有心，却无力。我们只是千千万万个高校和科研机构中的一员，我们需要的正是产业命题这样一个契机，把几代科研人员的研究成果用起来，带动产业升级，实业报国，经世济民！

可以看到，回应这个命题的，只是我们技术体系的冰山一角，我们的立身之本，是开拓合成方法的创新力，是新材料加速研发的掌控力，是持续产出高性能新分子的原创力。可以说，我们不仅能回应好这个命题，还有信心回答好光电材料领域更多产业命题。

点点星火，凝汇成光。在这条永无止境的道路上，我们都是"追光者"！

3.3.2 "追光者"的团队维度

在第七届中国国际"互联网+"大学生创新创业大赛（现中国国际大学生创新大赛）中，"追光者"项目凭借出色的团队实力和卓越的创新能力，在团队维度的评分上脱颖而出。以下是对该项目团队维度的详细分析：

在团队组成与结构方面，"追光者"项目汇聚了来自不同学科领域的精英人才。正如创始人在演讲中所说："我们的导师游劲松教授现在担任四川大学-华为化学材料联合创新中心的主任，从师门走出的杨修光硕士现任命题企业的研究员，还有像他这样的几十位师兄师姐活跃在企业研发一线……"这表明团队成员不仅具备深厚的学术背景,还对产业需求有着敏锐的洞察力。这种多元化的团队组成,为项目提供了全面的技术支持和丰富的创新资源。

在团队能力与协作方面,团队成员通过完成跨学科跨行业的任务,体现了多专业的素养和高效协作能力。从分子电子学科的"应用 TADF 原理设计新分子",到有机合成学科的"碳氢活化技术加速分子合成",到材料领域的"光电器件组装与测试",再到涉及创新管理行业的"成果转化应用",这个团队从一个个具有独立专业能力背景的个体锻炼成长为能够团结协作完成高难度复杂任务的团队。

在团队与项目关系方面,"追光者"项目的团队成员与项目紧密相连,共同为项目的成功付出努力。创始人在演讲中提到"在游教授的带领下,团队历经十五年科技攻关,从头计算了上百万个分子结构,精选合成了五万多个全新分子,突破了骨架设计底层难题,制备和测试了上万个器件……"这体现了团队成员对项目的坚定信心和全身心投入。他们不仅致力于技术研发,还积极寻求市场机会,推动项目的产业化进程。

在外部资源与合作方面,"追光者"项目团队注重与外部机构的合作与交流。科学上,"技术参数被清华大学、加州大学等权威实验室验证,支撑了数百项顶级研究成果的产生,被 *Nature*、*Science* 等顶刊引用,受到牛津大学 Harry Anderson 等教授的高度评价";技术上,"产品已在柔性屏龙头企业应用,受到了技术专家肯定:电流效率突破了行业极值,是目前市场上最具竞争力的发光材料!";产业上,他们与华为、京东方等行业龙头企业建立了战略合作关系,共同推动 OLED 柔性显示技术的发展。这种合作模式不仅为项目提供了宝贵的资源支持,还扩大了项目的影响力,为未来的市场拓展奠定了坚实基础。

综上所述,"追光者"项目在团队维度展现出了卓越的实力和优势。他们拥有多元化的团队组成、出色的专业能力、精诚的协作精神以及紧密的团队与项目关系。同时,他们积极寻求外部合作与交流,为项目的长期发展注入了强大动力。相信在未来的发展中,"追光者"项目将继续保持创新精神,为 OLED 柔性显示领域做出更大的贡献。

3.4 互鉴思维下的商业维度

3.4.1 评分规则解析

在大赛中,商业维度的评分是衡量项目市场潜力、商业模式和盈利能力的重要指标。从互鉴思维的视角看,以下几个方面尤其凸显了互鉴在商业维度中的重要性,并展现出高分特征:

产业认知与跨学科视野:

- 团队是否充分利用学科交叉、产教融合的优势,对所在产业(行业)的产业规模、增长速度、竞争格局、产业趋势、产业政策等进行深入了解和分析。

- 通过跨学科的视角,团队能否形成更为完备、深刻的产业分析报告,展现出对市场环境的全方位洞察力和对行业发展趋势的多角度把握能力。这种跨学科的视野有助于团队更准确地把握市场动态和商业机会。

市场定位、商业模式与学科融合:

- 在明确目标市场定位时,团队是否借助了多学科的知识和方法,对目标市场的特征、需求等进行更为清晰、深入的了解,从而制定出更精准的市场营销策略。

- 在设计商业模式时,团队能否将不同学科的理念、技术和创新思维有机融合,构建出独具特色、高效运行的商业生态系统。这种跨学科的商业模式设计有助于提升项目的差异化竞争力和持续盈利能力。

落地执行、盈利能力与学科应用:

- 在项目的落地执行过程中,团队是否能够有效运用多学科的知识和技能,解决实际问题,推动项目的快速发展。这种跨学科的实际应用能力是项目成功落地的关键。

- 项目的盈利能力以及对促进区域经济发展、产业转型升级的贡献程度,是否得益于跨学科的协同效应和创新应用。这体现了团队将多学科优势转化为实际商业成果的能力和效率,也是商业维度评分的重要考量因素。

综上所述,商业维度的评分规则强调了学科交叉、产教融合在提升项目市场

认知、商业模式设计和实际盈利能力方面的重要性。通过跨学科的合作与整合，团队能够更全面地把握市场动态，制定更精准的营销策略，构建更具竞争力的商业模式，并提升项目的实际盈利能力和对区域经济发展的贡献程度。这将有助于选拔出具有优秀商业特征和强大发展潜力的创新创业项目。

项目卡片

医　联

2016年第二届中国国际"互联网+"大学生创新创业大赛（现中国国际大学生创新大赛）国家级金奖，成长组赛道。

医联是一家专注于慢病管理领域的互联网企业，由王仕锐创立于2014年。该公司利用大数据和人工智能等技术，为患者提供精准的疾病治疗方案，同时也为医疗机构提供数据支持和科学依据。医联App上认证注册的在职医生覆盖全国34个省级行政区，致力于为患者提供有效、低价、可及的院外慢病管理服务。在王仕锐的带领下，医联已成为国内领先的互联网医院平台之一，并获得了多项荣誉和奖项的认可。该公司不断创新，致力于提高医疗资源的利用效率和服务质量，为患者和医疗机构创造更大的价值。医联的成功也彰显了王仕锐的商业眼光和领导力，他将继续引领企业不断前行，为医疗事业的发展做出更大的贡献。

3.4.2　医联的商业维度

医联在产业认知与跨学科视野方面表现突出。作为医疗领域的一颗璀璨新星，其创始人王仕锐在接受采访时曾表示："我们始终坚信，跨学科视野是理解医疗行业深层次逻辑的关键。"正是这种对多学科交叉、产教融合的深刻理解和应用，使得医联团队能够全面洞察医疗行业的产业规模、增长速度及竞争格局。他们不仅关注医疗技术的进步，还深入研究产业政策和市场趋势，为医联的发展提供了坚实的基石。

医联在市场定位、商业模式与学科融合方面是当时行业的引领者。在谈到市场定位时，王仕锐强调："我们专注于慢病管理领域，因为这是我们看到的市场需求和痛点所在。"医联团队通过跨学科的视角，深入挖掘了慢病患者的需求，为他们提供了精准、个性化的服务。同时，医联的商业模式也充分体现了学科融合的特点，将医疗专业知识与互联网技术、大数据分析等紧密结合，为患者和医生搭建了一个高效、便捷的沟通平台。

在一次媒体采访中，王仕锐分享了医联的商业模式创新："我们通过搭建医联平台，实现了医生资源的共享和优化配置。同时，利用大数据和人工智能技术，我们可以对患者数据进行深度分析，为医生提供更科学、更精准的诊疗建议。这样不仅能够提升医生的工作效率，还能为患者带来更好的治疗效果。"

医联在落地执行、盈利能力方面表现优秀。在项目实施过程中，团队展现出了强大的落地执行能力。王仕锐曾在内部会议上表示："我们的团队拥有多学科的背景和技能，这让我们在解决问题时能够更加全面、深入。"正是这种跨学科的实际应用能力，使得医联能够迅速将创新理念转化为实际成果，推动项目的快速发展。

关于盈利能力，王仕锐在接受采访时表示："医联的盈利模式是多元化的。我们通过提供优质的医疗服务来吸引和留住患者，同时通过与医疗机构、药企等合作来实现共赢。"这种以患者需求为导向、以合作共赢为基础的盈利模式为医联带来了稳定的收入来源和广阔的发展空间。

综上所述，医联作为一个典型的跨学科创新创业项目，在商业维度上展现出了可观的价值。通过引用王仕锐本人的采访话语，我们可以更加生动地感受到医联团队对医疗行业和商业领域的深刻理解和执着追求。正是这种跨学科的思维方式和创新精神，推动着医联在医疗领域的发展道路上不断前行。

3.5 互鉴思维下的社会价值维度

3.5.1 评分规则解析

1. 直接就业效应

项目直接提供的就业岗位数量和质量如何，是否能够满足不同层次、不同类型人才的就业需求。其中，互鉴尤为重要，它能够打破传统职业界限，为多元化

的人才提供更广泛的就业机会，从而进一步体现项目在促进社会就业方面的积极作用。

2. 间接带动就业

项目间接带动就业的能力和规模如何，是否能够通过产业链上下游的协同发展，创造更多的就业机会。在此过程中，产教融合为产业链的创新与延伸提供了可能，使得项目在推动产业发展和经济增长方面展现出更大的潜力。

3. 社会贡献

项目对社会文明、生态文明、民生福祉等方面是否具有积极推动作用，是否能够产生积极的社会影响。产教融合在这里发挥了关键作用，它促进了多领域知识与技术的融合应用，为项目在解决复杂社会问题、提升社会整体福祉方面提供了独特的视角和解决方案，从而更加凸显了项目在履行社会责任和推动社会进步方面的价值追求。

通过以上评分规则，可以全面评估多学科多背景团队在社会维度的高分特征，选拔出具有积极社会贡献的创新创业项目。

项目卡片

"乡振智疗"

2021年第七届中国国际"互联网+"大学生创新创业大赛（现中国国际大学生创新大赛）国家级金奖，红旅赛道。

"乡振智疗"项目由四川大学公共卫生学院博士生张冉冉发起，专注于提升乡村医生的医疗水平。项目通过整合医疗资源，开发了线上辅诊平台和模拟操作系统，为乡村医生提供了继续教育和实践训练的机会。项目已在多个基层医院成功试点，并获得了基金会和企业的资金支持。团队计划成立民非机构，以实现项目的可持续发展，首年结余70万元。

演讲稿摘录：

作为刚从凉山回来的基层志愿者，我们看到过太多因基层医疗水平不足而导致家庭因病返贫的痛心案例。比如，我们曾经帮扶的这位年仅17岁的学生尤吉日古，仅仅因为肺结核的误诊导致20万元的巨额医疗费用就压垮了他们刚刚脱贫的家庭。我们当时为他发起水滴筹，但只是解一时之需。我们深知，尤吉日古的背后还有很多很多类似的家庭……

而造成这些痛心案例的根本原因就在于乡村医疗人才匮乏。2020—2021年，国家数据调查显示，乡村每千人口医师数仅为1.5人。乡村医疗人才面临着巨大的缺口。

因病致贫、因病返贫是习总书记反复强调必须解决好的问题。乡村医疗振兴的关键就在于乡村医疗人才的振兴。

我们始于昭觉，在昭觉形成"133"公益模式，继而覆盖四川，逐步推广到西南片区乃至全国。计划五年内覆盖的基层医疗机构数量、基层医生日均诊疗人数将实现层级跳跃。乡医能看病、看好病、广看病，患者也能留在基层，促进分级诊疗。

3.5.2 "乡振智疗"的社会价值维度

在"乡振智疗"项目的演讲中，张冉冉同学深情地描述了乡村医疗的现状与困境，同时，也展现了他们团队如何通过学科交叉与创新，为乡村医疗事业注入新的活力。以下是从社会价值维度对该项目的详细分析：

在**直接就业效应方面**，正如张冉冉在演讲中所说："乡村每千人口医师数仅为1.5人。"这一数字凸显了乡村医疗人才的严重匮乏。而"乡振智疗"项目通过为乡村医生提供继续教育平台，实现了医学、教育学、信息技术等多学科的深度融合。这种融合不仅为乡村医生提供了更加全面、先进的医疗知识和技能，还为他们提供了多元化的职业发展路径。项目使原本不符合乡医就业能力要求的人提升就业能力，满足了乡村地区对专业、高素质医疗人才的需求。

在**间接带动就业方面**，"乡振智疗"项目还通过产业链上下游的协同发展，间接带动了更多就业机会的创造。项目的成功实施不仅吸引了慈善机构合作伙伴的关注，还推动了与医疗相关的产业如药品、医疗器械等的发展。这种发展进一步创造了更多的间接就业岗位，为乡村地区的经济增长注入了新的活力。而学科

交叉、产教融合的特点使得项目在推动相关产业发展时更具创新性和竞争力,为间接带动就业提供了更广阔的空间。

在社会贡献方面,在演讲中,张冉冉提到了尤吉日古的案例,这是一个因基层医疗水平不足而导致家庭因病返贫的痛心案例。而"乡振智疗"项目通过提升乡村医生的医疗水平和服务质量,改善了乡村居民的健康状况,提高了他们的生活质量。这种社会贡献体现了项目在履行社会责任和推动社会进步方面的价值追求。同时,学科交叉、产教融合的特点使得项目在实施过程中更具创新性和竞争力,为项目的成功提供了有力保障。通过打破传统学科界限,项目实现了医学、教育学、信息技术等多学科的深度融合,这种融合为项目在推动社会文明、生态文明、民生福祉等方面产生了积极的社会影响。

综上所述,"乡振智疗"项目在社会价值维度上取得了显著成就。通过直接提供就业岗位、间接带动就业以及在社会文明、生态文明、民生福祉等方面产生的积极社会影响,该项目为乡村地区的可持续发展和社会进步做出了重要贡献。而学科交叉、产教融合的特点使得项目在实施过程中更具创新性和竞争力,为项目的成功提供了有力保障。未来,"乡振智疗"项目将继续发挥自身优势,为乡村医疗事业的发展和社会进步做出更大的贡献。

3.6 互鉴思维落地心法

3.6.1 副标题体现场景

通过使用小标题直接揭示应用场景,我们可以让评委更清晰地了解问题所在,并引导他们直接关注解决方案,避免陷入繁杂的技术细节中。

下面用近年获得金奖的 30 个项目来例证(见表 3.1)。

表 3.1 金奖项目副标题案例

参赛年份	赛道	项目名称	副标题	应用场景
2023	主赛道	循数医疗	专病临床自动化单病种管理平台	医疗大数据
2023	主赛道	进化医疗	跨物种肿瘤基因治疗的开拓者	医疗方法

(续)

参赛年份	赛道	项目名称	副标题	应用场景
2023	主赛道	深言科技	基于大模型的新一代智能信息化平台	计算机大模型
2023	主赛道	一键成模	数字世界基建轻量供应商	3D数字建模
2023	主赛道	智见"未燃"	AI赋能的电气大数据智能分析系统	用电安全
2023	主赛道	微检	基于高性能音频处理芯片技术的机电监测设备	电气设备
2023	主赛道	未名拾光	专注消费医疗领域的生物活性材料开发平台	消费医疗
2023	主赛道	博雅工道	高端海工装备项目	水下机器人及作业工具
2023	主赛道	火星人智能物联网及编程系统	科普硬件研发的行业引领者	科学教育
2023	红旅	净解之材	助力"双碳"的国内顶尖可降解技术	生物降解塑料制品
2023	红旅	肺腑智言	乡村肺部疾病分级诊疗方案引领者	医疗诊疗
2023	红旅	白袍红心	全球首个全健康指数筑牢新时代乡村医疗"长城"	数字化医疗下乡/全球全健康指数
2023	主赛道	颌图	口腔颌面手术主动导航系统先行者	口腔颌面手术
2023	主赛道	芯药基因	智能筛药引领药物研发基因时代	药物研发
2022	主赛道	深势科技	AI for Science新范式驱动药物和材料理性设计	计算机+药物研发
2022	主赛道	慧眼逐明	眼眶病AI人脸识别筛查系统领航者	疾病筛查
2022	主赛道	南集智创	AI自动化模拟集成电路设计工具	电路设计
2022	主赛道	黑柔科技	新型柔性显示电路板	显示电路板
2022	主赛道	哮天犬	中国网络安全守护神	网络安全
2022	主赛道	节骺新生	开辟恒久关节假体高效定制新纪元	医疗关节假体

(续)

参赛年份	赛道	项目名称	副标题	应用场景
2022	主赛道	弘润清源	面向洁净用水短缺的新材料空气集水解决方案	空气集洁净用水
2022	主赛道	及时图	高精度实时无人机测绘系统开创者	无人机测绘地图
2022	红旅	聆听心声	新生儿先天性心脏病一体化筛查的AI专家	医疗新生儿疾病早筛
2022	红旅	Ai笑少年	青少年正畸点亮乡村微笑	乡村口腔正畸
2021	红旅	智汇	中国社区治理智慧生态的首创者	社区治理
2021	红旅	文物方舟	科技赋能文物数字化保护领军者	数字化文物保护
2021	主赛道	Goprint	多功能智能打印机先行者	智能打印
2021	主赛道	EyeNKBT	EyeNKBT——致盲性眼病药物防治领航者	医疗眼病
2021	主赛道	至强之芯	高性能通用型eFPGA芯片及系统	芯片系统
2021	主赛道	无障视界	白内障智能诊断方案领航者	医疗诊断

近年来获得金奖的30个项目就是明证：它们不仅都具备明确的应用场景，而且都在副标题中开门见山地呈现出来。这种做法使得项目的目标和价值一目了然，为评委提供了更加直观、高效的信息获取方式。

3.6.2 互鉴团队组建策略

团队公式：**金奖项目指导教师团队=场景大专家+技术小教授**

1. 场景大专家：产业权威的引领者

为何在金奖项目的指导团队中，领衔的大专家至关重要？

（1）产业的金钥匙

尽管大学是技术的宝库，但许多时候，它们面临应用场景的匮乏。产教融合的不足导致学生难以将所学知识与实际产业相结合。因此，一个深谙产业内情的场景大专家，就如同一把打开产业大门的金钥匙，至关重要。

（2）权威的问题把握者

场景大专家长期扎根于产业前线，他们对产业的洞察和问题把握具有一定的深度。他们提出的问题往往直击要害，为大学生创新项目指明方向。

（3）产品应用的引航灯

当项目从理论走向实践，面对市场的冷漠和客户的疑虑，场景大专家凭借其产业内的权威地位，往往能为项目打开第一扇门，获得宝贵的试用机会。他们的参与，无疑为项目的成功清除了许多障碍。

为了展现项目的真实性与可行性，我们必须凸显场景大专家在产业中的地位、他们对教育的热爱，以及他们在项目中的实际参与。

2. 技术小教授：教育与实践的桥梁

在指导教师团队中，技术小教授的角色为何不可或缺？

（1）资源的调配者

学校的仪器、设备、场地、经费和原料，这些宝贵的资源需要有人进行合理的调配。技术小教授正是这一角色的最佳人选，他们确保学生能够在需要时获得必要的支持。

（2）技能的传授者

高精尖的仪器设备、日新月异的研究方法，这些都需要研发经验丰富的导师进行传授。技术小教授不仅教授学生技能，更教会他们如何选择和运用最适合的研究工具和方法。

（3）坚守的陪伴者

无论夏日的酷暑还是深夜的寂静，技术小教授都与学生并肩作战，共同面对实验中的每一个挑战。他们的坚守和陪伴是学生在创新路上最宝贵的财富。

为了展示项目的真实推进过程和成果，我们必须充分展现技术小教授在教育中的情怀、在教育过程中的付出，以及最终取得的教育效果。

下面我们通过金奖项目来例证团队公式（见表3.2）。

表 3.2　金奖项目指导教师团队组建案例

参赛年份	赛道	项目名称	副标题	场景大专家背景	技术小教授背景
2023	高教主赛道	红袖刀	全球首创肺癌无创治疗外科手术刀	教育部现代微创医疗器械及技术工程技术中心副主任	低温生物医学副教授
2023	高教主赛道	极目	新一代超快精准半导体核辐射探测器	空间核技术应用与辐射防护工业和信息化部重点实验室主任	中子探测技术副教授
2023	高教主赛道	地听科技	岩体工程动力灾害预测关键技术及装备引领者	江苏省矿山地震监测工程实验室副主任	煤岩动力灾害预警防治助理研究员
2023	产业赛道	"豆粕减量替代"背景下优质饲草高产高效种植方案		国家牧草产业技术体系首席科学家	草业科学与技术博士后
2023	红旅赛道	国渔牧	疫苗创制助力海水养殖绿色转型	国家海水鱼产业体系副首席科学家和病害防控功能室主任，农业农村部水生动物疫病专业实验室主任	病原微生物分子致病机制及免疫防控技术研究副教授
2023	高教主赛道	安能净	金属导电除油净水膜	浙江师范大学地理与环境科学学院院长	离膜制备、膜法水处理工艺及膜污染控制技术副教授
2023	高教主赛道	陆菌海战	菌药双联弧菌防治开创者	浙江省水产学会水生动物病害专业委员会主任委员	水产病原诊断、病原致病机理及药物阻断筛选研究副研究员

(续)

参赛年份	赛道	项目名称	副标题	场景大专家背景	技术小教授背景
2023	高教主赛道	锦囊妙剂	肿瘤精准靶向的新一代载药囊泡递送系统	国家纳米药物工程技术研究中心主任、科技部重点领域"肿瘤纳米医药技术"创新团队负责人	抗肿瘤细胞外囊泡递送系统研究副教授
2022	高教主赛道	愈肤佳	慢性创面功能敷料的开拓者	西南大学医学研究院常务副院长、重庆市蚕丝生物材料与再生医学工程中心主任	蚕桑纺织与生物质科学博士
2022	高教主赛道	及时图	高精度实时无人机测绘系统开创者	中国科学院院士、遥感信息工程国家重点实验室学术委员会主任	计算机视觉的无人机实时摄影测量与实时三维重建技术副研究员
2022	产业赛道	天然气集输管道泄漏的全方位精准实时智能探测方案		辽宁省先进在线检测重点实验室主任、中国无损检测学会沈阳分会副理事长	机器学习算法、边缘计算副教授
2022	高教主赛道	节骶新生	开辟恒久关节假体高效定制新纪元	四川大学华西医院骨科主任	骨、口腔、软组织修复材料研究员
2022	高教主赛道	黑柔科技	新型柔性显示电路板	国家杰出青年基金获得者、人造黑色素发文量最高学者	高分子材料副研究员
2022	产业赛道	安舒捷	新一代超短效麻醉镇静药物	中华麻醉学会副主任委员、中国麻醉学医师协会会长	药学研究员

(续)

参赛年份	赛道	项目名称	副标题	场景大专家背景	技术小教授背景
2022	高教主赛道	"易""堵"为快	世界首创的突涌水高效封堵材料	中国工程院院士、地下工程与隧道工程灾害防控专家	地下工程突水机理及水害治理副研究员
2022	高教主赛道	神机妙栽	中国全自动蔬菜移栽机领跑者	中国工程院院士、中国农业机械学会名誉理事长	耕种机械研究教授
2022	高教主赛道	巨安储能	全球首创自分层液流储能系统	国务院政府特殊津贴获得者、华中科技大学动力与储能电池实验室负责人	自分层液流电池技术教授
2021	高教主赛道	点石成金	全球难选铁矿开发利用引领者	难采选铁矿资源高效开发利用技术国家地方联合工程研究中心主任	难选矿产资源清洁高效利用研究教授

综上所述,本章以"无障视界""光影流转""追光者""医联"和"乡振智疗"五个国家级金奖项目为案例,从互鉴思维的视角详细解析了大赛的评分规则,突出了学科交叉、科教融汇、产教融合在教育维度、创新维度、团队维度、商业维度和社会价值维度的重要意义,并介绍了在创新大赛中互鉴思维运用于项目标题拟定与团队组建时的方法。

高阶训练

1. 某团队开发了一款基于高级数学理论的金融分析软件,该软件能够利用复杂的数学模型对金融市场进行深度分析和预测。由于该软件涉及的数学理论极为高深,只有数学专业资深的学者才能够充分理解并运用。在开发过程中,该团队完全由数学专业的专家组成,没有引入其他学科的知识和技术。

思考与讨论:

该项目参加大学生创新大赛中,评委反复质疑项目是否是学生完成,你认为评委为什么这样质疑？如果你是该项目的负责人，你会如何改进选题方向和成熟度阶段，以向评委证明学生的贡献度？

2. 某大学生团队提出了一个创新创业项目，计划在校园内开设一家文创店，销售校园文化纪念品。该团队计划采用格子铺和盲盒等销售方式，吸引年轻消费者的注意。项目并没有提及任何与指导教师科学研究或专业知识相关的内容，整个项目虽然在学校免费资助学生创新创业的场地上已经运营起来，小有盈利，但在参加大学生创新大赛中初战告败。

思考与讨论：

现在你是四川大学校赛"不服来辩"一对一复活赛的专家，有半小时的时间，你打算如何告诉激情澎湃的参赛团队：项目不适合参加这个比赛？

3. 某化学研究团队宣称成功合成了一种新分子。据他们报告，这种新分子与其最相近的已知分子相比，具有更大的分子量、更高的熔点以及在光谱分析中显示出更红的吸收峰等独特性质。然而，在进一步的调查中发现，该团队并没有进行任何与产业界合作的尝试，也没有探索这种新分子在实际应用中的潜在价值或进行转化研究。

思考与讨论：

如果你是项目负责人，并打算在这个项目基础上发展新的项目来参加大学生创新大赛，你会给指导教师提什么样的意见和要求，以及怎么提出要求，让指导教师告诉你该分子的产业应用方向、潜力，以及前人已经做出的努力和阶段性结果，还有下一步的打算？

下篇

项目成熟有阶梯　能力发展见数学

第4章 创新实践能力，提升有阶梯吗

学习目标

价值目标：深入理解创新型、项目制教学环节的本质，端正态度参加创新实践。

能力目标：理解创新实践能力的成长路径（创新型、项目制的实践），掌握推进创新型项目的基本方法（明确目标、分步执行）；学会评价创新实践能力和创新课题的成熟度。

知识目标：了解大学生创新项目的主要步骤（做好准备、提出问题、立项申报、筹备资源、学会方法、收集数据、撰写成果）。

4.1 教育领域能力评价的挑战

在教育领域中，对学生能力的评价一直面临着诸多挑战，尤其在备受布鲁纳、杜威、舒尔曼等教育学大家推崇的"项目制实践教学"中，挑战尤为突出，严重影响了教学质量和效果，这些挑战或根植于以下两点原因而无法在旧有能力评价体系中自我完善。

4.1.1 实践教学项目目标不明

与"照方抓药""走马观花"等传统的实践教育形式不同，实践教学项目行业背景差异大，学生对项目的理解不足；教师无法按照提前踩点、做预备实验等传统实践课程备课模式对项目进行准备，对推进项目所需能力的预期不准确；工科理科化，项目本身与产业企业的期待脱节。目标的不明确、不统一使得评价只能脱离客观事实，完成任务的能力依赖主观评价。这种预设差异导致学生参与度不高，教师指导缺乏针对性，企业对资源开放投入程度不够等，进而影响了项目的推进效果，从而限制了创新项目对能力提升的有效性。

4.1.2 实践教学项目管理不实

高校"创新项目制"实践教学缺乏科学有效的管理机制。项目管理科学对教育管理渗透不足，教务处等教育管理机构极少在项目实施过程中制定明确的绩效考查、责任分工、监管监控和合理的资源配置方案，尤其缺乏对学生能力增值等教学效果的定量考查。这种无序状态不仅影响了项目制教学的顺利进行，还可能导致资源的浪费和教学效果的降低。

为了解决这些问题，需要教育者、管理者和政策制定者共同努力，探索更加有效的能力评价方法，为项目制实践教学模式的深刻变革提供关键理论依据和技术手段。

4.2 项目成熟度作为评价工具有用吗

4.2.1 项目成熟度在科技创新与产业落地中的广泛应用

项目成熟度作为一种评估工具，在科技创新和产业应用两大领域均发挥着重要作用。在科技创新领域，项目的科技成熟度量表可以有效衡量技术发展的完善度和潜在风险，它的使用影响了科技创新的方向与进展，为企业决策者和科学研究者提供了沟通的桥梁。而项目的产业成熟度量表则成为企业判断产品或服务市场准确度、产品竞争力、稳定运营性等的关键指标。二者虽关注点不同，但通过着眼评价项目的成熟度，不仅是衡量项目进展的标尺，更成为推动项目实施的杠杆。

4.2.2 企业中项目成熟度的人才培养作用

在企业，项目成熟度作为评价工具，是以推动项目为目的而应用的，间接带动了人才培养工作提升。例如，华东师范大学何静教授对制造企业学徒的职业能力进行了评价，其评价标准是："学徒能熟练掌握制造企业的基本操作技能，能够独立完成工作任务"，去评价学徒在应用场景中"需要做什么"和"能做到什么"之间的差距。华为公司通过评估项目成熟度，精准识别在项目推进的不同阶段团队的能力需求和认知瓶颈，据此设计了一系列针对性强的人才培养活动，包括专业课程、实战培训、导师辅导等，旨在精准提升团队成员的认知、能力和价值观。随着人才培养工作的推进，华为项目能够稳定、高质量、大批量地开展，巩固了其通信行业的领先地位。

4.2.3 成熟度量表在教育领域的实践应用

为了降低大学生参与大创的茫然无措、惶恐焦虑、不好意思问等不良体验感，为了使教师在创新型、项目制实践活动中通用的"作坊式、师徒制"教学中提质增效，我们凝聚了来自三十多个专业的百余位教师和几十名企业家，提炼出大学生创新项目成长的共性规律（见图4.1），自主开发了"大学生创新项目成熟度量表"（简称"量表"）（见表4.1），并全面应用。下面以四川大学四年的数据实证其有效性。

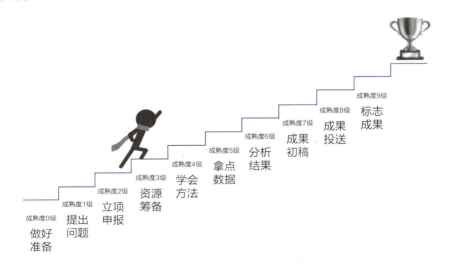

图 4.1 大学生创新项目成熟度示意图

表 4.1　大学生创新项目成熟度量表

创新项目成熟度等级	创新能力点	能力点分项	考核标准
9 级	标志成果	论文获发表，专利获授权，作品获奖	发表证明、授权证明、获奖证明等
8 级	成果投送	完成论文、专利或参赛作品	论文、专利或参赛作品的完成稿、提交证明
7 级	成果初稿	初步完成论文、专利或参赛作品	论文、专利或参赛作品核心内容（即论文的全文）
6 级	分析结果	掌握数据处理的必要方法，学会数据处理软件	软件生成的数据图表、数据分析与讨论（即论文的讨论部分）
5 级	拿点数据	学会科学采集数据，理解数据意义	至少 3 组能说明问题的数据、表格，以及采集数据的说明，即论文的支持信息（Supporting Information）部分
4 级	学会方法	在试用中学会研究所需的研究方法	使用必要研究方法记录一批数据
3 级	资源筹备	了解研究所需的工具、方法、仪器、原料、耗材、平台等	工具方法使用权限证明，如原料发票、仪器设备被允许使用的管理者签字等
2 级	立项申报	找准拟解决的问题，写出研究内容、创新点及其他	立项申报书
1 级	提出问题	提出想法，完成文献查阅与评述	文献综述（即申报书和论文的前言部分）
0 级	做好准备	理解创新型、项目制教学的本质，了解大创和大赛的目的、规则、流程，学会评价创新课题的价值，端正参加大创、大赛的态度	提出一些值得研究的方向，组建一个团队

第一，我们探索了"量表"的可信度，或者说与传统方法相比，靠谱与否。将"量表"评分结果作为教师评审的参考依据之一，发现"量表"反映的项目的客观进展及其证据能为专家提供更加客观、全面的评估依据，从而得出相对更加准确、公平的评判结果，弥补了传统评审方式中主观性较强的不足。通过对比教师的主观打分和学生自评成熟度之间的关系，我们发现二者存在显著的线性相关性，对 1710 个结题时学生自评了成熟度的项目的成熟度等级和三位评委老师主观评分均值之间的相关性调查显示，相关性 r 为 0.985，置信度 p 小于 0.01，均分随着项目成熟度显著单调上升，说明"量表"作为客观评分，与传统的主观评分的一致性，说明"量表"的可信度。

第二，我们研究了"量表"促进教学的有效性。如图 4.2 所示，以 2019 年为基准，使用"量表"三年来每年 1600 多个校级项目的成熟度平均增长了 72%，年均增长了 24%，说明同学们渐渐学会理解"量表"中所述各成熟度等级的意义，掌握了提供支撑证据的方法，大批量走向成熟。

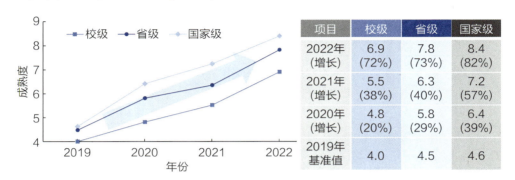

图 4.2 使用"量表"前后大创项目成熟度均值统计

第三，我们研究了"量表"的区分度。相比于 2019 年的基准值，校级和国家级相差 0.6，意味着学生很难理解老师打分的规则，不知道如何准备申报书，也就容易跌入"拼字数"等内卷陷阱。使用"量表"三年后，立项为国家级的 200 个项目的平均成熟度为 8.4，比立项为校级的 1800 个项目的平均成熟度 6.9 高了 1.5，拉开了差距，说明学生逐渐明白，要想争取国家级，根据"量表"提升成熟度等级或有意义。

至此，经过了 4 年大创、3.6 万学生、7200 个立项项目、6.48 万人次的评审数据的半定量验证，针对创造型、项目制实践教学，我们找到了一个信度、效度和区分度符合使用要求的评价工具，为能力评价提供了一种客观、定量、即时的评价指数，为能力培养奠定了数字化基础。

根据使用过"量表"的数万学生的强烈诉求，现将"量表"改版，重新划分了能力点与能力点分项，逐项收集、整理、授权学习资料，提供 AI 课程的学习资源支撑。

高阶训练

写出你参加大创项目、科研训练、创新大赛的 3 个目的，比比看哪个最重要。

第5章 创新零级成熟度：做好准备

学习目标

价值目标：深刻理解大创大赛等创新型、项目制教学环节的本质，端正参加大创大赛态度。

能力目标：学会评价创新课题的价值，学会向上管理、与教师沟通，锻炼团队合作能力。

知识目标：了解大创和大赛的目的、意义、规则、流程、评价标准。

5.1 怎么参加大创

5.1.1 什么是大创

答：大创（又称国创），即国家级大学生创新训练计划（**原国家级大学生创新创业训练计划**），是教育部为促进高等学校转变教育思想观念，改革人才培养模式，强化创新创业能力训练，增强高校学生的创新实践能力，培养适应创新型国家建设需要的高水平创新人才而开拓的新途径。

它遵循"兴趣驱动、自主实践、重在过程"原则，旨在强化学生创新创业实践，培养大学生独立思考、善于质疑、勇于创新的探索精神和敢闯会创的意志品格，提升大学生创新创业能力。

大创项目经费主要来自学校和国家拨款，根据项目的实际情况和实践价值，划分为校级、省级（自治区级）和国家级三类。项目完成后需要提交结题申请书和项目有关实践作品，并进行等级评定，优秀的大创项目负责人在各类评奖评优和免试推荐研究生等综合考评体系中有一定加分。

大创通常分为创新训练项目、创业训练项目和创业实践项目三类,主要是由本科生在大一到大三的时间里,进行主持创新性的研究和实践性的创业活动,并取得相关的研究成果或实践成果。

值得强调的是,**大创是课题,不是比赛**。在近乎一年的项目制学习中,培养中低年级大学生科研和就业创业的基础能力和素养。

5.1.2 为什么要参加大创

答:对全国709位参与过大创的本科生的问卷调查(见图5.1)表明,大学生参与大创的驱动力是多样化的,总体而言,一半功利性、一半体验感。

排名前十的驱动力中,功利性学习目的独占鳌头,排名1、3、4、7、9,总得票率38.9%,有56.3%的同学选择"升级加分:综合测试加分、提升排名"选项。这说明:①全国和各高校对大创的重视充分体现在了相关政策中,目前政策普及面大、力度有效;②新生代、Z世代大学生,哪怕平时表现得有些颓丧躺平,但是,说不在乎都是假的!到了做重大选择时,内心仍然十分在乎政策导向、功利目的,"书中自有黄金屋"的功利性学习目的作为文化依旧深入人心。

排名第二的驱动力与学习体验感有关,"学到了"的满足感和"做到了"的成就感与荣誉感占据主流,总得票率28.1%,有53.2%的学生选择了"学到了:原来有这么多要学的,不亲手做都不知之前的我有多无知!"选项,体现了:①创造性、项目制学习与其他学习形式在体验感方面有显著差异;②新一代青年注重学习体验感;③体验感主要还不是自我证明、自我成就、自我实现等,而是自我认知和自驱力建设层面。

值得一提的是,"人生方向"获得了25.2%的支持,"能力评价"获得了3.2%的得票率,"社交价值"在19种选项中最高排名第8。

1. 优秀学生感言摘录1:陈某,四川大学高分子学院

(1)大创与大赛的教育本质

首先,要明晰大创和大赛的本质是教育。它们并非要求学生在短暂的项目或比赛期间做出翻天覆地的成就,而是提供一个学习和成长的平台。尽管与真正的研发和商业实践相比,学生大创及大赛可能显得稚嫩,但其对学生的影响是深远

下篇 项目成熟有阶梯 能力发展见数学

本科生参与大创的驱动力调研问卷结果统计

本科生参与大创的驱动力调研问卷结果统计（勾选人数占比）

图例	驱动力	勾选人数占比	得票率
	升级加分等目的		
	升级加分：综合测试加分，提升排名	56.3%	10.6%
	升级加分：大创过程出点儿论文、专利，加分深造都有用	49.4%	9.3%
	升级加分：保研加分	47.2%	8.9%
	提分升级：考研面试加分	30.3%	5.7%
	提前进入课题组，和硕士导师提前相互了解和锁定	23.1%	4.4%
	谈判筹码：求职刷印象、"卖""个好价钱	17.3%	3.3%
	学到了、成就感和荣誉感		
	学到了：原来有这么多要学的，不来手做都不知之前的我有多无知	53.2%	10.0%
	成就感：我竟然做到了我以为自己永远不可能做到的事，能力拉满，爽	39.1%	7.4%
	学到了：原来高人是这样做的，不跟他一起做，真的不知道，赞	35.3%	6.7%
	荣誉感：人生第一个国家课题、光荣	21.3%	4.0%
	人生方向、校对标准和能力评价		
	人生方向：我竟然能参与这样有价值的事儿，未来不再迷茫糊涂，明白了	25.2%	4.8%
	校对标准：学校和老师们的评价标准是这个	22.8%	4.3%
	能力评价：虽然我也吃力，但看着别人还不如我，老师给了个高分，证明我还可以	17.2%	3.2%
	社交价值		
	社交价值：能深交几个朋友，期待革命友谊	27.5%	5.2%
	魅力加分：成为别人眼中的大牛，光环上身，美	16.1%	3.0%
	社交价值：我就是冲着我男女朋友去的，期待爱情	5.5%	1.0%
	其他		
	从众行为：大家都去我也要去，不然落单，尬	26.9%	5.1%
	经济价值：钱，课题经费	8.2%	1.5%
	冲动行为：被当年老师学长鼓动忽悠、现在看来，有点儿后悔、冲动了	8.0%	1.5%

图 5.1 本科生参与大创的驱动力调研问卷结果统计

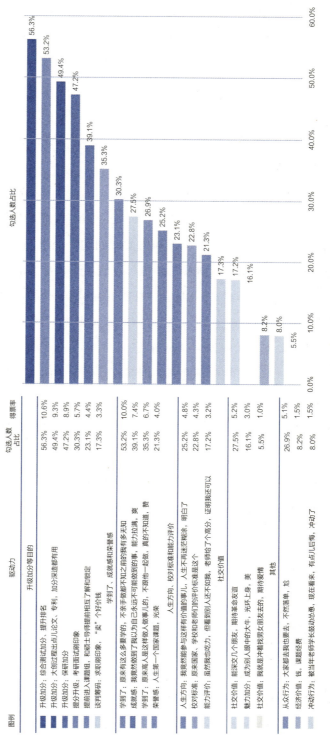

的。例如，通过选题的过程，我培养了科研选择的重要素质，学会了如何锚定问题的实际意义，并谋定而后动。这对于我未来的职业规划和人生选择都是宝贵的经验。

（2）商业化技巧与社会经济运行逻辑

参与大创和大赛不仅让我学习了商业化技巧，还让我深入了解了社会经济运行的逻辑。这是在校园内很难实际接触到的知识，但却是我未来步入社会后必须面对的现实。通过这些经历，我对商业世界有了更深刻的认识，也为我未来的职业发展打下了坚实的基础。

（3）大创与大赛的实际结合

大创和大赛并非孤立的赛事，而是应该与我们的实际学习和科研紧密结合。通过参与这些活动，我学会了如何发现问题、提出问题、挖掘问题并解决问题。这些策略不仅适用于科研项目，也可以应用于日常生活的方方面面。许多事情在当时可能看不出其意义，但随着时间的推移和经验的积累，它们可能会产生深远的影响。

（4）大创与大赛作为沙盘游戏

虽然像雷军、乔布斯这样的创新领袖极少，但大多数人仍然在社会中扮演着重要的角色，维持着社会的稳定运行。在学生时期，大创和大赛就像是一次沙盘游戏，让我们有机会了解商业世界的规则，并在这个过程中建设自己。我们的见识决定了我们的视野，而我们的选择则取决于我们认知的上限。通过参与大创和大赛，我拓宽了自己的视野，也提高了自己的认知能力。

2. 优秀学生感言摘录 2：李某，四川大学文学与新闻学院

真的感觉前期主要是功利心、好奇心驱动，越到中后期越感受到整个流程的学习体验非常引人入胜，慢慢从想要加分的功利心回到最初的学习的初心上来。

5.2 如何选择？ 科学研究、技术开发、产品研发还是创业开店

答：科学研究、技术开发、产品研发、创业开店在如下几方面不同：

所要解决的问题，有的针对人类认知边界，有的针对生产生活实际问题。

解决这种问题的驱动力，有的来自好奇心，有的来自对国情民情的深切关心。

所探讨问题的复杂性，有的问题控制变量相对容易，有的却是多个影响因素相互交织。

所需克服的困难，有的主要来自物质条件，有的来自人情社会。

对知识能力的挑战，有的聚焦本专业，有的跨专业多一些。

对团队组建的要求，有的迫切需要场景大专家和相关专业的同学，有的则不一定特别需要。

这里有五个小白同学的创新创业故事，根据真实故事改编。希望你看完小白的英雄之旅后，有自己的选择与判断。

5.2.1 基础研究的小白的故事：冰点下降规律探究之旅

我叫小白，生活里，我看见冻雨和雪可以用融雪剂消融，以免行人滑倒、汽车打滑造成事故。假设人类尚未掌握有关科学原理，我开始研究这个问题，我会怎么做？

基础研究的小白的故事：
冰点下降规律探究之旅

（1）提出科学假设

清水里加盐，冰点（熔点）会下降，也就是：①溶液中盐的浓度与冰点有关（定性）；②溶液中盐的浓度越大，则冰点越低（定性）；③溶液的冰点随着溶液浓度成反比降低（定量）。

（2）开始设计实验

两杯清水各100mL，一杯加5.8g NaCl（物质的量浓度1mol/L），另一杯不加，两杯各插一支精确到0.1℃的体温计，打算让它们同时在冰天雪地的室外降温，观察结冰时温度分别是多少。

（3）尝试实验遇阻

我把两杯水放到南方深冬的室外，发现清水勉强结出冰碴，盐水不结冰，我猜测原因：一定是温度不够低吧？

（4）改变实施条件1

于是我搜肠刮肚换条件，我想到了冰箱，发现家里冰箱的冷冻箱塞得太满，无法放入两杯水。于是我：①跟邻居和妈妈好说歹说，同意我把我家冷冻箱里部分食物放到邻居冰箱里暂存，为我的实验腾点儿空间；②把实验用的敞口玻璃杯换成两支细细长长的试管,以减少空间占用,然后重新开始试验。

(5) 测量失败1

我把装有盐水和清水的试管同时放到冷冻箱里,根据妈妈的建议,等了一小时,清水和盐水都冻成冰块,且温度都显示为零下,超出了体温计的测量范围,测不出来,我有点小郁闷。我又购买了新的温度计,量程范围扩大到-20℃,确实比体温计贵多了,也精确不到0.1℃,但是我想想,可能更加适合我测冰点这个任务。

(6) 测量失败2

新温度计到货了,我重新配置了清水和盐水,把新的温度计分别插入,放入冷冻箱,开始测量。吸取上次1小时时间太长的教训,我守在冰箱旁边,时不时去看一眼,但一直看不到两杯水结冰,我担心冰箱制冷功能不行,忍不住拿起温度计看一眼,没想到两杯都迅速结冰了(假设我不知道"过冷"现象及其原因)。我百思不得其解,于是东问西问,百度搜索,得到的信息语焉不详。

(7) 文献查阅

我想专业的教材或文献可能有更科学的解释,但我不知道从何查起,这时候,我去问了老师,得到了个关键词"过冷",于是我循着这个关键词自学一番,知道我的实验里避免产生过冷的解决办法可能是及时搅拌。

(8) 改变实施条件2

我想到了可能的解决办法,一边降温一边搅拌。但是冷冻箱敞开大门,温度降不下去,关着门,怎么才能搅拌得着呢?我想到了化学基础实验课上用过的磁力搅拌器。但是磁力搅拌器要用电源,好吧,一根电线,冰箱门小小开条缝,把电源线接出来可能可以。

(9) 筹备资源

一台磁力搅拌器要大几千,用预算的钱购买显然不划算,我打算找化学基础实验室老师借个磁力搅拌器回家做实验。老师刚开始一口拒绝了,但是经不住我软磨硬泡,让我提交申请书、安全承诺书,教我用,看我用了三次,确认我会用了,然后抵押学生卡、承诺归还日期,让我把磁力搅拌器抱到了隔壁有冰箱的实验室。

(10) 重启实验

这次我重新配置好溶液,安装在磁力搅拌器上,插上我新买的温度计,整体放到了学校实验室的冷冻箱里，拉出一根电线，通上电，启动，我看见溶液在磁力搅拌器搅拌下飞溅出来，赶紧调慢转速。我看见冷冻箱温度半天降不下来，找了泡沫、海绵和布来遮挡冷冻箱的门缝。我还是不得不打开门看看冷冻与否，然后关上冷冻箱的门，隔不了多久，我又打开门看看，又关上。我意识到这样我可能很难知道准确的冰点，我心里默默地想，只要清水结冰，而盐水没结冰，就至少定性地证明了我的科学假设，这会儿还不着急去改造一个透明的冰箱门。

（11）拿点数据

经过多次的失败再尝试，我终于收集到了数据，我知道1mol/L的盐水，冰点是-6℃，比清水低6℃，定性地证明了我的前两个科学假设：①溶液中盐的浓度与冰点有关；②溶液中盐的浓度越大，则冰点越低。第三个假设怎么办呢？

（12）中期考核

我报告了前期定性测试的结果，设计了下一步实验的计划：为了证明溶液的冰点和溶液浓度的关系，我设计了一系列实验，在10根试管里，放上浓度分别为0.1mol/L、0.3mol/L、0.5mol/L、0.7mol/L、0.9mol/L、0.15mol/L、0.2mol/L、1.0mol/L、2.0mol/L、3.0mol/L的盐水，观察其冰点，试验方法不变，资源方面，只是需要更多温度计。专家们对我的评价很高，一是我克服了重重困难，理顺了试验方法，拿到了一些数据；二是找准确了科学问题，设计出来的实验经验证切实可行，且有希望验证我的科学假设③。

（13）进一步实验

我依照计划，配了10个浓度不同的盐溶液，一起放到磁力搅拌器上，放上了10根温度计，重启实验。我发现这一次，有几个低浓度盐溶液的结冰温度相对集中，都在-3℃附近，实在不好区别。我只好找实验室老师，借了几根精确度为0.01℃的低温温度计，重启实验。我还发现，随着溶液浓度提高到2.0mol/L以上，冰点不怎么继续下降了，看来，这两个参数的数量关系适用范围就在2.0mol/L以下。

（14）数据分析

我按照化学基础实验课上老师教的方格纸作图法，把浓度做横轴、冰点做纵轴，一个点一个点描上去，连成一条曲线，很明显不是正比、反比等简单关系，我问老师怎么办，老师说，你试试用"拟合软件"。于是我问了知乎、百度和哗哩哗哩，还是不知道选哪个软件，又问了漂亮善良的 A 师姐，听说 Origin 软件是化学专业常用的软件，买了水果、奶茶讨好漂亮善良的 A 师姐，终于换得她教会我用数据拟合这个功能，于是发现，二者关系是一个比较复杂的公式：$T = -265.5x^2 - 26x - 1.1$；根据公式所描出来的曲线，有一两个点明显偏离曲线。

（15）评价讨论

我又苦闷了，删掉那个明显偏离的数据呢，两个参数的数量关系会漂亮简洁得多，那么，那个明显偏离的点在实验过程中发生了什么？经过师姐的启发，我想起来，称量过程或许撒了一点，我没注意。也或许是我观察记录冰点晚了一点，导致温度偏低。

（16）重复实验

我把上述实验重做了一遍，这一次，每个浓度我配了三管，仔仔细细的称量，认认真真观察，生怕错过冰冻起来的那一刻。终于，我校正了前次数据，重新拟合数据，得到了漂亮简洁的反比关系。

（17）撰写发表

我是小白，从来没写过论文，只写过实验报告。老师说，实验报告那种格式，实际上是论文的"结果与讨论"部分，我随便找了几篇化学论文一看，果然差不多。我套用杂志社提供的格式模版，学着英语论文的样子，一句一句勉强把结果与讨论部分写了个大概。剩下的部分难倒了我，前言部分，看着别的作者纵横捭阖、指点江山的样子，我怵得很，这得要读多少文献，才能对这个领域的全面情况如此了解，对本项研究的价值定位如此精确！于是我请教导师，请求推荐文献……

5.2.2 技术开发/临床研究的小白之路：问卷调研与算法项目的医学实践

1. 问卷调研故事

（1）提出问题

大一刚进入口腔医院实习时，我在电梯里看到许多人脸上裹着厚厚的绷带和纱布，感到十分困惑。后来我才明白，口腔医学不仅关乎牙齿，还有许多因颜面发育畸形、肿瘤和创伤而前来就医的患者。这些患者经历重重困难，来到我们这样的口腔专科医院寻求治疗。为何面部疾病需要在口腔专科医院治疗？普通民众对此了解多少？如果大多数人都不清楚，作为口腔医学的未来从业者，我们如何帮助患者减少不必要的奔波？

（2）确定课题，设计问卷

带着这些问题，大一的我通过学院创新班与指导老师取得了联系，决定从问卷调查开始研究。原以为与实验室科研相比，问卷调查会简单许多，但真正动手时，仅问卷设计这一环节就让我们头疼不已。与我们课题相关的调研资料十分稀缺，现成的问卷更是无从谈起。而且，初入大学的我们专业知识匮乏，面对统计方法、专业术语等都感到陌生，甚至文献检索都不得要领。因此，进度缓慢，数月下来收获甚微。

（3）求助导师，深化学习

面对困境，我们决定向指导老师求助。在老师的耐心指导下，我们从学习基本的文献检索方法开始，逐步深入到实地采访各医院科室老师，对口腔医学的各个领域有了更深刻的理解。同时，我们还与老师课题组的师兄们进行了深入的交流和学习，掌握了问卷设计和统计学方法。尽管从江安校区到华西的路途遥远（当时地铁还未开通），我们仍坚持多次往返，最终完成了问卷初稿的设计。

（4）预调查的坎坷之路

完成初稿问卷设计后，我们怀揣着满腔热情，利用课余时间在人潮涌动的商圈如春熙路、太古里展开街头预调查。想象中的顺利并未到来，反而是一次又一次地被拒绝让我们心生挫败。每当介绍完调查目的，迎接我们的往往是冷漠的拒绝或匆匆离去的背影。起初，我们的信心备受打击，但团队成员相互鼓励，不断调整策略。后来，我们购置了小礼品作为答谢，通过不断的复盘和总结，慢慢摸索出了与路人有效沟通的方法。最终，在历经波折后，我们成功收集了124份预调查问卷，这份成果来之不易，让我们更加珍惜每一次的调查机会。

（5）问卷的完善与正式调查的开启

经过对预调查数据和完成率的深入分析，我们发现了问卷设计中的诸多问题。电子问卷的填写方式不够便捷，导致多人一同填写时操作烦琐；问卷篇幅过长，使得街头访谈时间紧张；某些专业术语的表述过于晦涩难懂，让受访者感到困惑。针对这些问题，我们逐一进行了改进和优化。在修改了问卷设计后，我们重新踏上了搜集问卷的征程。这一次，我们更加从容和自信，前后跑遍了成都的四个区，共搜集了 394 份问卷。每一份问卷都承载着我们的汗水和努力，也见证着我们的成长和进步。

（6）项目答辩的历练与收获

项目答辩对我们来说是一次全新的挑战。站在讲台上，面对着一众师兄、师姐和评委老师，我们感受到了前所未有的压力。与他们相比，我们在知识和经验上都存在着巨大的差距。然而，我们并没有因此而气馁或退缩。在答辩过程中，我们认真听取了老师们的意见和建议，并进行了深入的反思和总结。虽然最终没有将项目推至更高的等级，但这次答辩让我们收获颇丰，不仅锻炼了我们的表达能力和思维能力，还让我们更加明确了自己的不足之处和未来的努力方向。

（7）数据分析的艰难突破

面对上千条的数据记录，我们一度感到束手无策。如何使用统计分析软件？应该采用什么样的分析方法？这些问题让我们倍感困扰。作为低年级的同学，我们缺乏统计学的基础知识，对数据的处理和分析感到十分吃力。然而，我们并没有因此而放弃。在老师和师兄的悉心指导下，我们开始了艰难的学习之旅。经过一个又一个下午的小灶教学和一次又一次的线上请教，我们逐渐掌握了卫生统计学的基本知识和专业统计软件的使用方法。最终，在历经无数次的尝试和失败后，我们成功完成了数据的处理和分析工作。这份成果来之不易，它见证了我们的坚持和努力，也让我们更加深刻地体会到了科研的艰辛和不易。

（8）论文撰写的挑战与成果呈现

完成了数据分析后，我们开始了人生中第一篇科研论文的撰写工作。这对我们来说又是一次全新的挑战。如何将数据分析结果转化为文字表述？如何撰写出符合学术规范的论文？这些问题让我们倍感焦虑。然而，凭借着自学的卫生统计学知识和不断摸索与尝试，我们最终克服了图表绘制、数据解读、异常值处理等各种难题，并熟练掌握了各种科研软件工具的使用技巧。虽然最终形成的中文论文因为种种原因并未发表，但看着自己的科研成果逐渐呈现在眼前，我们感到无比的欣慰和自豪。回望过去一年多的时间，我们经历了无数次的挫折和困难，但正是这些经历让我们更加成熟和坚强。每一次的奔波和努力都是值得的，因为它们为我们带来了宝贵的经验和成长。

2. 医学生的算法项目

（1）提出科学问题

经过大一、大二的问卷调查，我深感在口腔医疗服务选择上，老百姓对医疗机构等级的敏感度其实并不高。许多年轻人更愿意在就近的医疗机构解决问题。这让我思考：对于复杂的口腔操作，如正畸、颌面手术，是否能让更多基层医院开展，从而方便民众？

（2）寻找解决方案

在大二担任学院 3D 打印工坊负责人时，我有幸与四川大学各学院的同学交流。与计算机学院的同学接触中，我了解到"神经网络"这一概念。它模拟人脑运转，能学习数据并进行智能预测或决策。我灵光一闪：若能利用神经网络算法协助医生阅片、设计方案，岂不能大幅降低口腔操作门槛？于是，我与计算机学院的同学联手，联系到四川大学图形影像实验室的老师。然而，口腔医学与计算机科学的交叉充满挑战，我们在专业知识上存在巨大空白。因此，我们又求助于口腔医学院的指导老师。在两位老师的共同指导下，我们确定了研究方向：从口腔的 CBCT 图像入手，进行分割算法的研究。

（3）伦理申请与实验准备

确定课题方向后，我们开始紧锣密鼓地准备。由于研究需要使用患者影像数据，我们必须提交伦理申请。团队成员假期期间特地跑到医院，最终成功申请到所需资料。

（4）疫情下的挑战

就在我们准备大干一场时，突如其来的疫情让我们分散各地。但困难并未打败我们，我们利用 QQ、腾讯会议等方式保持沟通，确保项目顺利进行。

（5）环境配置的困境

作为口腔医学专业的学生，我们在数据预处理上肩负重任。然而，在配置系统环境时，我们却遭遇重重困难。幸得计算机专业同学远程相助，我们才终于解决了这一难题。

（6）数据标注的统一之路

刚开始接触牙体解剖的我们，在数据预处理标准上存在分歧。这导致第一批数据标注存在差异。我们及时请教指导老师，通过双人背对背标注、单人重复标注等方式进行对照矫正，最终确保了标准的统一。

（7）扩大样本量与实验推进

确定标准后，我们开始投入大量时间进行数据标注，以扩大样本量。那段时间，我们常常通宵达旦地工作。

（8）项目答辩与省级荣誉

又一次项目答辩临近，我们团队精心准备。作为交叉学科项目，我们对彼此的领域了解有限，因此每份PPT都经过反复审查才最终定稿。答辩当天，虽然受疫情影响我们分散两地，但凭借着充分的准备和出色的表现，我们获得了评委老师的一致好评。项目最终被成功推选至省级，为我们的努力画上了圆满的句号。

（9）筹措资源与跑数据

为了保证网络训练效率，我们决定租用服务器。团队成员共同筹措经费，确保了项目的顺利进行。

（10）实验成果与分析

经过数次参数调整，我们的模型识别准确度超越了现有网络架构。这一成果得到了指导老师的认可。在图形影像实验室的指导下，我们确定了论文和专利的撰写计划。

（11）论文撰写、发表与团队成长

为确保结果稳定，我们再次扩大了样本量并重复了实验。随后，我们一起撰写了专利和论文。英文论文的撰写对我们而言是个巨大挑战，尤其是涉及两个领域的专业词汇。但经过反复修改和完善，我们最终完成了初稿。看到课题顺利结题并获得专家肯定时，我们如释重负、满心欢喜。这段漫长而高强度的合作让我们结下了深厚友谊并成为彼此领域的"半个专家"。这一历程对我们每个人都产生了深远影响并让我们受益匪浅。

5.2.3 产品研发的小白之旅：从实验室到市场的跌宕起伏

（1）实验室的日夜奋战

在经历了无数个日夜的奋战之后，我们成功将两种正极材料的性能优化至行业领先水平。实验室内的欢声笑语见证了我们的努力与成功，同时也赋予了我们规模化生产的宝贵经验。此刻，我们信心满满，准备将实验室的成果推向更广阔的市场。

（2）路演要做PPT

为了更好地推广我们的材料，我们制作了PPT。我们的磷酸铁锂成本低、生产工艺短、能耗低、循环性能好、压实密度高，这些都要放进去。XRD（X射线衍射）谱放上去，看看我们的晶相多纯；SEM（扫描电镜）图放上去，看看我们的颗粒度多均匀；振实密度和压实密度的测试结果都放上去，看看我们的加工性能多好。就这样你一言我一语，一个PPT的初稿做好了，越看越眼熟，像是组会报告的PPT。

（3）"工业风"PPT的碰壁

拿着这版"工业风"PPT，我们满怀自信地开始了碰壁之旅。我们参加了许多现场路演，也一对一见了很多老师、专家、投资人。我们详细地解释我们产品所应用的技术原理和性能的优越性，但却发现专家们往往都是从饶有兴趣听到一头雾水。我们在意的他们不关心，他们关心的我们不理解。

（4）"说人话"的顿悟

在挫败之余，我们也开始反思。在与四川大学双创学院老师及其请来的专家们交流后，我们意识到推广产品时需要用更通俗的语言来表达。我们开始反思，并学习如华为、苹果、小米、蔚来、宁德时代等知名品牌的产品发布会，从中汲取灵感。这些大公司的旗舰产品优势涵盖了方方面面，但是在发布会上，这些产品又特点鲜明。产品的命名往往很简单响亮，技术内核无论多复杂，公司只注重表达技术实现的效果。产品性能检测的数据非常直观，比如用电车的续航来表现电池的能量和车机系统的优化水平，让人有更直观的感受。至此，我们顿悟了，忽然明白了，要将专业的技术语言转化为市场语言。

(5) 产品定位的困惑

然而,当我们准备将产品推向市场时,这个简单的问题开始困扰我们,我们陷入了产品定位的困惑。是材料吗?卖材料的话我们是否具有建厂生产能力?是技术吗?卖技术的话如何解决知识产权和生产权排他性问题?诸如此类的问题成为决定产品形态的关键变量,其中的门道远远超出我们当时的认知,我们意识到从产物到产品的转变远比想象中复杂得多。

(6) 重塑产品形象与策略

经过深思熟虑,我们拿掉了烦琐复杂的科学表征,明确了产品定位,用最通俗的语言把材料产品形容为成本低廉、工艺简单、工艺环保。我们摒弃了复杂的技术原理介绍,核心技术被替换成靶向富集技术、功效集成技术和元素定向重构技术。对于技术效果,我们将样品送至第三方检测,用权威第三方的检测数据证明产品的品质。我们还做了竞品对比、统计了相关的论文专利,筑起技术壁垒,并寻求业内大牛的背书支持,让潜在客户对我们多几份信任。针对前面的问题,我们仔细核算了自己生产和卖技术的成本和预期收益,结合现在的身份处境和学校政府能够提供给我们的相关利好政策,选择了把核心技术和核心原料掌握在自己手中的 OEM 代工生产模式。

(7) 产品雏形的诞生

经过一系列的调整和完善,我们在实验室里做出的材料产物终于逐渐展现出了产品的雏形。我们信心倍增,准备迎接市场的挑战和机遇。这次产品研发之旅让我们深刻认识到从实验室到市场的道路并非一帆风顺,但只要我们不断学习和调整策略,就一定能够走出一条属于自己的成功之路。

5.2.4 创业开店的小白纪事:i 创街上琴行兴衰

(1) 琴童起步,梦想启航

大家好,我是小白,先介绍一下我的背景。4 岁开始学琴,15 岁考取电子琴、钢琴、乐理三项中央音乐学院校外音乐水平最高级证书,高中假期会回到学琴的学校帮老师带学生,做钢琴陪练助教。

（2）川大寻琴，发现商机

2017年进入川大后，到学校第一件事就是到处找哪里能练琴。大一、大二的每个周末，我都会在学校周围骑车到处转悠，经过市场调研，我发现江安校区及附近3千米范围内只有3个地方可以练琴，分别是艺术学院的琴房、西南门外的音乐工作室和钢琴协会。艺术学院的琴房仅供音乐表演专业学生使用，我每次想练琴得先买杯奶茶送给朋友才能蹭卡，时间久了朋友烦，我也觉得远，这个办法就排除了；西南门外的音乐工作室，一是收费贵（35元/小时），二是路途远，也排除了；我加入了钢琴协会，但由于想要练琴的人数多而钢琴少，经常排不上练琴时间，也放弃了。久而久之，我就在想，学校有这么多人需要练琴，我也有钢琴带教的经验，为什么不能自己在学校里成立一个音乐工作室，没地儿练琴我就自己搭一个琴房。

（3）遇见合伙人，共谋大业

这个时候遇到我的合伙人小黑，小黑是我的同班同学，他自称自己有创业的经验，于是我俩一拍脑袋就准备合伙开一个音乐工作室。小黑在和我合伙之前，他已经在i创街申请了一块场地用于卖文创产品，所以他非常熟悉i创街的各项创业帮扶政策：在校学生提交创业申请答辩通过即可有场地，免水、免电、免房租，两年一轮换。所以我们在选择场地这件事上没有多花时间，一心只想申请i创街。申请i创街的流程也很简单，先提交商业计划书，等待通知答辩，答辩通过后即可申请到场地。

（4）精心筹备，打造音乐殿堂

我和合伙人花了近一个月的时间打磨商业计划书，在答辩时，我有音乐证书做背书，合伙人有创业经历做背书，所以我们在14个项目中，以第一名（高出第二名5分）的成绩成功申请到i创街的店铺位置。当时我们音乐工作室的主要业务是乐器教学、乐器练习及乐器售卖，乐器类型主要包括电子琴、钢琴、吉他、古筝、架子鼓、小提琴。申请成功那一刻是激动的，但随之而来出现很多问题。音乐工作室要想顺利开下去，首要条件就是不能扰民、不能被投诉，所以最重要的是琴房得隔音；想要开课，就要逐一筛选老师，老师不仅必须有专业的证书，还得会教学；想要售卖乐器，就要找到物美价廉的供应商。2019年的暑假，我花了近3个月的时间，走遍川音旁边的每一家钢琴店，选择合适的钢琴，选择合适的乐器供应商；顶着40℃的高温，在店里跟装修师傅一起搭隔音房；在学校上百个社团群聊里发广告招募音乐爱好者，逐一联系、面试、筛选；确定好老师人选后，每天跟各类乐器老师磨课，确定课程内容。那段时间每天6:00醒，24:00睡，按照我妈的话说，创业比高考的时候还积极努力。

（5）开业大吉，盈利喜人

2019年9月工作室正式成立，在经营的首月，我们就通过卖课、租用琴房两项业务，不仅实现回本，甚至还创造了10万多元的盈利，后来每个月基本可以保持2万~3万元稳定的盈利。

（6）娱乐业机遇，跨界尝试

2019年12月，一次偶然的聊天让我们发现新的商业机会。当时有一位朋友在腾讯视频实习，主要工作内容是协助娱乐公司进行S级综艺节目选角工作。当时听说这个事情的时候，我随口跟他开玩笑，我说可以来川大选选帅哥美女，他听说后立马把这个方案汇报给领导，很快就通过了。我还记得那天我跟着哇唧唧哇公司的经纪人走遍望江、江安、华西三个校区，逮到帅哥就要联系方式，不过那天没有选出合适的人选。晚上大家一起吃饭的时候，其中一个经纪人跟我说，这次在川大选角挺出乎意料的，平时他们都是去音乐或传媒类院校选人，这次来川大之后发现，我们的学生德智体美劳全面发展，不仅学习好，帅哥美女也多，我开玩笑说以后如果有机会可以多来找我们。这次活动之后我就在想，我们是否可以组织速成班，按照经纪公司选角的标准，定向培养一些帅哥美女，这样等综艺节目再找我要人的时候，我也有资源可以输送。后来我们就小范围地选择了3位颜值高、有意向走娱乐事业的女生进行培养。2020年3月至12月，我们承接了来自腾讯视频、QQ音乐、爱奇艺、咪咕文化等公司的活动，经过我们的培养，成功将一位女生推荐至ETM活力时代经纪公司，这算是我们意外开展的一项业务。

（7）毕业抉择，面临困境

2021年3月，我和合伙人还剩3个月即将毕业，店铺也还剩半年时间就要被i创街清退，我们当时面临两个选择：继续在校外创业或关门大吉。我不希望我们盲目做出决定，所以那个时候我边做毕业设计边考察校外周边市场环境，分别从三个角度做了市场调研：①房租情况；②招生情况；③同类型音乐工作室竞品情况。首先，我发现虽然我们每个月都有盈利，但完全是因为学校免水免电免房租，如果没有这些福利，我们的收入不够支撑半年房租；其次，招生情况并不乐观，学生家长大多会选择更有名的四川音乐学院的教授，而不会选择无名小工作室；最后，市场上音乐工作室已经非常饱和，留给我们的市场空间极小，等我们毕业后，我们也失去在校内培养艺人的人力资源来源，多方分析后，我决定关门大吉。

（8）合伙人背叛，财务纠纷

我的合伙人是我的同班同学，我非常信任他，我们的分工是他管理财务、我管理业务，所以在项目运营期间，银行卡、财务账户都由他进行管理，我从未查过账。在我约合伙人开会讨论结束项目的前一晚，我找他要财务报表，希望了解我们的盈利情况，提前分红，在毕业前注销公司，结果我的合伙人拒绝向我提供财务报表，拒绝为我提供查账所需的一切材料，他的行为让我感到很可疑，于是我通过不同的手段粗略计算了我们的收入和支出情况，发现他每月给我汇报的数字和实际账面完全不符。开合伙人会议当晚，我要求他针对财务问题做出解释，并要求他将私吞的所有财产如数奉还，他不仅不解释，反而对我破口大骂，险些动手。那天晚上我哭着翻看我们签订的合约才发现合伙人协议上有很多法律漏洞，根本无法追责。

（9）及时止损，注销公司

我给父母、律师、老师打电话咨询解决方案，由于我不掌握证据，也不掌握财务实权，他们给我的建议都是及时止损，不要再往其中砸更多钱。2021年4月25日，公司正式注销。这次创业经历对我产生了深刻的影响，创业并不是一拍脑袋就能做成的事情。

（10）深刻教训，展望未来

如果你想创业，首先第一个要求就是"找到一个价值观合拍的合伙人"，其次要求CEO要有全盘规划的意识，要懂技术、懂法律、懂财务、懂市场、懂用户、懂产品等。如果你是一个想要创业的同学，请你始终保持创业的热情，但一定要谨慎谨慎再谨慎！

5.2.5 小白的大赛逆袭故事：从染发剂到折叠屏的巅峰之旅

（1）初次出征

大二的大赛初体验：大二那年，我怀揣着对科研的憧憬和热情，踏上了大赛的征程。作为课题组的新成员，我参与了染发剂研发的横向项目，这是我们课题组最为成熟且已成功转化的项目。我自信满满，期待着在互赛中一展身手。

（2）省铜之憾

止步不前的反思与启示：然而，遗憾的是，我们的染发剂项目在大赛中仅止步于省铜。我深感惋惜，但更重要的是，这次经历让我深刻反思，选题所体现的价值过于局限，未能充分展现项目的商业潜力。这次挫折成为我科研道路上的宝贵财富。

（3）转型探索

从新材料到电子信息的新征程：作为高分子材料专业的学生，我开始尝试将所学知识与电子信息领域相结合。我对电子产品充满兴趣，特别是当时火热的折叠屏手机。我深入调研了其中的材料问题，发现我们的特色材料在解决柔性电路板及显示膜中的裂纹问题上具有巨大潜力。这一发现让我激动不已，我看到了新的研究方向和突破口。

（4）折叠屏突破

锚定痛点，展现材料优势：我紧紧抓住折叠屏手机市场中的痛点问题，利用我们在材料方向的专业优势进行深入研究。通过不断实验和优化，我们逐步满足了现实应用中的性能要求。这一过程充满挑战，但也让我更加坚定了自己的研究方向。

（5）再战互赛

国铜的荣耀与激励：带着折叠屏项目的研究成果，我再次参加了大赛。虽然起步时间较短，商业化探索尚未完善，但我们仍然获得了国铜的荣誉。这是对我们团队努力的肯定，也是对我个人科研能力的认可。这份荣耀激励着我们继续前行。

（6）孵化与转化

技术走向市场的跨越：随着技术和知识产权的积累，我们的折叠屏项目逐渐孵化成熟，并开始了商业转化。我们与合作伙伴紧密合作，共同推动项目的进展。这一过程充满艰辛和挑战，但每一次的突破都让我们离成功更近一步。

（7）国金巅峰

顺其自然的最高荣誉：经过不懈的努力和坚持，我们终于顺其自然地获得了大赛的国金荣誉。这是对我们团队辛勤付出的最好回报，也是对我们创新能力的最高认可。我们欣喜若狂，为自己的成就感到自豪。

（8）展望未来

科研之路永无止境：获得国金荣誉并不是终点，而是新的起点。我深知科研之路永无止境，只有不断前行才能探索更多的未知领域。在未来的日子里，我将继续带着对科研的热爱和对创新的追求勇往直前，为科学事业贡献自己的力量。

5.3 参加大创的程序是什么

5.3.1 参加大创需要密切关注的网站

答：教务处官网，以四川大学为例（http://jwc.scu.edu.cn/）。

国家级大学生创新创业训练计划平台（http://gjcxcy.bjtu.edu.cn/index.aspx）。

5.3.2 大创分哪些阶段

答：以四川大学为例，大创时间表如图5.2所示。

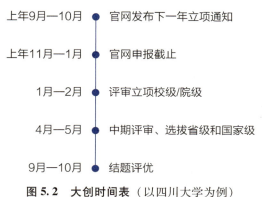

图5.2 大创时间表（以四川大学为例）

详见各校官网通知。

5.4 大创怎么拿高分

5.4.1 大创大赛的本质是什么

答：

价值引领——大创大赛的
底层逻辑-第一集

价值引领——大创大赛的
底层逻辑-第二集

5.4.2 为什么交叉融合很重要

答：

价值引领——大创大赛的
底层逻辑-第三集

5.4.3 大创重点支持什么项目

答："四个面向"的项目：面向世界科技前沿、面向经济主战场、面向国家重大需求、面向人民生命健康。

大创围绕经济社会发展和国家战略需求，重点支持直接面向大学生的内容新颖、目标明确、具有一定创造性和探索性、技术或商业模式有所创新的训练和实践项目。例如，四川大学为响应新时代创新人才培养的迫切需求，推动专创融合制度化、产创融合常态化，国创计划锐意改革，自2023年开始，在"交叉学科子计划"基础上，增设了"2035特区子计划"和"产业特区子计划"，并在政策和经费上对三类子计划予以倾斜，2年累计立项466项，其中，交叉学科子计划232项，2035特区子计划216项，产业特区子计划18项。

5.4.4 评审怎么评

（1）大创评分流程是怎样的

答：一般而言，评分分为网评和答辩两种。

网评时，学校首先按照项目类型和学科分组，每组邀请三位及以上校内外评委，根据"大创管理系统"里学生提交的项目材料，依据评分标准进行评审。所有评分的算术平均数是项目的绝对成绩。在推荐项目时，学校根据绝对成绩计算组内排名，每组排名靠前的项目即可推荐。

答辩与网评规则类似，不同点在于答辩时评委还会结合答辩现场学生表现给分。

另外，各学院在进行项目评审时，会结合学院所在学科与行业特点及其人才培养要求，微调评分标准。

（2）什么样的大创项目能得高分

答：对评委的随机小样本调研显示，评分主要与选题、论证过程、表达水平、分组、学科、学术见解，以及学生专创融合的意识、态度和能力等因素相关。

此处对学生专创融合的意识、态度和能力在项目成熟度上的表现做原创的实证研究。对 2022—2023 年 1710 个结题时学生自评了成熟度的项目的成熟度等级和三位评委老师主观评分均值之间的相关性调查如图 5.3 和表 5.1 所示。相关性 r 为 0.985，置信度 p 小于 0.01，均分随着项目成熟度显著地单调上升，说明虽然个体项目得分还受其他因素影响，但总体而言，学生努力提升项目成熟度能显著提高得高分的概率。

表 5.1 各级成熟度项目个数和主观评分统计表

年份	成熟度4级项目主观评分均分（分）[项目数（个）]	成熟度5级项目主观评分均分（分）[项目数（个）]	成熟度6级项目主观评分均分（分）[项目数（个）]	成熟度7级项目主观评分均分（分）[项目数（个）]	成熟度8级项目主观评分均分（分）[项目数（个）]	成熟度9级项目主观评分均分（分）[项目数（个）]	相关性 r (p)
2022	80.07 [11]	80.15 [32]	82.24 [151]	83.80 [134]	84.60 [198]	88.39 [172]	0.946 (<0.01)
2023	76.26 [13]	79.26 [69]	81.41 [209]	81.76 [204]	84.02 [210]	87.08 [255]	0.982 (<0.01)
合计	78.01 [24]	79.54 [101]	81.76 [360]	82.57 [338]	84.30 [408]	87.61 [427]	0.985 (<0.01)

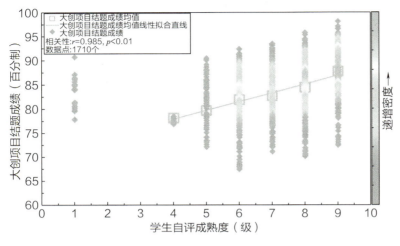

图 5.3　大创项目结题成绩与学生自评成熟度相关性

大创项目结题成绩与学生自评成熟度相关性

成熟度 9 级的 427 个项目的均分是 87.61 分，比成熟度 4 级的 24 个项目的均分 78.01 分高了 9.60 分。中低成熟度（4~5 级）的 125 个项目中，85 分及以上项目占比 21.77%，而高成熟度（8~9 级）的 835 个项目中，85 分及以上项目占比 65.30%，相比中低成熟度高了两倍多。

据此我们可以推测：

1）虽未被要求严格按项目成熟度打分，但学生自评成熟度等级是老师们打分的重要依据。

2）该相关性逐年提升，说明成熟度等级对教师主观评分的影响越来越大。

（3）大创项目怎样能得获校级立项

答：立项时主要考察选题的价值意义、可行性、学生的态度和贡献，成熟度是其中一个因素。

统计四川大学近三年 9796 项申报项目立项时学生自评成熟度，如图 5.4 和表 5.2 所示，可以发现：

1）立项项目的成熟度总体逐年提升。2022—2023 年立项的 3520 项成熟度众数（波峰）为 2 级，表现为提交了项目申报书，而 2024 年立项的 1947 项成熟度众数（波峰）右移到 4 级，表现为已尝试做了一点点实验。立项项目的项目成熟度均值从 2022 年的 3.11 爬升到 2024 年的 3.61，说明整体竞争越来越激烈，对同学们在申报时刻之前所做工作提出了更高的要求。

2）项目成熟度对立项率的影响逐年显著。相比于2022—2023年立项率随成熟度等级提升的忽高忽低，2024年立项率随成熟度1~8级区间等级提升而单调上升，逐步显示出学生自评成熟度对教师主观评分越来越多的参考价值。

3）立项率随成熟度等级提升而提高的规律，2024年在1~8级区间符合。高成熟度（9级）的立项率反而下降。我们猜测立项时自评成熟度很高，会被老师认为是老项目，进步空间有限，反而不利于立项。

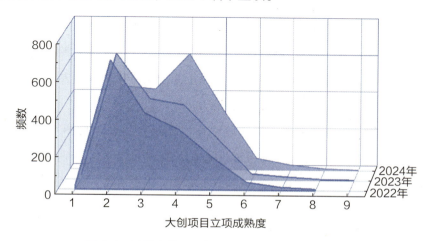

图5.4　四川大学近三年大创项目立项成熟度统计

表5.2　四川大学近三年大创申报立项时学生自评成熟度统计表

成熟度等级	2022年			2023年			2024年		
	申请项目数	立项项目数	立项率	申请项目数	立项项目数	立项率	申请项目数	立项项目数	立项率
1	45	20	44.44%	33	22	66.67%	21	6	28.57%
2	1301	693	53.27%	1130	677	59.91%	981	451	45.97%
3	757	414	54.69%	718	434	60.45%	837	433	51.73%
4	566	324	57.24%	691	402	58.18%	1080	625	57.87%
5	339	176	51.92%	350	219	62.57%	527	327	62.05%
6	85	44	51.76%	67	35	52.24%	96	62	64.58%
7	30	18	60.00%	35	20	57.14%	44	29	65.91%
8	16	9	56.25%	10	8	80.00%	15	10	66.67%
9	4	0	0.00%	7	5	71.43%	7	4	57.14%
合计	3143	1698	54.02%	3041	1822	59.91%	3608	1947	53.96%

（4）大创项目如何入选省级和国家级

答：国家规定，学校从校级立项总数中推荐 1/3 成为省级，再从省级立项中遴选推荐 1/3 成为国家级。总体而言，校级、省级、国家级三级比例为 6∶2∶1，只有最优秀的 11% 能成为国家级。

各校评审规则略有不同，以四川大学为例，立项评审时只确定校级和院级立项，并规定院级及以上立项项目平等参与中期评审。四川大学每年申报 3600 余项项目，其中 99% 以上以院级或校级立项。

在中期评审时，学校按评委评分进行组内排序，推荐省级、国家级。省级、国家级的推荐门槛因项目类型、学科、组别不同而略有差异。实际上，通过网评、答辩等评审，推荐 600 项左右省级及以上立项，其中 200 项左右推荐国家级立项。所以，只要申请后努力做，都有机会。

校级、省级、国家级三级立项项目结题成绩差异明显（见图 5.5）。校级项目的成绩中位数是 82.2 分，省级项目成绩中位数是 86.2 分，分别比国家级项目成绩中位数少了 7.8 分和 3.8 分。可见，好好做，就是高级别立项不变的道理。

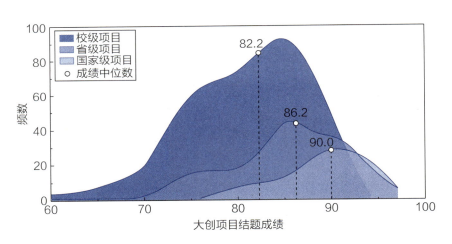

图 5.5　四川大学大创项目立项级别与结题成绩统计

（5）结题优秀的标准是什么

答：基于 3040 项项目结题成绩和结题时自评成熟度的数据统计，如表 5.3 所示。整体而言，由教师主观评分决定的结题成绩，随着合格-良好-优秀成绩上升，**成熟度均值单调上升，差异逐年拉大**。优秀-合格组成熟度均值之差从 2022 年的

1.22级扩大到了2023年的1.4级,可见成熟度对教师评分的影响力日益显著。总之,结题优秀的成绩或取决于许多因素,成熟度可能是其中重要的一个。

表5.3　大创项目结题成熟度均值　　　　　　　　　（单位：级）

项目	年份		均值
	2022	2023	
结题优秀的项目	8.216	8.296	8.256
结题良好的项目	7.680	7.872	7.776
结题合格的项目	6.983	6.932	6.9575

注：样本数量3040项。

（6）大创立项时就有标志性成果，能保证高分吗

答：从评委老师的立场看，希望结题时，项目的成熟度所折射出的团队成员的能力提升很大，而不是立项时能力很强，但在大创这种比较基础的训练环节中已经没有进步空间的项目。

（7）大创中期或结题时有比较好的标志性成果，能保证高分吗

答：**不能**。老师们更关注同学们自己做了多少"增量"，要知道火眼金睛的评委老师们，对于"是不是同学们自己亲手做的"这一点，一眼就看出来了。

（8）大创能靠卷面字数拿得到高分吗

答：**不能**。字数过多，老师就难以从中找到"你做了什么增量工作"的线索，增加评阅难度，会降低分数。

（9）大创跟着大佬级的老师就能保证高分吗

答：我们统计了近三年指导大创项目获优秀3项及以上的57位教师的年龄、是否担任副院长及以上职务、是否是国家级人才等信息，发现上述几个参数与项目是否结题优秀相关性不大（见表5.4）。

表5.4　大创优秀指导教师情况统计

年龄段（岁）	<40	40~45	>45	合计
人数（人）（占比）	21(36.8%)	19(33.3%)	17(29.8%)	57(100%)
任职副院长及以上、国字号人才人数（人）（占该年龄段人数之比）	2(12.5%)	6(37.5%)	8(50%)	16(100%)

注："大创优秀指导教师"定义为近三年所指导的大创项目结题时被评为"优秀"的项目数量超过三次的指导教师，共计57名，在全体指导教师（2871名）中占比2.0%。

5.4.5 在高分段的答辩中,最常见的问题是什么

答:这是你做的吗?

答辩中,老师问是不是我做的,我该怎么回答?

【1问】你有足够的知识做这个吗?【应答】××课程我得了××分,自学过××知识点,团队成员是××专业的。

【2问】你有足够的能力做这个吗?【应答】××研究方法是××课程教了的,遇到××技术困难我是请教师姐解决的。

【3问】初心何在?何以克服困难?【应答】看见客户真实痛点真想帮,行动证明我没日没夜每个周末都在做。

AI 试试看

问:我到底为什么要参加大创啊? 参加大创我能获得什么呢?

大川小创(扣子 BOT)回答:为你查询到参加大创可以获得以下好处:

提升创新能力:参加大创可以让你接触到前沿的科学技术和研究方法,培养创新思维和解决问题的能力。

增强实践能力:大创项目通常需要学生进行实践操作,通过实践可以提高学生的实践能力和团队协作能力。

拓展人际关系:参加大创可以让你结识来自不同专业和背景的同学和老师,拓展人际关系和学术视野。

获得荣誉和奖励:如果大创项目取得了优秀的成果,学生可以获得荣誉证书、奖金等奖励,这对学生的综合素质和未来发展都有很大的帮助。

大川小创(扣子 BOT)是基于云雀语言模型,利用本书和互联网的语料内容,由本书编著者自主训练的有关大创、大赛的垂直 AIGC 智思体,可以回答大创、大赛有关问题,请注意鉴别答案的正确性。 链接:https://www.coze.cn/store/bot/7353551593557901364?bot_id=true。

高阶训练

思考与讨论：

小李同学刚上大学，还没想好毕业后是读研还是工作，也不知道未来是做学术研究，还是考公务员、参军抑或是进企业。

现在，小李同学天天忙于上课、写作业。其实感兴趣的事情挺多的，社团、讲座……要不要参加大创、大赛呢？难道仅仅是为了保研加分吗？有关职业生涯的规划，有必要大一就想清楚，锁定目标吗？小李同学挺困惑的。

你能帮他梳理一下思路吗？

第 6 章 创新一级成熟度：提出问题

学习目标

价值目标：建立目标导向的思维模式。

能力目标：学会查阅文献、撰写评述、研究背景，学会提出关键问题。

知识目标：了解文献查阅、文献综述等科研入门的基本方法。

6.1 如何提出问题

答：在提出问题时，我们需要确保问题是清晰的、有针对性的和可解决的。一个好的问题能够引导我们找到确切的答案，从而推动工作的进展。为了提出好问题，我们可以考虑以下几点：

- **明确目的**：在提问之前，首先要明确自己提问的目的，是为了解决问题、获取信息还是为了确认某个事实，明确目的有助于我们更准确地表达问题。

- **简化语言**：使用简洁明了的语言描述问题，避免使用复杂或模糊的词汇。这样可以让别人更容易理解你的问题，并提供有用的回答。

- **提供背景信息**：如果可能的话，提供一些与问题相关的背景信息。这有助于别人更好地理解问题的上下文，从而给出更准确的回答。

6.1.1 好问题的特点有哪些

答：好问题通常具备以下特点：

- **精确**：好问题能够准确地指出需要解决的具体问题或获取的具体信息。它不会让人产生歧义或误解，而是直接引导到答案的核心。

- **小而具体**：好问题通常比较具体，不会过于宽泛或笼统。它关注的是一个具体的点或方面,这样更容易找到明确的答案。同时,好问题也会有一定的限制范围,避免涉及太多不相关的内容。

- **有定义、有参数、有单位**:对于涉及具体数据或指标的问题,好问题会明确给出相关的定义、参数和单位。这有助于确保问题的准确性和可解决性,避免因为理解不一致而导致答案的偏差。

总之,提出好问题需要明确目的、简化语言并提供背景信息,而好问题本身则应该具备精确、小而具体以及有明确定义、参数和单位等特点。

6.1.2 科学问题、技术问题和工程问题的区别在哪儿

答:科学问题、技术问题和工程问题,虽然都围绕着"问题"这一核心,但它们的出发点和目的有着明显的区别。

科学问题,源于人类对世界的好奇和探索。科学家们提出科学问题,是为了揭示自然界的奥秘,寻找事物的本质和规律。这些问题可能没有直接的实用价值,但对于推动人类文明的进步和发展具有重要意义。量子纠缠的研究为许多物理现象提供了新的解释,满足了人类的好奇心,并在2022年荣获了诺贝尔物理学奖。然而,尽管如此,目前尚未发现其实际应用的可能性。"量子纠缠问题"就是典型的科学问题。

技术问题,则是在科学原理的基础上,追求实际应用和进步。技术问题的提出,通常是为了解决某个具体的实际问题,或者推动某个领域的技术发展。技术问题关注的是如何将科学原理转化为实际的技术方案,以及如何优化和提升这些技术方案的性能。以"钙钛矿太阳能电池"的研发为例,如何提高电池的性能?具体而言,如何提高光电转化效率?如何提升充电速度?如何延长电池的使用寿命?这些具体而实际的技术挑战,正是"钙钛矿太阳能电池"研发过程中需要解决的关键技术问题。

工程问题,则更加关注创造经济效益和社会效益。工程问题的提出,通常是为了解决工业生产过程中的实际问题,提高生产效率,降低成本,或者开发新的产品来满足市场需求。工程问题关注的是如何将技术和资源转化为具有市场竞争力的产品和服务。以"改良散热工艺"为例,工程师们可能面临这样的问题:

如何通过改良散热系统的设计，提升设备的散热效率，从而确保产品的稳定性和延长使用寿命？如何利用新型散热材料，替代传统的散热方式，以实现成本降低和性能提升？这些工程问题的解决，将直接影响产品质量、生产成本和市场竞争力。

6.1.3 什么是关键（科学）问题

答：关键（科学）问题是指在科学研究过程中，对于达到预定目标或解决某个大问题起到决定性、关键性作用的问题。这些问题通常具有非平衡态约束下的解决方案的特性，即需要在动态、变化的环境中寻找答案，而非静态、平衡的状态下。它们是达到目标途径中的"转弯""桥梁"和"隧道"，是科研工作中的瓶颈和难点，需要研究者付出更多的努力和智慧去解决。

更具体地说，关键（科学）问题可能是某个领域的基础理论问题，也可能是技术实现中的核心难题。这些问题不仅对于推动科学进步具有重要意义，而且对于解决实际应用问题、推动社会发展也具有重要的作用。因此，识别和攻克关键（科学）问题，是科学研究中的重要任务之一。

6.1.4 为什么提出问题是第一步

答：提出问题是创新过程的首要步骤，它的重要性主要体现在以下几个方面：

首先，提出问题是目标导向的体现。在创新过程中，我们需要明确我们的目标是什么，而问题就是我们与目标之间的差距。通过提出问题，我们能够清晰地认识到我们当前所面临的挑战和需要解决的问题，从而确保我们的创新工作始终朝着正确的方向前进。

其次，提出问题是确定工作价值的关键。在创新工作中，我们需要根据问题的价值来判断工作是否值得投入。一个有价值的问题能够激发我们的思考热情，促使我们不断寻找更好的解决方案。相反，如果一个问题没有价值或者价值很小，那么即使我们投入了大量的时间和精力，最终也可能得不到有意义的创新成果。

因此，提出问题不仅是我们创新工作的起点，更是我们确保创新工作有效性和价值的关键。通过提出明确的、有针对性的问题，我们能够更好地聚焦创新目标，确保我们的创新工作始终在正确的轨道上前进。同时，这也能够帮助我们更好地分配资源和精力，确保我们的创新工作能够取得最大的成果和效益。

综上所述，提出问题是创新一级成熟度的核心要素之一，它对于我们明确创新方向、确定工作价值以及推动创新成果的实现都具有重要的意义。

6.1.5 怎么找选题

答：关于如何找选题，以下总结了多位老师和同学的建议：

1. 关注国家战略与前沿热点

- 保持对国家政策、媒体与前沿研究的关心，把握国家战略导向、人民迫切诉求、国计民生重大关切等。
- 通过学术期刊了解国际研究的前沿进展，找到关键问题作为研究题目。

2. 结合专业兴趣进行文献调研

- 根据自身专业和兴趣方向，初步选定多个拟研究方向。
- 有计划地阅读相关文献，总结研究现状，了解技术进展，并整理研究思路。
- 挖掘现有研究中尚未探索或存在局限性的部分，作为潜在的研究方向。

3. 关注产业应用与实际问题

- 学会将国家战略与国情民情相结合，观察生产生活，找到具有产业应用价值的、尚未得到很好解决的问题。
- 挖掘科学问题，与老师深入探讨。

4. 追求创新性

- 在关键技术方面寻求创新性突破，可以是新观点、新角度、新研究方法等。
- 考虑旧理论、旧方法在新领域、新场景的应用，以产生新的作用、功能或效果。

5. 利用多元资源

- 通过科研类公众号、视频平台等互联网资源，建立对研究领域的全面认识。
- 利用 AI 辅助工具帮助发现新的研究点或提供研究思路。
- 从课程中获取灵感，在各类课程如新生研讨课、跨学科课程等中，寻找感兴趣的主题和项目。

6. 评估选题的可行性

- 确保课题不违反公认的科学原理，如能量守恒原理。
- 确保选题在研究工作量、可操作性等方面适中，避免超出能力范围。
- 对研究方向进行可行性分析，包括所需技术、设备、试剂等资源的可获得性。

7. 小切口、深挖掘

- 选题要具体，避免大而全，力求做精做深。
- 明确研究课题的探索意义，确保研究内容具有实施性。

8. 避免常见错误

- 避免单纯分类或仅做现状介绍的选题，确保有实质性的研究内容。

9. 与指导教师充分沟通

- 在确定选题前，与指导教师沟通想法，确保选题的合适性和研究价值。
- 根据导师的建议和反馈，调整和完善研究计划。

这些建议旨在帮助同学们更有效地找到合适的研究选题，确保研究的顺利进行和成果的产出。希望同学们能够结合自身实际情况，灵活运用这些建议，找到既符合自己兴趣又具有研究价值的选题。

6.1.6 选好题后，怎么开始研究

答：课题研究初始阶段，要做的事情主要有：

前期（文科）：

- **阅读相关文献**：了解类似研究的方法和范式。
- **与老师、同学沟通**：讨论研究思路、理论和方法。

前期（理工科）：

- **了解题目背景**：通过文献调研和与老师、同学交流，充分理解题目的立意、痛点和难点。
- **关注论证逻辑和数据**：在阅读文献时，特别注意论证过程和关键数据。
- **制订研究计划**：明确创新点，确定需要收集或分析的数据。

梳理课题框架：

- **现实痛点**：分析课题对社会、生产、人文等方面的影响。
- **关键问题**：确定关键科学问题、技术瓶颈或工程难题。
- **现有解决方案**：评估当前方案或技术的不足，作为课题的切入点。
- **关键指标**：明确课题中的关键指标，进行有针对性的研究。
- **解决方案**：提出自己的解决方案，并解释其优势和创新点。
- **技术/理论的延展性**：探讨技术在其他领域的应用潜力。

以国产芯片为例：

- **痛点**：国产芯片性能不足。
- **关键问题**：光刻技术精度不足，加工工艺尺度不达标。
- **现有解决方案**：研发高精度光栅、光腔等，但推广难且各有不足。
- **关键指标**：光刻工艺中的关键环节指标，如光刻液效率精度。

补充建议：

- **持续学习**：在研究过程中不断学习新知识，更新研究方法和理论。
- **灵活调整**：根据研究进展和反馈，适时调整研究计划和方向。
- **注重实践**：特别是理工科研究，实验和数据分析是不可或缺的部分。
- **规范记录**：详细记录研究过程和结果，便于后续分析和总结。

以上内容仅供参考，具体的研究方法和步骤可能因课题而异。希望这些建议能对您有所帮助。

6.1.7 为什么要先调查文献才能提出问题

答：在创新工作中，先调查文献再提出问题至关重要。这是因为：

首先，通过调查文献，我们可以拆解问题所属的学科领域，明确问题的专业背景和研究方向。这有助于我们更准确地定位问题，避免在错误的领域或方向上浪费时间。

其次，调查文献能让我们进入前人的话语体系，了解该领域的研究现状和发展趋势。这有助于我们站在巨人的肩膀上，借鉴前人的经验和智慧，避免重复研究或走弯路。

此外，通过了解前人的研究方法，我们可以掌握该领域的研究工具和技术手段，为解决问题提供有力的支持。同时，这也有助于我们发现新的研究方法和思路，推动创新的实现。

最后，调查文献还能让我们知道前人在解决该问题时已经做到哪一步、做到什么程度，以及他们通过哪些路径尝试过、成功还是失败了。这有助于我们评估问题的难度和可行性，避免盲目投入和浪费资源。

因此，先调查文献再提出问题是我们创新工作的必要步骤。通过深入了解前人的研究成果和经验，我们可以更准确地定位问题、借鉴前人的智慧、掌握研究方法，并为解决问题提供有力的支持。

6.1.8 如何提出问题

答：提出问题是创新的第一步，有效的提问能够引导我们找到有实际意义的解决方案。以下是两种主要的提出问题的方式：

- **实际需求/体验导向**：我们应从生活或生产场景的实际需求出发，关注其中存在的不足或短板。通过深入观察和体验，发现现有产品或服务中的问题，然后针对这些问题提出改进或创新的想法。例如，在日常生活中，我们可能会发现某些工具使用不便，或者某些服务流程烦琐，这些都是可以提出问题的点。

- **与老师/研究生交流**：与知识丰富、经验丰富的老师或研究生进行交流也是提出问题的好方法。通过口头或书面的方式，与他们分享我们的观察和思考，听取他们的意见和建议。在交流过程中，我们可以进行头脑风暴，集思广益，从不同的角度挖掘潜在的问题和创新点。这种交流不仅可以帮助我们完善问题的表述，还可以拓宽我们的视野，激发我们的创新思维。

综上所述，提出问题需要我们从实际需求和体验出发，关注生活或生产场景中的不足和短板，同时积极与老师或研究生交流，通过头脑风暴等方式挖掘潜在的问题和创新点。

6.1.9 如何细化和界定问题

答：细化和界定问题是确保研究或创新工作具有明确方向和可操作性的关键步骤。以下是细化和界定问题的核心要点：

细化需求：首先，我们需要深入理解实际需求和用户体验，通过细致的观察和调研，找出其中的不足或短板。然后，将这些不足或短板用规范化、学术化的语言进行表达，确保问题的描述准确、清晰，易于理解和研究。

借助文献聚焦和定量化问题：通过查阅相关文献，我们可以了解前人在该领域的研究方向和进展细节。这有助于我们进一步细分问题的方向，将问题聚焦在更具体、更可操作的层面上。同时，文献中的数据和量化方法也可以帮助我们定量化问题，使问题的描述更加精确和可衡量。

不断反馈和修正：在细化和界定问题的过程中，我们需要保持开放和批判性的思维，不断接受来自各方面的反馈意见。通过反馈和修正，我们可以不断完善问题的描述和界定，确保问题更加贴近实际需求和研究方向。同时，这也有助于我们实现问题的具象化，使问题更加生动、形象，易于理解和解决。

综上所述，细化和界定问题需要我们从实际需求和体验出发，通过查阅文献和不断反馈修正，将问题聚焦在更具体、更可操作的层面上，并用规范化、学术化的语言进行表达。这样，我们才能确保研究或创新工作具有明确的方向和可操作性，为后续的解决方案提供坚实的基础。

6.1.10 如何根据选题联系合适的指导教师

答：在寻找指导教师时，确实需要采取一些策略和方法来确保找到最适合自己研究方向和风格的指导教师。

- **校内外平台**：在学院的创新班导师制度、学分制导师、班主任、学术会议等平台上，努力和老师交流。
- **学院官网**：大多数学院的官网都会公布本院教师的信息，包括他们的研究方向、学术成果、联系方式等。学生可以通过浏览学院官网，找到与自己选题相关的老师，并主动联系他们。
- **文献作者**：当学生在阅读与自己选题相关的文献时，可以留意文献的作者信息。如果发现作者是本校的老师，那么可以通过文献中留下的邮箱或其他联系方式与作者取得联系，探讨合作的可能性。
- **口碑**：师兄师姐推荐、辅导员推荐。

6.1.11 如何评判选题的可操作性

答：判断一个选题是否具有可操作性，主要可以从以下几个方面进行考虑：

- **假设的明确性**：在确定选题之前，首先要明确自己的研究假设是什么。一个清晰的假设可以帮助你聚焦研究方向，避免在后续研究中迷失方向。
- **理论的适配性**：考虑选题是否有适配的理论框架。理论框架是研究的基础，能够为你的研究提供指导和支持。如果找不到合适的理论来支撑你的假设，那么选题的可操作性可能会受到质疑。
- **理论基础的充分性**：除了有适配的理论外，还需要确保这些理论有充分的基础。这意味着你需要对相关理论进行深入的学习和了解，确保它们能够为你的研究提供坚实的支撑。
- **研究方法的可行性**：考虑你想使用什么样的研究方法。不同的研究方法适用于不同的研究问题和情境。你需要确保所选的研究方法能够有效地收集和分析数据，以验证你的假设。
- **变量的可量化性**：如果你打算进行定量研究，那么需要确保研究中的变量是可以分解和量化的。这意味着你需要清晰地定义变量，并找到合适的方法来测量它们。
- **量表的可用性**：在定量研究中，量表是常用的数据收集工具。你需要考虑是否有现成的、经过验证的量表可以使用，或者你是否需要自己开发量表。如果没有合适的量表可用，那么你可能需要投入更多的时间和精力来开发新的量表，这可能会影响研究的可操作性。

- **研究步骤的清晰性**：在开始研究之前，尝试将研究的每个步骤都清晰地规划出来。这包括文献回顾、数据收集、数据分析、结果解释等。如果你发现某个步骤难以实施或存在不确定性，那么可能需要进一步细化选题或调整研究设计。

总之，判断一个选题是否具有可操作性需要综合考虑多个方面。只有在确保假设明确、理论适配且充分、研究方法可行、变量可量化且有合适量表可用以及研究步骤清晰的情况下，才能认为该选题具有较高的可操作性。同时，在选题上，无论花费多长时间进行规划和准备，都是非常必要的，因为一个好的选题是研究成功的重要基础。

6.2 如何查阅文献

6.2.1 如何检索和下载论文

答：以四川大学为例，目前可访问文献数据库 329 个（中文数据库 123 个、外文数据库 206 个），拥有电子期刊 11 万余种、电子图书 370 余万种。下载中文论文可以选择中国知网、维普、万方等全文数据库，下载外文论文可以选择谷歌学术（Google Scholar）、IEEE Xplore、ScienceDirect、ProQuest、SpringerLink、Wiley 等综合型全文数据库，也可以选择 ACS（美国化学会）、APS（美国物理学会）、IEEE（美国电气与电子工程师协会）等特定学科的权威数据库。

此外，越来越多的作者开始把一些研究成果通过预印本平台进行论文的发布，因此通过这些平台往往可以检索和下载最新的文献资料，比如 arXiv、bioRxiv、MedRxiv 等。

但在下载论文时，需注意：根据国际国内知识产权保护有关法律法规以及图书馆与资源提供商签订的服务合同规定，用户不允许恶意、批量下载文献，也不得用于任何商业用途。

从哪里可以得到图书馆的专业辅导？

答：大学图书馆通常会提供专业的辅导、讲座等。以四川大学为例，明远学术讲座可以预约线下听讲，通过超星直播平台观看同步网络直播，在超星平台和哔哩哔哩观看回放，下载课件。2024 年春夏季明远学术讲座按主题分为 9 个系列：新生专题系列、基础服务系列、生成式 AI 系列、信息资源系列、实用工具系列、知识产权系列、研究生系列、信息辨析系列、典籍探秘系列。

6.2.2　如何辨别文献质量

答：辨别文献质量的好坏是科研工作中的一项重要技能。以下是一些实用的方法：

查看期刊的国际声誉：国际声誉良好的期刊通常发表的文献质量较高。可以通过期刊的影响因子进行初步判断，一般来说，影响因子较高的期刊文献质量相对较好。

选择专业性期刊：领域内的代表性学术期刊往往对论文的细节要求较高，因此上面发表的研究性论文质量通常较好。可以通过查阅领域内的权威期刊目录或咨询专家来了解哪些期刊具有较高的专业性。

关注研究团队和通讯作者：学术声誉和学术成就较高的研究团队通常能够发表高质量的文献。因此，在选择文献时，可以关注研究团队的背景和通讯作者的学术经历，这有助于判断文献的可靠性。

综上所述，辨别文献质量好坏需要综合考虑期刊声誉、专业性和研究团队等多个因素。通过查阅权威期刊、关注研究团队背景和利用学术评价工具等方法，我们可以更有效地筛选出高质量的文献，为科研工作提供有力支持。

6.2.3　面对海量文献，每篇都要精读吗

答：面对海量文献，确实不可能每篇都进行精读。有效的阅读策略应该是**精读与泛读相结合**，以提高时间利用效率并全面了解研究领域。

精读可以使我们对文章内容有深入、系统的理解，掌握文章的核心观点、研究方法、数据来源等关键信息。这对于深入研究某个领域或主题是非常必要的。

然而，精读需要花费较多的时间和精力，如果每篇文献都进行精读，可能会导致在有限的时间内阅读的篇数不够多，无法全面了解研究领域。

因此，泛读也是非常重要的。泛读可以帮助我们快速浏览大量文献，了解研究领域的整体状况、发展趋势、不同观点等。通过泛读，我们可以筛选出与自己研究兴趣或主题相关的文献进行精读，从而提高阅读效率。

在实际操作中，可以先对领域内的几篇核心的高质量期刊进行精读，以掌握领域的核心架构和知识体系。这些核心期刊通常具有较高的学术价值和影响力，能够代表该领域的研究水平和方向。同时，辅以略读其他相关文献，以广泛了解领域内的研究动态和不同观点。

总之，精读与泛读相结合是面对海量文献时的有效阅读策略。通过精读掌握核心知识，通过泛读了解整体状况，可以使我们在有限的时间内获得更多的信息和知识。

6.2.4 怎么找到关键论文

答：判断关键论文的标准可以从外部指标和实质内容两方面来看。

外部标准上，被引次数是一个重要的衡量指标。一篇论文被其他研究频繁引用，通常意味着该论文在该领域具有较高的影响力和认可度。被引次数多的论文往往代表了该领域的重要进展或核心观点。

从实质内容上看，高质量论文通常具有开创性研究的特点。比如它们可能提出了新的原理、新的靶点或新的合成方法，这些创新点能够带来一批新的应用、启发一批药物或合成一批新分子。这些论文不仅仅是对现有知识的增补，更是推动了整个领域的发展和进步。

综上所述，关键论文和高质量论文的判断标准包括外部的被引次数和实质内容的创新性及影响力。这些论文在推动学科发展、指导实际应用等方面发挥着重要作用。

此外，论文发表的期刊和会议本身的级别往往也能反映文献的水平，可以通过中科院分区、JCR 分区、CCF 分级、川大期刊分级等方面判断期刊和会议级别，当然也不排除一些质量一般的文章也可能发表在高水平期刊和会议上，所以还需要上面提到的外部指标和实质内容进行辅助判断。

6.2.5 如何快速找到关键信息

答：快速阅读论文并找到所需信息的关键在于明确阅读目的和选择性地阅读论文的不同部分。首先，明确你的阅读目的，是为了了解研究背景、研究问题、研究方法还是研究结果。然后，根据目的选择性地阅读论文的相应部分。

- 如果想了解研究背景，重点阅读引言部分，了解作者提出的研究问题和相关领域的研究现状。
- 如果关注研究问题和假设，仔细阅读引言和研究问题部分，理解作者的研究动机和目标。
- 若对研究方法感兴趣，重点阅读方法部分，了解作者采用的研究设计、数据收集和分析方法。
- 如果想要了解研究结果和结论，直接跳到结果和讨论部分，查看研究的主要发现和作者的解释。

在阅读过程中，注意标记重要信息，如关键观点、重要数据和相关引用，以便后续整理和引用。同时，保持批判性思维，对作者的观点和结论进行审慎评估。通过明确目的和选择性阅读，你可以更高效地获取论文中的有用信息。

6.2.6 如何循序渐进地读文献

答：阅读文献是科研和学习中的关键步骤，需要有条不紊地进行。以下是一个循序渐进的方法：

- **从导论性书籍开始**：阅读本领域的导论性书籍，这有助于熟悉基本概念和知识体系。虽然百度百科等途径也可以提供初步信息，但专业书籍更能确保准确性。
- **利用学位论文的绪论部分**：硕/博士学位论文的绪论部分通常会对本领域的总体进展进行概述。这部分内容相对容易入门，对于初学者来说非常有用。
- **挑战大型综述**：一旦对领域有了基本了解，可以尝试阅读本领域的大型综述，尤其是英文综述。虽然阅读难度较大，但收获也会非常多，有助于全面了解领域的研究现状和未来趋势。

- **深入研究特定问题的论文**：针对特定聚焦问题的研究论文（Research Article）是科研工作中的重要文献。在阅读这类文献时，需要带着问题批判性地阅读，注意理解作者的研究方法、实验设计和结论等。
- **不断深化**："书籍—学位论文—研究论文"三者相辅相成，需要不断循环阅读。随着对领域的了解加深，可以更加有针对性地选择文献进行深入研究。同时，也要注意随时更新自己的知识体系，关注领域内的最新研究进展。

总之，阅读文献需要循序渐进地进行，从基础到深入，不断积累知识和经验。通过合理的阅读方法和策略，可以更加高效地利用文献资源，促进自己的学习和科研工作。

6.2.7 期刊与学位论文，应着重读哪类

答：在进行项目前期文献调研准备阶段，期刊文献和学位论文都是我们需要查询和阅读的重要资料。然而，在实际操作应用时，两者各有侧重点。

学位论文通常较为系统地介绍了一个研究领域或课题的背景、研究问题、研究方法、实验结果和结论等。它们往往具有较为完整的研究框架和思路，能够帮助我们从宏观上整体认识和理解所涉及研究的整体构架，以及完成这类研究所需要进行的大致步骤。因此，在阅读学位论文时，我们可以重点关注其研究思路、方法选择以及实验设计等方面，以获取对项目的整体把握和启发。

而期刊论文则更注重具体的研究问题和实验结果，通常包含更为深入的实验数据分析、方法优化或新发现等。它们可以为我们在进行具体实验时提供对某类实验方法选择或实验数据分析过程的参考和帮助。因此，在阅读期刊论文时，我们可以重点关注其实验方法、数据分析以及结论等方面，以获取对项目中具体实验环节的指导和借鉴。

综上所述，期刊文献和学位论文在项目中各有其重要性。我们可以根据项目具体需求和实际情况，有选择地参考这两类文献，以获取全面而深入的信息支持。

6.2.8 整理、阅读文献如何更高效

答：拿到文献后，有效地汇总、整理和阅读是确保研究效率和质量的关键。以下是一些建议，以帮助更加高效地处理文献信息：

- **建立文献整理体系**：为了快速锁定相关信息并形成知识体系，首先需要建立一个文献整理体系。可以使用专业的文献管理软件，如EndNote、NoteExpress等，这些工具可以帮助您整理、归类和引用文献。如果更喜欢手动管理，也可以使用文件夹进行分类存储。手动管理文献时可考虑为文件重命名，方便更加一目了然地查找文献，而不必在文件夹中来回往返。例如，在文件名前用中括号标注重点、核心词或内容提炼。

- **多样化分类方式**：在整理文献时，可以采用多种分类方式以适应不同的研究需求。例如，可以根据文献与研究内容的相关性进行分级，将高度相关的文献放在一起，以便重点阅读。此外，还可以按照不同的研究内容或技术进行分类，将使用相同技术的文献归为一类，有助于更深入地了解该领域的研究现状。

- **精读与略读相结合**：在文献汇总后，对于与研究方向高度相关的文献，建议进行精读。仔细阅读文献的研究内容、研究结果和解释等部分，并做好相应的笔记。记录理解和思考，以及文章的重要信息（如文章名称、作者等），方便日后查阅和引用。对于相关性较弱的文献，可以采用略读的方式，主要阅读文章的题目、摘要和结论等部分，以获取大致了解。

通过以上方法，可以更加有效地进行现有文献研究的汇总、整理和阅读，提高研究效率和质量。

6.3 怎么写评述、前言、研究背景

6.3.1 评述重要吗

答：评述在科学研究和学术写作中扮演着至关重要的角色。它不仅是立项依据的背景，更是我们理解问题、提出问题的基础。通过评述，我们可以从文献中了解别人如何理解问题、提炼科学问题、采用何种方法以及研究达到的程度。这有助于我们站在前人的肩膀上，避免重复研究，发现新的研究问题和方向。

6.3.2 如何评述

答：评述应简洁明了，重点突出。首先，要明确评述的目的和范围，确定要评述的主题和关键点。其次，要全面收集相关文献，进行仔细阅读和分析，理解作者的研究思路、方法和结论。在评述时，要客观公正地评价文献的优缺点，指出其中的不足和需要改进的地方。同时，也要结合自己的研究问题和方向，提出新的观点和看法。最后，要将评述的内容进行整理和归纳，形成条理清晰的文字表述。

通过有效的评述，我们可以更好地理解研究问题的本质和现状，为自己的研究打下坚实的基础。同时，也可以为学术界提供有价值的参考和借鉴，推动科学研究的不断进步和发展。

6.3.3 表格里的"项目的立项依据"怎么填

答：项目的立项依据就是文献评述。表格通常说明：

【理工医科】研究意义、国内外研究现状及发展动态分析，需要结合科学研究发展趋势来论述科学意义，或结合国民经济和社会发展中迫切需要解决的关键科技问题来论述其应用前景。附主要参考文献目录。

【哲学社会学科】国内外相关研究的学术史梳理及研究动态，本课题相对于已有研究的独到学术价值和应用价值等。附主要参考文献目录。

填好这部分，我们建议：

该部分将展示申请人对所申报课题的熟悉程度、研究积累、驾驭能力和独到见解，学生需要在指导教师指导下，学习利用图书馆和其他线上资源，查阅文献，尽可能学习和引用一流专家、权威杂志的近期成果，精读与泛读结合。项目立项建立在充分调研文献基础上，研究内容和过程中应不再包括文献调研。

梳理相关研究学术史、国内外研究现状、分析发展动态要准确、全面、系统、深入、简洁、逻辑清晰、层次分明，剔除所有不必要的知识细节、理论和概念，不要让相关性不大的内容掩盖了重要内容的表现力。述评结合，忌空泛的自我评价，慎用"填补空白、原创第一"等词句。

立论依据要非常突出：理论性课题一定要有新观点，应用性一定要实用，与现有理论或方法相比具有明显的先进性。请注意区分本项目所在"领域"相比于其他"领域"的特点和本研究相比于"最相邻项目成果"的特色创新点，把本项目相比于他人工作的"增量"部分当作核心来描述立项依据，充分比较，深刻分析，提出自己对研究现状的评判。

重要的论点要有文献标注。

AI 试试看

问：我是化学专业的学生，我刚学了有机化学课程，觉得有机光电材料有意思，准备参加大学生创新创业计划的创新项目，能帮我在有机光电材料领域罗列几个选题方向吗？

文心一言答：有机光电材料是一个充满创新机遇的领域，它结合了有机化学和光电物理学的知识，为新型电子和光电子器件的开发提供了丰富的可能性。以下是一些建议的有机光电材料领域的选题方向，供您参考：

1. 高效有机太阳能电池材料的开发与优化

研究有机太阳能电池中的活性层材料，通过分子设计、合成与表征，提高光电转换效率及稳定性，可以探索新型给体-受体体系的搭配，或开发非富勒烯受体材料。

2. 有机发光二极管（OLED）材料的创新与应用

研究用于 OLED 显示和照明的高效有机发光材料，如磷光 OLED、热激活延迟荧光（TADF）OLED 等，可以致力于提升色彩纯度、亮度、效率和稳定性。

3. 柔性有机电子器件的材料研究

探索适用于柔性电子产品的有机半导体材料，如可穿戴设备、电子皮肤等。研究可弯曲、可拉伸的有机导体和半导体材料，以满足新一代电子设备的需求。

4. 有机光探测器与光电传感器的材料开发

针对有机光探测器的灵敏度、响应速度和光谱范围等关键性能，设计和合成新型有机光电材料，研究其在环境监测、生物医学和成像技术中的应用。

5. 有机场效应晶体管（OFET）的高性能材料探索

研究和开发适用于 OFET 的高迁移率有机半导体材料，探索其在逻辑电路、射频识别和大规模集成电路中的潜在应用。

6. 有机热电材料的开发与能量收集应用

研究有机热电材料，通过提高塞贝克系数和降低热导率，实现高效的热电能量转换。这类材料在废热回收、微型能源供应等方面有应用前景。

7. 有机-无机杂化光电材料的合成与性能研究

结合有机和无机材料的优点，设计和合成有机-无机杂化光电材料，以获得优异的光电性能和稳定性。

8. 生物兼容性有机光电材料及其在生物医学中的应用

开发具有生物兼容性和生物活性的有机光电材料，探索其在生物成像、光动力治疗、生物传感器等领域的应用。

在选择具体的研究方向时，建议考虑实验室的条件、导师的研究方向，以及个人的兴趣和长期目标。同时，文献调研也是非常重要的一步，通过了解领域内的研究热点和未解决的问题，可以更好地定位自己的研究方向。

问：有机发光二极管（OLED）材料现在主要问题是什么？有机化学的突破点是什么？

文心一言答： 有机发光二极管（OLED）材料现在主要的"卡脖子"问题可以归结为几个方面：首先，蓝光 OLED 材料的效率和稳定性尚未达到理想水平，这限制了 OLED 在全色显示和照明领域的应用；其次，OLED 材料的生产成本相对较高，导致 OLED 产品的价格不够亲民，难以在市场中占据主导地位；最后，OLED 材料的专利布局主要由美、日、韩等国家的企业所掌控，对国内企业的发展构成了一定的壁垒。

针对这些问题，有机化学的突破点可以包括以下四个方面：

1. 蓝光 OLED 材料的创新

通过分子设计和合成策略，开发出兼具高效率和高稳定性的蓝光 OLED 材料。例如，可以探索新型的分子结构、引入稀土元素或设计能量传递机制等，以提升蓝光 OLED 的性能。

2. 降低生产成本

改进 OLED 材料的合成方法，提高合成效率，降低原料成本和能耗。同时，开发可适用于大规模生产的工艺技术，如喷墨打印、卷对卷生产等，以进一步降低 OLED 面板的制造成本。

3. 突破专利壁垒

加强国内企业在 OLED 材料领域的自主研发能力，通过创新性的分子设计和合成路线，绕过现有专利布局，形成具有自主知识产权的 OLED 材料体系。同时，鼓励国内企业加强国际合作，共同推动 OLED 技术的发展。

4. 提升材料的环境稳定性

针对 OLED 材料易受潮、易氧化等问题，开发具有优异环境稳定性的新型 OLED 材料。例如，可以引入具有防潮、防氧化功能的官能团或设计特殊的分子结构来提升材料的稳定性。

综上所述，有机化学在 OLED 材料领域的突破点主要集中在蓝光 OLED 材料的创新、降低生产成本、突破专利壁垒，以及提升材料的环境稳定性等方面。这些突破点的实现将有助于解决当前 OLED 技术面临的"卡脖子"问题，推动 OLED 技术的广泛应用和产业化进程。

问：如果我想在一年内取得有一点点价值的成果，能不能做"一种蓝光 OLED 有机发光材料的设计与合成"呢？

文心一言答：如果您想在一年内取得有一定价值的成果，选择"一种蓝光 OLED 有机发光材料的设计与合成"作为研究方向是可行的，但也需要考虑以下几个方面：

首先，蓝光 OLED 有机发光材料是当前 OLED 技术领域的一个研究热点和难点，其性能的提升对于 OLED 显示和照明技术的发展具有重要意义。因此，如果您能够成功设计和合成出一种性能优异的蓝光 OLED 有机发光材料，这将是一项有价值的成果。

其次，为了在一年内取得成果，您需要有一个明确的研究计划和实验方案，并且需要具备一定的有机化学和光电材料方面的基础知识和实验技能。此外，您还需要对 OLED 技术的基本原理和现有蓝光 OLED 材料的性能限制有深入的了解，以便更好地进行分子设计和性能优化。

最后，需要注意的是，OLED 材料的研究和开发是一个复杂而耗时的过程，涉及多个学科的知识和技术。因此，即使您有一个很好的想法和实验方案，也需要耐心和毅力去面对实验中的挑战和困难。同时，建议您在研究过程中积极寻求导师或同行的帮助和建议，以便更好地解决问题和推进研究进度。

综上所述，"一种蓝光 OLED 有机发光材料的设计与合成"是一个具有挑战性和价值的研究课题，如果您具备相关的基础知识和实验技能，并且有一个明确的研究计划和实验方案，那么在一年内取得有一定价值的成果是可行的。

问：OLED 用的有机蓝光分子有哪几种类型？各有什么不足？

文心一言答：OLED 用的有机蓝光分子主要包括蒽类、芴类和苯乙烯类等类型。这些分子在 OLED 中发挥着关键作用，但各自也存在一些不足之处。

1. 蒽类蓝光分子

蒽类材料是一类重要的蓝光发射材料，具有较宽的能隙和较高的荧光量子效率。然而，蒽类材料在固态下往往存在浓度猝灭问题，即随着浓度的增加，发光效率会降低。此外，蒽类材料的稳定性也相对较差，容易受到氧气和水的影响而降解。

2. 芴类蓝光分子

芴类材料是另一类常见的蓝光发射材料，具有较高的热稳定性和化学稳定性。然而，芴类材料在 OLED 中的应用受到其宽谱带发射的限制，导致色纯度不够高。此外，芴类材料还存在自吸收问题，即发射的光子可能被相邻的分子吸收，从而降低发光效率。

3. 苯乙烯类蓝光分子

苯乙烯类材料是一类具有刚性结构的蓝光发射材料，通常具有较高的荧光量子效率和较好的色纯度。然而，苯乙烯类材料的热稳定性相对较差，长时间工作或在高温环境下容易导致性能下降。此外，苯乙烯类材料的合成和提纯过程也相对复杂，增加了生产成本。

需要注意的是，以上不足并非绝对，随着科研技术的进步和新材料的开发，这些问题正在逐步得到解决。例如，通过分子设计、合成方法的改进以及器件结构的优化等手段，可以提高这些蓝光分子的性能并克服其不足。

注意：文心一言不具有联网查资料功能，它提供的回答需要查证后使用。

问：OLED 蓝光有机分子分为哪几类？各有什么优缺点？

秘塔答：OLED 蓝光有机分子主要分为两大类：小分子 OLED 和高分子 OLED（也称为 PLED）。这两种类型的 OLED 在性能上各有优缺点。

小分子 OLED 的优点包括成本低、发光亮度强等，但这些特点使得它们在某些应用中具有优势，如高端显示技术。然而，小分子 OLED 的缺点也很明显，主要是因为其分子量较小，导致其在长期使用过程中可能会出现降解速度更快的问题，这会导致整体发光度衰减很快。

高分子 OLED（PLED）的优点在于它们通常具有更好的稳定性和较长的使用寿命，这是由于它们的分子量较大，结构更为稳定。此外，高分子 OLED 还可能提供更广泛的视角和更低的功耗。然而，与小分子 OLED 相比，高分子 OLED 的成本可能更高，且在某些情况下可能无法达到相同的亮度水平。

总的来说，选择哪种类型的 OLED 蓝光有机分子取决于具体的应用需求，包括成本、寿命、稳定性以及所需的亮度等因素。小分子 OLED 因其高性能而适用于高端市场，高分子 OLED 则因其良好的稳定性和较长的使用寿命而在其他应用场景中占有一席之地。

高阶训练

按照项目申报书的研究背景部分要求，撰写文献综述，含参考文献（不少于 10 条）。

第 7 章 创新二级成熟度：立项申报

学习目标

价值目标：初步建立实事求是、假设驱动的科学精神，初步构建具有创造力的团队精神。

能力目标：学会编制立项申报书，尤其是其中的"拟解决问题""研究内容""创新点"和"摘要"。

知识目标：了解创新课题论证文本的主要结构和写法。

7.1 如何写立项申报书

7.1.1 为什么要写立项申报书

答：立项申报书的撰写与评审对于个人和团队来说都具有重要意义。

- **校对价值判断**：通过参与申报书的撰写，可以重新审视和调整项目的价值观，确保项目目标与个人或团队的核心理念相一致。
- **校准研究目标**：申报书的撰写过程有助于明确项目的具体目标和阶段性成果，从而确保项目实施的方向性和针对性。
- **弥补知识不足**：在撰写申报书时，需要收集和分析大量相关资料，这一过程有助于弥补个人或团队在某一领域的知识面不足。
- **获得方法提示**：通过申报书的评审和反馈，可以获得更多关于项目实施方法、路径和策略的提示和建议，有助于优化项目方案。
- **锻炼论证过程**：申报书的撰写需要经历从现状分析、目标设定到实施方案制定等完整的论证过程，有助于提升个人或团队的逻辑思维和问题解决能力。

- **厘清自己的思路**：通过参与申报书的撰写和评审，可以进一步厘清自己对项目的理解和思路，为后续的项目实施奠定坚实的基础。
- **凝聚团队共识**：深入的交流和讨论可以使团队成员明确项目目标、价值和实施路径，并认清个人角色与责任，从而更积极地参与实施，增强团队的凝聚力和信任。

7.1.2 立项申报书的常见模版下载

大创申报书、中期检查报告、结题报告优秀案例 1：

KNN基无铅压电陶瓷组分设计与温度稳定性的关联研究-申报书　　KNN基无铅压电陶瓷组分设计与温度稳定性的关联研究-中期检查报告　　KNN基无铅压电陶瓷组分设计与温度稳定性的关联研究-项目结项报告

大创申报书、中期检查报告、结题报告优秀案例 2：

可调、宽带、负光响应的离子凝胶栅控MoS(2)光电晶体管-申报书　　可调、宽带、负光响应的离子凝胶栅控MoS(2)光电晶体管-中期检查报告　　可调、宽带、负光响应的离子凝胶栅控MoS(2)光电晶体管-项目结项报告

7.1.3 怎么写立项申报书

答：参见《四川大学大学生创新训练计划项目申报书模版》（辅导版）。

四川大学大学生创新训练计划项目申报书模版（辅导版）

7.1.4 立项申报书最不该怎么做

答：在撰写立项申报书时，需要避免的负面因素包括以下四个方面：

- **网络抄袭**：这是学术不端行为的一种，会严重损害研究者的信誉和项目的价值。申报书中的所有内容，包括研究背景、研究内容、研究方法等，都应该是研究者自己的思考和总结，而不是简单地从网络上复制粘贴。如果引用他人的观点或成果，一定要明确引用来源，并遵守相关的引用规范。

- **等、靠、要**：这是指在项目申报过程中，研究者过于依赖外部支持，缺乏主动性和创新性。具体来说，"等"是指等待机会或他人的帮助，而不是主动去寻找和创造机会；"靠"是指过分依赖他人的资源或经验，而不是依靠自己的能力和努力；"要"是指只关注自己需要什么，而不是考虑自己能为项目贡献什么。这种态度会导致研究者在项目申报和实施过程中缺乏积极性和责任感，不利于项目的成功完成。

- **内容空洞、不切实际**：申报书的内容应该具体、明确，具有可行性和可操作性。避免使用过于笼统或模糊的语言，以免给评审专家留下不专业或不负责任的印象。

- **格式不规范、排版混乱**：申报书的格式和排版应该符合相关的要求和规范，字体、字号、行距等要统一，页面布局要合理。避免出现错别字、语法错误等低级错误，以免影响申报书的整体质量和形象。

总之，撰写立项申报书时，需要认真、细致、负责，确保内容真实、可信、有价值，格式规范、整洁、美观。这样才能提高项目的立项成功率，为研究的顺利进行打下良好的基础。

7.2 如何写"拟解决的问题"

答：写"拟解决的问题"时，需要精确而具体地描述出你计划通过项目或研究解决的核心问题。首先，要清晰定义问题的本质和范围，确保问题具有明确的界定；其次，使用具体、可量化的语言描述问题，包括相关的参数和指标，以便后续评估和验证解决方案的效果；最后，将问题与项目的目标和意义紧密相连，突出解决该问题对于推动领域发展、解决实际问题或满足需求的重要性。

7.2.1 为什么先写"拟解决的问题"

答：先写"拟解决的问题"对于科学研究和项目实施至关重要。首先，明确问题是进行科学假设和实验设计的基础。只有清楚了解要解决的问题，才能有针对性地提出假设、设计实验方案并收集数据。其次，问题的解决是推动科学进步和技术发展的关键。通过解决具体、有挑战性的问题，我们可以推动相关领域的知识积累和技术创新。最后，明确问题有助于聚焦资源和精力。在项目或研究中，资源和时间通常是有限的，因此将精力集中在解决核心问题上，可以提高效率并更容易取得显著成果。

7.2.2 "拟解决的问题"怎么写

答：【理工医科】在填写项目拟解决的关键科学问题时，首要任务是透过现象看本质，找到研究中最核心、最具挑战性的科学问题。这些问题应具有较深的理论性和科学意义，能够引领整个研究方向。为确保问题的凝练和准确性，建议在完成研究方案和创新点后再进行总结。

以寻找"上帝粒子"为例，关键科学问题可以表述为："本研究旨在通过对撞机实验方法，探索并验证'上帝粒子'的存在性，以及该方法在粒子发现中的有效性。"这样的问题既具有科学深度，又明确了研究方法和目标。

同时，拟解决的关键科学问题应与创新点紧密相连，描述为实现创新点所需解决的具体问题。例如，创新点可以是新的信号分析技术或评价标准，而对应的关键科学问题则是如何应用这些技术或标准来有效地发现"上帝粒子"。

【哲学社会科学】在哲学社会科学领域，填写项目拟解决的关键科学问题时，应注重以下几点：

- **明确研究对象和问题意识**：首先确定研究的核心对象和主要问题，确保研究具有明确的目标和边界。
- **构建合理的内容框架**：根据研究对象和问题，构建一个逻辑严密、层次合理的内容框架，以支撑整个研究。
- **具体化目标体系**：将研究目标具体化为可操作的条目，每条目标都应有明确的主旨句进行概括，并稍加阐述以说明其重要性。
- **避免使用教材或专著章节目录**：在填写关键科学问题时，应尽量避免直接引用教材或专著的章节目录，而是要用自己的语言进行概括和阐述。

综上所述，无论理工医科还是哲学社会科学，填写项目拟解决的关键科学问题时都应注重问题的凝练、准确性和科学性，确保问题能够引领整个研究方向并取得实质性进展。

7.2.3 "提出问题"与"拟解决的问题"的区别是什么

答："提出问题"与"拟解决的问题"在一定程度上是相关的，但它们有着明显的不同点：

- **阶段不同**：提出的问题通常是在研究的开始或过程中，当遇到不了解、不确定或需要进一步探索的情况时产生的。拟解决的问题则是在问题被提出之后，经过初步分析、研究，被认为是值得深入探讨并有可能得到解决的那些问题。
- **范围与深度不同**：提出的问题可能是广泛的、初级的或表层的疑问。拟解决的问题往往是经过筛选、细化和深入考虑后确定的具体问题，这些问题更有可能引导实质性的研究或工作成果。
- **解决方案的确定性不同**：对于提出的问题，解决方案可能是未知的或多种多样的。而拟解决的问题通常已经有了一定的研究方向或初步的解决方案设想，需要进一步的实验、研究或工作来验证和实现。

- **文档或计划中的体现不同**：提出的问题可能随时随地产生，不一定会在正式的文档或计划中体现。拟解决的问题则通常会明确地写入研究计划、项目计划、论文大纲等正式文档中，作为工作或研究的明确目标。

7.2.4　什么叫科学假设

答：科学假设是在科学研究过程中，基于已有知识、观察和实验结果，对未知现象、规律或理论提出的初步设想或推测。这个假设需要落实具体场景，即明确在何种条件下该假设成立；同时，假设中应包含可量化的参数，以便进行实验设计和结果评估；最重要的是，科学假设必须是可验证的，即能够通过实验、观察或逻辑推理等方式进行验证或反驳。

7.2.5　什么是"假设驱动"的科学精神

答："假设驱动"的科学精神是指在科学研究中，以提出和验证假设为核心动力和方法论原则的精神态度。这种精神强调科学家在面对未知时，应勇于提出假设，并通过严谨的实验设计和数据分析来验证或修正这些假设。在这个过程中，科学家需要保持开放的心态，不断接受新的证据和挑战，以推动科学知识的进步和发展。

"假设驱动"的科学精神还体现在对已有知识的不断质疑和反思上，以及对新思想、新方法的积极探索和尝试上。这种精神是科学发展的不竭动力，也是科学家们不断追求卓越、推动人类文明进步的重要支撑。

7.3　如何写"研究内容"

7.3.1　研究内容重点写什么

答：研究内容通常指项目拟解决的关键科学问题，设计实验方法、数据收集分析、假设验证步骤、预期结果等，要有总体框架、重点难点、主要目标等清晰的结构。重点是具体详细地描述验证假设的步骤。这些步骤应该清晰、逻辑性强，并且具有可重复性，以便其他研究人员能够理解和复制实验。以下是一些关于如何具体描述验证假设步骤的建议：

- **明确科学问题、科学假设**：简要重述研究假设，确保读者清楚理解假设的内容和目标。

- **设计实验方法**：详细描述实验的设计，包括实验类型（如实验室实验、田野实验、案例研究等）和实验设置（如实验条件、控制组与实验组等）。阐明将如何操作实验以收集数据，包括使用的工具、技术和程序。

- **数据如何收集**：说明将如何收集数据，包括数据的类型（如定量数据、定性数据）、来源（如实验对象、文献、数据库等）和收集方法（如问卷调查、实验观测、文档分析等）。

- **数据如何分析**：描述将如何分析收集到的数据以验证假设，包括使用的统计方法、数据分析软件、比较和解释数据的标准等。如果可能，提供预期的分析结果或分析结果的范例。

- **假设验证的具体步骤**：按逻辑顺序列出验证假设的具体步骤，每一步都应详细说明，包括实验操作的细节、观察的重点、数据记录的方式等。确保这些步骤足够具体，以便其他研究人员能够准确复制实验过程。

- **预期结果与讨论**：虽然研究内容部分主要关注实验设计和验证步骤，但也可以简要提及预期的实验结果和这些结果如何支持或反驳假设。讨论可能遇到的问题、局限性以及如何解决这些问题或减轻这些局限性对研究结果的影响。

通过具体详细地描述这些步骤，研究内容部分将为读者提供一个清晰的研究路线图，有助于他们理解实验的逻辑、可行性和潜在影响。

7.3.2 什么是研究方案

答：研究方案是研究内容的详细规划和实施策略，它具体描述了研究者将如何进行实验、收集和分析数据，以解答研究问题并验证研究假设。简而言之，研究方案要解决的是"怎么做"这个问题。

7.4 如何写"创新点"

答：写"创新点"时，应明确、具体地阐述项目或研究中的新颖之处，以及这些创新如何推动领域的发展或解决实际问题。创新点指新观点、新领域、新问题、新方法、新角度、新材料、新论证等。阐述本项目与"最临近"研究成果相比的特色创新之处，而不是研究领域的特点，是本项目相比于他人工作的"增量"部分。在描述创新点时，要注意以下几点：

- **聚焦核心**：突出项目或研究中最具创新性和重要性的方面，避免罗列过多细节或次要内容。

- **明确对比**：将创新点与已有研究或常规做法进行对比，凸显其独特性和优势。

- **提供证据**：为创新点提供充分的理论支持、实验数据或实际应用案例，证明其有效性和实用性。

7.4.1 为什么创新点最难写

答：创新点之所以难写，主要有以下几个原因：

- **夸大与缩小的风险**：在描述创新点时，研究者容易陷入夸大或缩小的误区。夸大创新点可能导致评阅专家产生怀疑或不服气的情绪，而缩小创新点则可能使其显得平淡无奇，无法凸显项目的真正价值。

- **对相关研究工作掌握不足**：要准确写出创新点，需要对相关领域的研究工作有深入的了解和掌握。只有充分了解前人的研究成果和不足之处，才能找到真正的创新之处。然而，这往往需要大量的文献调研和深入分析，是一项耗时且具有挑战性的任务。

- **难以界定"人无我有、人有我优"的点**：在科学研究中，很多创新点可能并不是全新的想法或方法，而是在已有基础上的改进或优化。因此，要准确界定什么是"人无我有、人有我优"的点并不容易。这需要研究者具备敏锐的洞察力和深厚的专业知识，能够从细微之处发现创新的价值所在。

为了写好创新点，研究者需要充分掌握相关领域的研究动态和前沿进展，同时保持谦虚和开放的态度，愿意接受同行的评价和建议。在描述创新点时，要力求客观、准确、具体，避免夸大或缩小其实际价值。

7.4.2 示例说明创新点怎么写

答：以科学假设"在某临床问题，靶标 X 分子通过介导 Y 通路（分子）产生 Z 效应"为例来说明：

- 先问自己，X 分子具有 Z 效应是不是申请人在本项目中将要达成的发现，如果是，此为创新点 1。

- 再问自己，X 分子通过介导 Y 通路发挥 Z 效应，其中的机制是不是申请人将通过本项目而原创，如果是，此为创新点 2。

- 然后，问一问 X→Y→Z 调控通路是否在此问题中是一种新机理解释？如果是，可作为创新点 3。

- 最后，结合临床问题，探讨 X 分子是否具有临床转化价值，解决了前人没有解决的问题？如果申请人首次提出其临床相关性，可视为创新点 4。

创新点不宜多，国家自然科学基金青年基金一般有 2~3 项创新点足矣，面上项目 3 项创新点则恰到好处，上述创新采纳 2~3 条即可，无须全部罗列。

到了这个阶段，你会发现科学假设原创的重要性，如果申请人过多借鉴了文献中的思路，甚至照搬靶标分子和通路，就会发现无法总结出那么多条创新点，临床、科学问题不新颖，靶标分子也有相关报道，这种情况下只能尝试从研究方法、模型、观察指标等细节入手寻找创新点。比如：

- 申请人应用了比较新的基因操作方法，以此实现特异性的靶基因调控。

- 申请人构建了原发性的疾病模型，相比于诱导性模型能够更好地模拟人的疾病发展。

对于大创，即使是小小的突破，也值得尊重和珍视。上文提供了一种前后逻辑一致的创新性总结办法，肯定不是唯一。接下来别忘了拟解决关键科学问题与创新点相互呼应的关系：

- X 分子是否具有影响 Z 效应的功能表型，观点原创则可作为**第 1 个关键科**

学问题。

- X 分子发挥作用的通路和分子机制，观点原创则可作为**第 2 个关键科学问题**。

- X→Y→Z 的信号轴是否是理解科学问题的一种新机理？作为**第 3 个关键科学问题**。

- X 分子是否具有临床上转化为分子标志物的意义？作为**第 4 个关键科学问题**。

应用研究方案中的精细设计获得实验证据，从而逐一解答了各个关键科学问题，达到了研究目的。

7.5 如何写"摘要"

7.5.1 为什么最后写摘要

答：最后写摘要的原因在于，摘要是对整个研究或项目的精炼总结，需要准确反映全文的核心内容和研究成果。在完成全文之后，研究者对研究问题、方法、结果和结论有了更加全面和深入的理解，此时撰写摘要能够更加准确地概括全文的要点和创新之处。此外，最后写摘要还可以确保摘要与全文内容的一致性，避免因思路变化或内容调整而导致摘要与正文内容不符的问题。

7.5.2 怎么写摘要

答：撰写摘要时，需要遵循以下几个步骤：首先，明确摘要的目的和受众，确保摘要内容能够满足读者的需求。其次，从全文中提炼出研究目的、方法、结果和结论等关键信息，形成一个清晰、连贯的叙述。最后，使用简洁、明了的语言表达摘要内容，注意保持语句的通顺和连贯。同时，还需要注意摘要的字数限制和格式要求，确保在规定范围内完成摘要撰写。

7.5.3 摘要写作最容易犯的错误是什么

答：摘要写作最容易犯的错误之一是将摘要写成了前言，具体表现为在摘要中过多地描述前人的研究贡献，而对自己的工作内容和成果只是轻描淡写，一笔带过。这样的摘要无法准确反映全文的核心内容和创新点，失去了摘要应有的精炼总结作用。

7.5.4 如何避免摘要写得像前言

答：要避免摘要写得像前言，需要注意以下几点：首先，严格按照摘要的模板和规范进行撰写，确保摘要内容包含研究目的、方法、结果和结论等关键信息；其次，控制背景部分的篇幅，不超过整个摘要的15%，避免过多地介绍研究背景和意义；最后，在完成全文之后再撰写摘要，确保对全文内容有全面、深入的理解，能够准确提炼出文章的核心内容和创新点。此外，还可以使用简洁、明了的语言表达摘要内容，避免使用过于冗长或复杂的句式和词汇。

7.6 如何写其他部分

7.6.1 申报书其他部分重要吗

答：申报书的其他部分同样非常重要。虽然拟解决的关键问题、研究内容、摘要等部分对于评审专家来说具有首要的重要性，但申报书的其他部分也提供了关键的信息和背景，有助于评审专家全面、深入地理解研究项目。

项目的背景、目的和意义等部分为评审专家提供了研究的宏观背景和立项依据。这些部分阐述了项目的研究背景、现实需求、研究目的，以及预期的社会效益和科学价值，有助于评审专家判断项目的重要性和紧迫性。

研究基础和条件保障等部分展示了项目团队的研究实力、前期工作基础，以及完成项目的可行性。这些部分包括研究团队成员的资质和经验、相关研究成果、实验设备和场地等条件保障，以及项目的时间安排和预算等，都是评审专家评估项目可行性和团队实力的重要依据。

申报书的其他部分还可能包括项目的预算计划、时间计划、风险评估、知识产权管理、预期成果及成果转化计划等内容，这些都有助于评审专家更全面地了解项目的潜在风险和预期成果，从而做出更准确的评价。

因此，申报书的其他部分同样需要认真撰写，确保提供完整、准确、有说服力的信息，以支持项目的立项和评审。

7.6.2　项目负责人研究基础怎么写

答：建议包括与本项目相关的内容：

- **知识储备**：包括理论课学习情况、文献查阅课程/讲座参与情况、文献泛读、精读工作量。
- **技能储备**：实践实验学习情况，包括是否已进实验室或课题组、本项目研究必需的仪器、设备、工具软件操作技术掌握与否、是否参与组会。
- **标志性成果**：包括在学术会议、大学课程中展示演讲次数、撰写文献综述报告、研究报告、工作总结报告篇数、已取得的成绩等。

7.6.3　指导教师研究基础怎么写

答：建议从指导教师角色的角度考虑，教师应具有以下能力：

- **把控研究目标合理性的能力**：包括预测课题的价值意义值得投入，设定目标有可能完成。所以，要证明教师具有承担高级别相关项目的经历。
- **把控研究过程可行性的能力**：包括有能力指导规划研究内容、指导研究方法、指导数据收集分析、指导结果的总结与发表等。所以，要证明教师研究过类似课题，发表过相关文章。
- **帮助筹措资源的能力**：要证明教师具有某些场地、经费、仪器、原料等的使用权限。

7.6.4　工作条件怎么写

答：主要阐述学生团队进课题组、进实验室、进科研团队，利用国家级和省部级重点实验室（中心、平台等）、国家双创示范基地、企业，参与"青年红色筑梦之旅"、交叉学科平台的计划等的情况。简单阐述上述平台在知识技术、场地、仪器设备等方面怎样支持本项目。

7.6.5 预期成果怎么写

答：在撰写大创项目的预期成果时，我们需要清晰、具体地描述项目完成后所期望达到的成果。这些成果可以是学术论文、专利、软件著作权、软件系统、硬件设备或其他形式的产出。以下是一些撰写预期成果的指南：

- **明确成果形式**：首先，确定项目完成后所期望的具体成果形式。这将有助于您在撰写过程中保持清晰和一致。例如，您可以预期发表一篇与项目研究相关的学术论文，或者申请一项与项目技术相关的专利。

- **量化成果指标**：为了更好地评估项目的进展和成功度，尽量将预期成果量化。例如，您可以预期在项目完成时发表 X 篇学术论文，其中 Y 篇被 SCI 收录；或者申请 M 项国家发明专利，其中 N 项获得授权。

- **注重成果质量**：在描述预期成果时，不仅要关注数量，还要注重质量。说明您期望这些成果在学术界或产业界产生的影响力，如论文的引用次数、专利的转化率等。这将有助于提升项目的整体价值。

- **考虑时间因素**：由于一些成果（如国家发明专利）的产出需要较长时间，因此在规划预期成果时要充分考虑时间因素。在撰写时，可以注明成果的预期完成时间，以便在项目中期答辩和结题评优时进行合理评估。

- **与项目目标保持一致**：确保预期成果与项目目标保持一致。这将有助于您在项目实施过程中保持关注重点，确保项目能够按照预期方向顺利进行。

示例：

本项目预期在完成后取得以下成果：

- 发表 2 篇与项目研究相关的学术论文，其中 1 篇被 SCI 收录。
- 申请 1 项与项目技术相关的国家发明专利，并争取在 2 年内获得授权。
- 开发一套具有实际应用价值的软件系统，并在行业内进行推广试用。
- 培养一支具备相关领域研究能力的学生团队，为后续研究奠定基础。

通过以上指南和示例，相信您可以更好地撰写大创项目的预期成果部分。

7.7 大创团队如何搭建

7.7.1 靠谱的大创搭档具有哪些素质

答：靠谱的大创搭档应具备以下素质：

- **积极负责**：寻找那些愿意投入时间和精力，对项目有责任心，且态度积极、愿意接受他人意见的团队成员。

- **技能互补**：根据项目需求，选择具有不同专业技能和特长的成员，以实现团队技能的互补和提升整体实力。

- **团队协作**：团队中应有一位擅长协调各方工作的成员，以确保团队高效沟通、协同合作，共同推进项目的顺利进行。

7.7.2 一个大创团队需要哪些成员

答：一个大创团队确实需要多样化的成员来确保项目的顺利进行和高效完成。以下是对您所列出的团队成员的详细解释：

- **项目或团队负责人**：他们是整个项目的核心和灵魂。他们负责项目的整体规划、进度控制、风险管理以及团队协调。一个优秀的负责人能够确保项目按照既定的目标和计划进行，同时在遇到问题时能够迅速做出决策，调整策略，保证项目的顺利进行。

- **文案撰写与整理者**：在大创项目中，文案工作也是非常重要的一环。这包括项目计划书的撰写、中期报告的整理、结题报告的总结，以及可能的研究论文的撰写等。文案撰写与整理的同学需要具备扎实的文字功底和良好的逻辑思维能力，能够清晰、准确地表达项目的研究内容、方法和成果。

- **专业能力强、有学术热情的同学**：这些同学是大创项目的中坚力量。他们凭借扎实的专业知识和浓厚的学术兴趣，为项目的研究提供有力的支持。他们能够深入理解项目的研究内容，提出有见地的观点和建议，推动项目的深入发展。

- **擅长数据处理的同学**：对于需要进行定量分析的大创项目来说，擅长数据处理的同学是不可或缺的。他们具备丰富的数据处理经验和技能，能够熟练运用各种统计软件和方法进行数据分析。他们的工作成果将为项目的研究结论提供有力的数据支持。

- **具备良好沟通能力者**：沟通能力在团队协作中至关重要。一个具备良好沟通能力的同学能够有效地与团队成员、指导教师、合作单位等进行沟通和交流，确保信息的准确传递和及时反馈。他们在项目中起到桥梁和纽带的作用，有助于提升团队的协作效率和项目的执行效果。
- **了解财务报销规划的同学**：在大创项目中往往需要懂得合理运用经费并进行报销的同学。在团队中需要进行合理的财务规划，合理运用项目经费是高质量完成项目的必要条件。

在一个大创团队中，上述六种角色并不一定要由完全不同的人来担任。团队成员可以根据自身的能力和兴趣，同时承担多个角色，或者多人共同承担一个角色。

7.7.3 大一、大二能参与大创吗？需要多高的专业能力

答：大一、大二的学生可以参与大创项目。大创项目本质上是一个实践学习的机会，它并不要求参与者已经具备非常高的专业能力。就像我们在课程中学习新知识一样，大创也是一个边做边学、在实践中不断提升自己的过程。

在合作完成大创项目时，对于专业能力的具体要求会因项目而异。但总体来说，重要的是你愿意学习、愿意投入时间和精力去实践。通过大创的实践，你不仅可以将课本上学到的专业知识和实验技能应用到实际中，还可以在实践中进一步巩固和提升自己的专业能力。

因此，无论你是大一、大二的学生，还是更高年级的学生，只要你有热情、有责任心、愿意学习，都可以积极参与大创项目，并在实践中不断提升自己的专业能力。

7.7.4 好的大创团队氛围如何

答：优质的大创团队氛围是建立在团队共识之上的。在这样的氛围里，每个

成员都拥有共同的目标，并愿意为实现这一目标而共同努力。成员之间要能够保持有效的沟通，确保信息畅通无阻。在遇到问题时，团队成员不会斤斤计较、界限分明，而是能够展现出韧性，共同应对突发情况。此外，每个成员都要有为团队付出的意愿，共同推动项目的进展。

建议最开始先找一位志同道合的朋友与老师沟通，多一个人思想碰撞也能更好地去选择方向，在确认最终选题以及思路后再去按照需求寻找具备项目所需技能的成员，也可以找熟悉的同学推荐。

7.7.5 大创对于保研来说是否必要

答：大创对于保研的必要性，我们可以从两个方面来考虑：

1. 从保研规则来说，大创并非必需

保研的规则和标准会因学校和学院而异，一般来说，学业成绩、学术能力、综合素质等都会被纳入考虑范围。而大创项目虽然可以为保研加分，但通常并不是保研的硬性条件。因此，单从规则上来说，没有大创项目并不一定就不能保研。

2. 从能力素养价值观角度来说，创新实践能力是必需的

- **科研能力和创新思维的培养**：大创项目为学生提供了一个独立开展科研活动的平台，通过参与项目，学生可以锻炼自己的科研能力，培养创新思维。这些能力对于未来的学术研究和职业发展都非常重要。

- **团队协作和沟通能力的培养**：大创项目通常需要团队合作完成，学生在参与过程中需要与团队成员进行有效的沟通和协作。这对于培养学生的团队协作精神和沟通能力非常有帮助。

- **探索创新和解决问题的能力**：大创项目鼓励学生自主探索创新点，并解决实际问题。通过参与项目，学生可以培养自己的探索精神和解决问题的能力，这对于未来的创新实践和职业发展都具有重要意义。

综上所述，虽然从保研规则来说，大创并非必需，但从个人能力提升和创新精神培养来说，参与大创项目是非常有意义的。因此，无论是否出于保研的考虑，学生都应该积极参与大创项目，提升自己的综合能力和素质。希望同学们端正参加大创的态度，不要被世俗功利蒙蔽。

7.7.6 作为负责人，如何管理推进大创项目

答：作为负责人，管理推进大创项目需要以下几个关键步骤：

1. 制订详细计划

- 以周为单位，列出具体任务清单。
- 确保每个任务都有明确的目标和预期完成时间。

2. 明确分工

- 将任务分配给团队成员，确保每人清楚自己的职责。
- 设定每项任务的截止日期，以监控进度。

3. 建立共享平台

- 创建一个项目共享空间，用于存放和更新项目信息、软件和方法。
- 鼓励团队成员共享资源和知识，提升协作效率。
- 项目每个阶段开始前及决策执行前，需要和团队成员确认阶段目标和意义，避免合作割裂。

4. 定期沟通与汇报

- 定期与指导教师进行线上会议，汇报项目进展。
- 请教老师解决项目中遇到的具体问题和挑战。

凡事预则立，不预则废。通过这些措施，负责人可以有效地推进大创项目，确保团队目标的顺利实现。

7.7.7 如何提高团队工作效率

答：提高团队工作效率是确保项目顺利进行的关键，建议：

1. 定期会议

- 设定固定时间的小组会议。

- 协调成员时间，确保全员参与。
- 及时发现、沟通和解决问题。

2. 明确截止日期

- 为每项任务设定明确的完成时间。
- 避免拖沓，确保工作进度。

3. 利用工具

- 使用团队文档等工具来跟踪和管理任务。
- 敦促团队成员及时更新进度，保持信息同步。

通过这些措施，大创团队可以更有效地协作，确保项目按时、高质量完成。

7.7.8 如何从项目成员转变成合格的大创项目负责人

答：从普通成员转变成合格的大创项目负责人，以下是一些关键要点：

1. 建立自信

- 相信自己有能力领导团队。
- 传递信心给团队成员，建立信任。

2. 学习借鉴

- 参与其他大创团队，观察和学习他们的组织风格和团队氛围。
- 总结并吸取适合自己的经验。

3. 发展额外技能

- 除了专业知识，还需要培养沟通、决策和承担责任的能力。
- 强化领导力和团队管理技巧。

4. 增强团队凝聚力

- 作为领头羊，引领团队前进。
- 同时扮演黏合剂的角色，增强团队凝聚力和向心力。
- 不要命令团队成员。任何决定和任务分配都是在充分讨论、团队成员都

同意的前提下进行的。负责人有责任和义务和团队成员强调每个决策的意义。

通过这些步骤，一个普通成员可以逐步转变为一名合格的大创项目负责人，带领团队成功完成项目。

7.7.9 项目遇到困难怎么办

答：面对大创项目的畏难情绪以及在推进过程中遇到的困难，我们可以采取以下策略来应对：

1. 克服畏难情绪

- 调整心态：上坡都难，不难就是在下坡。要意识到遇到困难是正常的，不要因为畏惧而逃避行动。要相信自己的能力，勇于挑战自己。
- 积极面对：不要过分夸大困难的难度，要积极地面对它们。困难是成长的垫脚石，通过克服困难，我们可以获得进步和成长。
- 保持信心：在遇到困难时，要保持信心和决心。相信自己和团队能够克服困难，坚持到底。

2. 克服困难

- 及时请教：当遇到困难时，首先要及时与指导教师进行沟通。指导教师可以提供宝贵的建议和指导，帮助我们找到解决问题的方法。
- 聚焦问题：通过讨论和分析，确定问题是在技术方面还是团队协作方面。针对问题制定相应的解决方案，及时调整策略和方法。
- 团队讨论：组织团队成员进行讨论，共同分析问题的原因和可能的解决方案。通过集思广益，我们可以找到更好的解决方案。
- 抓住核心：确定项目的核心目标和任务，摒弃多余的支线内容。集中精力和资源解决关键问题，避免给自己增加无效的工作量。

7.7.10 如何在大学四年拥有和传承队伍，将项目越做越好

答：首先，在队伍组建之初就要选择和自己有共同目标、性格相合的队友。其次，在之后的比赛过程中不断磨合、形成默契，渐渐可以形成较为固定的比赛

队伍和队友。以核心队伍为基础，可以向外发散寻找更多的队友，并重视培养新人做好传承。这样的团队不仅拥有较为固定的核心团队，及时提供各种建议，还能够保证团队本身的稳定，更为高效地完成团队任务，不断开拓发展空间。

7.7.11 能不能同时参与多个大创项目

答：从大创的参与规则来看，允许一名同学同时参与一个以上的大创团队。然而，考虑到实际的可行性和效率，一般来说，一段时间内集中精力完成一个大创项目通常更为合理。

首先，参与一个大创项目需要投入相当的时间和精力。大创项目通常涉及研究、实验、数据分析、报告撰写等多个环节，每个环节都需要认真投入。如果同时参与多个团队，很可能会分散精力，导致每个项目都无法得到充分关注和深入研究。

其次，大创项目往往是一个团队合作的过程，需要团队成员之间密切的沟通和协作。如果一个成员同时参与多个团队，可能会在不同的团队之间产生角色冲突或沟通障碍，这将对团队的合作和项目的进展产生负面影响。

当然，不参与大创项目也是一种选择，但这可能会失去一些宝贵的学习和实践机会。大创项目提供了一个将理论知识应用于实际问题的平台，通过参与项目，同学们可以提升自己的实践能力、团队协作能力和创新能力。

因此，在决定是否同时参与多个大创团队时，需要充分考虑自己的时间和精力状况，以及每个项目的具体要求和团队的合作情况。一般来说，集中精力完成一个大创项目会更有利于个人和团队的发展。如果确实有余力并且对多个项目都感兴趣，可以在与团队成员充分沟通并确保能够履行自己在每个团队中的职责的前提下，谨慎考虑同时参与两个团队的情况。但总的来说，还是应该尽量避免参与过多的团队，以保证每个项目的质量和自己的学业不受影响。

7.8 如何求得老师更多的指导

7.8.1 老师不主动找我怎么办

答：当你觉得老师没有主动找你时，首先，你要充分理解，在大学环境中，老师与本科生的互动模式通常与高中时不同。在大学里，老师往往要负责更多的学生，且教学之外还有研究和其他职责，因此他们可能无法像高中老师那样频繁地与学生互动。

其次，你要充分理解，大创的负责人是学生，是课题的主要推进力量，你要做好"向上管理"，要克服"担心老师很忙""怕被屡次拒绝""害怕老师批评"等负面情绪，积极主动地获取老师、学长的帮助。

7.8.2 老师积极性不高怎么办

答：面对老师积极性不高的情况，学生可以从以下几个方面进行考虑和应对：

- **理解老师的工作优先级**：老师在日常工作中需要处理多项任务，包括教学、科研、指导其他学生等。因此，他们可能会根据任务的紧急性和重要性来安排工作。如果学生感觉老师对自己的指导不够积极，可能是因为老师正在处理其他更紧急或更重要的任务。在这种情况下，学生可以尝试与老师沟通，了解老师的工作安排，以便更好地安排自己的学习进度。

- **审视自己的沟通方式和时机**：学生在与老师沟通时，需要注意沟通的方式和时机。如果学生在老师非常忙碌的时候打扰老师，或者提出的问题不够明确、具体，可能会导致老师无法给出有效的指导。因此，学生应该尽量在老师方便的时间与老师沟通，并提前准备好需要讨论的问题和资料，以便更高效地利用与老师交流的机会。

- **提高问题的质量和清晰度**：学生在向老师请教问题时，需要尽量提高问题的质量和清晰度。如果学生的问题表述不清、逻辑混乱，可能会让老师难以理解学生的真实需求，从而无法给出有效的建议。因此，学生在提出问题前，应该尽量梳理自己的思路，明确问题的关键点和难点，以便更准确地表达自己的需求。

- **典型反面案例**：微信发来的问题没办法回答，比如同学发来一篇格式混乱、科学性有严重问题的项目计划书初稿，问："老师，下午就要交了，看您还有什么意见？"或者一屏都显示不完的文字，详细描述了事实和实验卡点，但是文字不清、逻辑混乱,实在难以梳理思路,一眼看出问题所在。问:"老师,'关键科学问题'怎么写啊?""老师,明天答辩我要怎么讲啊?"

- **主动寻求其他资源和帮助**:如果老师因为某些原因无法提供足够的指导,学生可以主动寻求其他资源和帮助。例如,可以向其他老师、同学或学术辅导中心寻求帮助,也可以利用图书馆、网络等资源自行查找相关资料和解决方案。通过多渠道获取信息和资源,学生可以更好地解决学习中遇到的问题。

总之,面对老师积极性不高的情况,学生需要保持冷静和耐心,理解老师的工作状况和需求,同时审视自己的沟通方式和问题质量。通过积极沟通、提高问题质量和清晰度,以及主动寻求其他资源和帮助等方式,学生可以更好地应对这种情况并取得更好的学习效果。下文对提高问题清晰度、选择合适的提问方式给出了一些建议。

7.8.3 什么样的问题适合用微信问

答:适合用微信问的问题通常是那些老师可以简洁回答或需要快速确认的事项。以下是一些适合用微信问的问题类型和例子:

1. 请求授权或权限

- "老师,我们想用一下实验室的某设备,可以吗?"
- "请问老师,我能否使用您之前提到的那份资料?"

2. 简单的信息确认

- "老师,明天的组会是在上午还是下午?"
- "请问这个项目的截止日期是后天吗?"

3. 请求引荐、转达或告知

- "老师,您能帮我联系一下××师兄/师姐吗?我有关于实验的问题想请教他/她。"
- "老师,您能否告知我申请这项奖学金我应该向谁提交申请?"

4. 快速选择或判断

- "老师,您觉得我在报告中应该重点强调哪部分内容,是前言背景,还是实验进展？现在的前言部分会不会太多了？"

- "关于这个算法的实现，您认为用 Python 还是 C++ 更合适？"

5. 预约时间

- "老师，我想和您讨论一下我的论文进展，请问您什么时候方便？"
- "请问下周您有空的时间段是哪些？我想预约一个和您见面的时间。我看您的课表，下周一晚上您要来新校区上课，我能约您下周一下午 6 点在新校区食堂，和您共进晚餐吗？"

6. 问优先级

- "老师，我在搞文献综述，博士论文和英文 Review，您推荐我先读哪一种？"（注意：如果问题很复杂，最好通过面谈详细阐述）
- "关于这个实验的步骤，A 做法有点浪费很贵的原料，B 做法可能要耽误很长时间，您看我先选哪个做法？"

需要注意的是，即使是通过微信提问，也应该尽量保持礼貌和尊重，避免在老师非常忙碌或休息时间打扰他们。同时，如果问题较为复杂或需要详细讨论，最好还是通过预约电话、预约面谈等方式与老师进行深入交流。

7.8.4 什么样的问题适合约时间电话问

答：适合通过预约时间再电话沟通的问题通常是那些需要一定时间解释，但又不是特别紧急的事务，或者是需要老师给予详细指导、讨论较为复杂问题的情况。通过微信先约定时间，可以确保双方在通话时都能集中注意力，并有足够的时间进行深入讨论。以下是一些适合微信预约时间电话沟通的问题类型和例子：

1. 需要详细描述的问题

当你在实验或研究中遇到瓶颈，需要详细描述现象以便老师给予线索或关键词时，如你不曾听说的"过冷现象"。例如："老师，我在做某个实验时遇到了困难，想跟您详细描述一下现象，看您是否能给我一些建议。我们可以在您方便的时间电话沟通吗？"

2. 复杂事务的处理

当涉及请假、解释复杂情况、承认错误或不足、表明决心等需要较多情感交流和解释的事务时。例如："老师，我因为家里有事需要请假几天，但这个情况比较复杂，我想电话跟您详细解释一下，您看什么时候方便？"

3. 寻求面试或职业发展建议

当你准备参加重要的面试或需要职业发展建议时，与老师进行电话沟通可以更直接地获取反馈和建议。例如："老师，我即将参加一个重要的面试，想请您给我一些建议。您看我们可以在什么时间进行电话沟通？"

4. 表达感谢或情感交流

虽然表达感谢可以通过微信直接发送信息，但如果想更加真诚地表达感激之情，或者与老师进行情感交流，电话沟通会更加合适。例如："老师，我非常感谢您的指导和帮助，想亲自跟您说声谢谢。您看我们可以约个时间电话聊聊吗？"

在预约电话沟通时间时，请务必考虑老师的日程安排和方便的时间段，以示尊重。同时，在电话沟通前准备好需要讨论的问题和要点，以确保沟通效率。

7.8.5 什么样的问题适合线下见面讨论

答：适合线下见面讨论的问题通常是那些需要深度探讨、梳理逻辑，或者涉及较为复杂概念的情况。这类问题往往需要较长时间的专注交流，以便充分理解对方的思路并共同探讨解决方案。线下见面讨论不仅可以提供足够的时间，还能利用表情、眼神交流、画图和肢体语言等方式，显著提升交流效果。以下是一些适合线下见面讨论的问题类型，并提供了相应的例子：

1. 提炼科学问题和科学假设

当学生需要在老师的指导下，从前人的研究中提炼出自己的科学问题或假设时，线下见面讨论会更为有效。因为这需要双方共同深入分析、探讨并逐步完善思路。例如："老师，我最近在阅读关于××领域的文献，想请您帮我一起梳理一下这个领域的主要科学问题，并讨论一下我们可以从中提出哪些有创新性的科学

假设。您看我们什么时候方便线下见面讨论?"

2. 探讨研究进展和方向

当学生在研究过程中遇到分岔点,需要确定下一步的研究方向或假设时,线下见面讨论可以帮助学生更好地理解老师的建议和指导,从而做出更明智的决策。例如:"老师,我最近完成了××实验,并得到了一些初步结论。但是我现在有点迷茫,不知道接下来应该怎么做才能使研究更进一步。您能抽个时间和我一起讨论一下吗? 我觉得线下见面可能会更有助于我们深入交流。"

3. 复杂问题的解决方案

当学生面临复杂的实验设计、数据分析或理论推导等问题时,线下见面讨论可以提供更多的交流机会,使老师能够更直观地了解学生的问题所在,并给出更具体的建议和指导。例如:"老师,我在做××实验时遇到了一个很难解决的问题,尝试了多种方法都没能解决。我想请您帮我看一下实验设计和数据分析过程,看看是否有什么地方需要改进。您觉得我们什么时候方便线下见面讨论一下这个问题?"

在约线下见面时,同样需要考虑老师的日程安排和方便的时间段,以确保双方都能在一个良好的环境中进行深入的讨论和交流。

AI 试试看

问:我请教了老师,建议我做一种吲哚类 OLED 有机蓝光分子。我知道有机蓝光分子最大的难题是合成路径十分复杂,合成之前效率不可预测,研发效率低,合成的分子稳定性差,很快就变质了。请帮我写三个"拟解决的关键问题"。

文心一言答:基于您的描述和老师的建议,针对吲哚类 OLED 有机蓝光分子的研发,以下是三个"拟解决的关键问题":

拟解决的关键问题一:提高合成效率

问题描述:当前,有机蓝光分子的合成路径通常十分复杂,这不仅增加了生产成本,还降低了研发效率。对于吲哚类 OLED 有机蓝光分子而言,同样面临着合成步骤繁多、反应条件苛刻等问题。

解决策略：通过深入研究吲哚类化合物的化学性质，探索新的合成方法，以期简化合成路径。同时，优化反应条件，如温度、压力、催化剂的选择等，以提高合成效率。此外，利用计算化学手段进行反应机理的模拟和预测，有助于指导实验设计，减少不必要的尝试。

拟解决的关键问题二：提高预测发光效率的准确率

问题描述：在有机蓝光分子合成之前，其发光效率难以预测，这增加了研发的不确定性和风险。特别是对于新型的吲哚类 OLED 有机蓝光分子，其发光性能与分子结构之间的关系尚不完全明确。

解决策略：结合量子化学计算和实验手段，深入研究吲哚类 OLED 有机蓝光分子的发光机理。通过构建分子模型，预测不同结构分子的发光性能，为实验设计提供理论依据。同时，通过实验验证和反馈，不断优化分子结构，提高发光效率。

拟解决的关键问题三：增强分子的稳定性

问题描述：有机蓝光分子，包括吲哚类化合物，往往面临着稳定性差的问题。这些分子在环境中容易变质，导致发光性能下降甚至失效。

解决策略：通过分子设计和化学修饰，引入能够提高稳定性的官能团或结构单元。例如，在吲哚类 OLED 有机蓝光分子中引入具有抗氧化、抗水解等功能的基团。同时，研究分子间的相互作用和堆积方式，以期通过调控分子间作用力来增强稳定性。此外，探索合适的封装材料和封装技术，以保护分子免受外界环境的影响也是提高稳定性的重要途径。

综上所述，通过解决这三个关键问题，有望推动吲哚类 OLED 有机蓝光分子的研发取得重要进展。

问：这三个问题想要在一年内一起解决太困难了，能否帮我聚焦一个问题，一个我作为本科生有机会通过一年实践能解决的问题？ 师兄说，用本实验室的 C—H 直接活化反应来缩短合成步骤、降低反应条件苛刻程度、提高合成产率，这个有意义吗？ 我能做得到吗？

文心一言答：确实，一年内同时解决上述三个问题对于本科生来说可能是一个巨大的挑战。因此，聚焦一个问题并尝试在一年内取得有意义的进展是更实际的选择。

关于您师兄提到的使用 C—H 直接活化反应来缩短合成步骤、降低反应条件苛刻程度和提高合成产率，这是一个非常有意义的探索方向。C—H 直接活化反应是一种能够直接在有机分子的 C—H 键上进行官能团化的方法，它避免了传统合成中需要预先官能团化的步骤，从而有可能大大简化合成路径。

对于您作为本科生来说，通过一年的实践来解决这个问题是有可能的，但也需要您付出较大的努力和时间。以下是一些建议，帮助您更好地进行这个项目：

1. 文献调研

首先，您需要深入了解 C—H 直接活化反应的原理、应用以及最新的研究进展。这将有助于您更好地理解这个反应，并为其在您的合成中的应用提供思路。

2. 实验设计

基于文献调研的结果，您可以设计一系列实验来探索 C—H 直接活化反应在您的目标分子合成中的应用。开始时，您可以选择一些简单的模型反应进行尝试，以熟悉反应条件和优化方法。

3. 实验执行与优化

在实验过程中，您可能会遇到各种挑战和困难。这时，耐心和毅力是非常重要的。同时，您也需要不断地优化反应条件，以提高产率和选择性。

4. 数据分析与总结

在实验结束后，您需要对数据进行详细的分析和总结。这将有助于您评估 C—H 直接活化反应在您的合成中的效果，并为后续的研究提供有价值的参考。

最后，虽然这个项目可能会有一定的难度，但只要您保持积极的态度和持续的努力，相信您一定能够在一年内取得有意义的成果。同时，这个项目也将为您未来的科研生涯奠定坚实的基础。

注意：上述有关课题方向的结论用于指导大学生立项，仍然过于泛泛。即便聚焦"C—H 直接活化反应来缩短吲哚衍生物的合成步骤、降低反应条件苛刻程度和提高合成产率"，全球也许有数十个课题组在共同努力，相关文献或成千上万,或需要进一步细化聚焦。此处以此为例,演示了如何借助 AIGC 工具,快速了解前言、认识关键问题的流程和提示词,指明"聚焦关键科学问题"的方向。

高阶训练

搭建大创团队,编制和提交项目申报书。

第 8 章　创新三级成熟度：资源筹备

学习目标

价值目标： 践行开拓创新的科学精神。

能力目标： 掌握研究所需的工具、方法、仪器、设备、原料等的使用方法。

知识目标： 理解研究所需的工具、方法、仪器、设备、原料等的原理和使用方法。

8.1　我会用到什么方法

8.1.1　如何了解研究所需的方法和工具

答： 确定研究所需的方法和工具是一个关键步骤，它确保你的研究设计得当且能够有效地回答研究问题。以下是几种途径，可以帮助你确定研究所需要的方法和工具：

- **咨询导师或专家：** 你的指导教师或研究领域的专家通常具有丰富的经验，能够为你提供关于研究方法和工具的宝贵建议。定期与指导教师或专家进行交流，讨论你的研究问题和目标，以及可能适用的方法和工具。

- **文献回顾：** 通过查阅相关领域的学术文献，了解已有研究所使用的方法和工具。分析这些方法和工具在类似研究中的有效性、可靠性和适用性。注意文献中提到的任何方法上的局限性或改进建议。

- **研究问题的性质：** 根据你的研究问题的性质（例如，是描述性的、解释性的还是探索性的），确定合适的研究方法。如果你的研究涉及量化数据，可能需要使用统计软件进行分析；如果是质性研究，则可能需要使用访谈、观察或内容分析等方法。

- **可用资源**：考虑你所在机构或实验室可用的资源。例如，某些设备或软件可能无法获得，这可能会影响你的方法选择。了解并充分利用你所在学术环境提供的资源，包括图书馆、实验室设备、技术支持等。
- **研究伦理和可行性**：在选择方法和工具时，考虑研究伦理问题，确保你的研究符合道德标准。评估所选方法和工具的可行性，确保它们在你的研究环境中是实际可行的。
- **同行评审和反馈**：在研究设计的早期阶段，邀请同行对你的方法进行评审和提供反馈。同行的建议可以帮助你识别潜在的问题并改进你的方法选择。

通过综合考虑以上因素，你将能够更准确地确定你的研究所需的方法和工具，从而确保你的研究设计既科学又有效。

8.1.2 如何获得仪器、工具、原料、设备的使用权限

答：在科研项目中，获得仪器、工具、原料、设备的使用权限是至关重要的。以下是几种常见的途径和方法，可以帮助你顺利获取所需资源的使用权限：

- **与导师或实验室负责人沟通**：首先，与你的指导教师或实验室负责人进行沟通，了解实验室或机构内部的资源分配和使用规定。指导教师或实验室负责人通常会为你提供指导，帮助你了解如何申请和使用相关资源。
- **提交使用申请**：根据实验室或机构的规定，填写并提交使用申请表格。这些表格通常包括你的个人信息、研究项目简介、所需资源的详细描述以及使用时间和地点等信息。确保你的申请充分说明研究目的和为何需要这些资源，以增加获批的机会。
- **参加培训并获得认证**：对于某些特定的仪器或设备，可能需要参加相关的培训课程并获得操作认证。这些培训通常涵盖设备的安全操作、维护保养和应急处理等方面。完成培训并获得认证后，你将被授权独立使用这些资源。
- **与设备管理员或技术人员合作**：对于大型或复杂的设备，可能需要与设备管理员或专业技术人员合作。他们可以提供操作指导、协助你进行实验，并确保设备的安全和有效运行。与他们建立良好的合作关系，将有助于你更顺利地使

用这些资源。

- **加入研究团队或合作项目**：如果你是一个研究生或初级研究人员，加入一个已经拥有所需资源的研究团队或合作项目可能是一个快速获得使用权限的途径。通过与团队成员合作，你可以共享他们的资源，并获得更多的研究经验和技能。

- **外部合作与资源共享**：如果你的机构内部没有所需的资源，可以考虑与其他机构或企业建立合作关系，共享资源。这种合作可以通过签订协议、加入共享平台或参与合作项目等方式实现。外部合作不仅可以提供你所需的资源，还可能带来新的研究机会和合作伙伴。

- **遵守规定和伦理准则**：在使用任何仪器、工具、原料或设备时，务必遵守实验室或机构的规定和伦理准则。这包括正确操作设备、保持实验室安全、合理使用原料等。遵守规定将有助于维护良好的工作环境，并确保资源的可持续利用。

请记住，在申请和使用资源时，始终保持耐心和尊重。与指导教师、实验室负责人、设备管理员和其他研究人员保持良好的沟通，将有助于你更顺利地获得所需资源的使用权限。

8.1.3 调研前要做什么准备

高效地进行一次实地调研，需要充分准备、明确目标、科学规划并执行细致的调查步骤。

1. 明确调研目标与问题

1）调研目标可以多种多样，例如了解市场需求，评估竞争态势，收集特定信息，或者是为解决某个具体问题而进行的深入探究。明确的目标能够帮助我们更加有针对性地设计调研方案，从而提高调研的效率和效果。

2）明确了调研目标之后，还需要进一步列出具体的调研问题。这些问题应该紧密围绕调研目标展开，以确保我们在调研过程中能够有针对性地收集数据。

2. 制订调研计划

1) 制订调研计划的第一步是确定调研的时间、地点和人员。时间的选择应该考虑到被调研对象的可用性、节假日以及天气等因素,以确保调研的顺利进行。地点的选择则应该根据调研的目的和问题来确定,可能是特定的市场、商圈、企业或者村庄等。人员方面,我们需要明确参与调研的人员及其职责,包括调研团队、受访者以及可能的协助人员等。为了确保资源充足且分配合理,我们需要提前进行充分的预算和资源规划。这包括调研所需的设备、物资、交通费用等预算安排,以及人员分工和协调等。通过合理的资源分配,我们可以确保调研活动能够高效、有序进行。

2) 调研方案是调研计划的核心部分,它包括调研方法的选择、样本的确定,以及数据收集方式的设计等。调研方法的选择应该根据调研目标和问题的特点来确定,常见的调研方法包括问卷调查、访谈、观察等。样本的选择也是调研方案中的重要环节。我们需要根据调研目标和问题来确定样本的规模和特征,以确保样本的代表性和有效性。同时,我们还需要考虑样本的获取方式和受访者的配合度等因素。

3. 准备调研工具与材料

1) 根据调研方案,准备所需的问卷、访谈提纲、观察记录表等。为实地调研准备问卷、访谈提纲和观察表,确保工具针对性强、格式清晰。问卷的格式和排版也需要简洁明了,避免调研对象产生抵触情绪。同时,可以进行预调研以测试问卷和访谈问题的有效性,避免问题设置不合理,为正式调研打基础。

2) 准备必要的调研设备,如录音笔、相机、便携式计算机等。录音笔可以帮助我们记录访谈过程中的对话内容,确保信息的完整性;相机可以用于拍摄现场照片,记录环境特征和细节;便携式计算机则方便我们在调研现场进行数据处理和记录整理。在准备这些工具和材料时,我们还需要注意它们的携带和保管。确保调研过程中工具与材料的完整性,避免因为设备损坏或丢失而影响调研的顺利进行。

8.2 如何引入新方法、新工具

8.2.1 引入新方法、新工具，是否有机会产生新结果

答：是的，引入新方法、新工具往往有机会产生新的结果。在科学史上，许多重要的发现和突破都得益于新方法、新工具的引入。以下是一些科学史案例，它们说明了新方法、新工具如何推动科学进步并产生新的结果：

- **望远镜与天文学**：伽利略在17世纪初引入了望远镜这一新工具，用于观测天体。这一创新使他能够观测到之前肉眼无法看到的星体和天体现象，如月球表面的地貌、行星的运动以及太阳黑子等。这些新发现对天文学的发展产生了深远的影响，推翻了地心说的观念，促进了日心说的接受和传播。

- **显微镜与生物学**：19世纪末20世纪初，随着光学和电子显微镜的发展，生物学家得以观察到细胞内部的精细结构和生物大分子的形态。这些新工具的应用使得生物学家能够发现细胞的内部组成部分、研究疾病的微观机制，并最终促进了细胞学、遗传学和分子生物学的飞速发展。

- **X射线与晶体学**：X射线的发现和应用对晶体学领域产生了革命性的影响。通过X射线衍射技术，科学家们能够揭示晶体中原子的三维排列方式，从而深入了解物质的微观结构和性质。这一新方法、新工具的引入不仅促进了固体物理、化学和生物学等领域的发展，还为新材料的设计和合成提供了有力支持。

- **计算机模拟与科学研究**：计算机技术的引入为科学研究提供了新的方法和视角。通过计算机模拟，科学家们能够模拟自然界的复杂过程和系统的行为，如气候变化、物质反应等。这种新方法、新工具的引入使得科学家们能够在实验室无法实现的条件下进行研究，大大加速了科学研究的进程。

- **人工智能与医学诊断**：近年来，人工智能算法被广泛应用于医学领域，特别是在医学影像分析中。例如，深度学习技术被用于辅助医生在CT、MRI等医学影像中检测肿瘤、血管病变等异常。这些新工具不仅提高了诊断的准确性和效率，还有助于发现传统方法难以觉察的早期病变。

- **无人机在环境科学中的应用**：无人机技术的引入为环境科学带来了新的

数据采集方法。科学家们可以利用无人机快速、准确地收集特定区域的生态数据，如植被覆盖、野生动物分布等。这种新方法不仅降低了人工采集数据的成本和安全风险，还提高了数据的时空分辨率和精度。

- **量子计算与物理学研究**：随着量子计算技术的不断发展，科学家们开始尝试将其应用于复杂的物理模拟和计算中。量子计算机能够处理某些传统计算机难以解决的物理问题，如高温超导体的机制模拟、量子相变的研究等。这种新方法、新工具的引入有望为物理学领域带来新的突破和发现。

- **3D 打印技术在生物学和材料科学中的应用**：3D 打印技术为生物学和材料科学研究提供了制造复杂结构和模型的新手段。例如，生物学家可以使用 3D 打印技术制造出精确的生物组织模型，用于研究疾病的发生机制和新药物的开发；材料科学家则可以利用 3D 打印技术制造出具有特殊性能和结构的新材料。

- **在线调查与社会科学研究**：在社会科学领域，在线调查工具的普及为大规模、快速收集社会数据提供了可能。研究人员可以通过在线问卷、社交媒体分析等方式收集公众意见、行为模式和社会趋势等信息。这些数据为社会科学研究提供了新的视角和洞见，有助于更好地理解社会现象和行为。

综上所述，新方法、新工具的引入往往能够为科学研究带来新的视角和机会，有助于揭示自然界的奥秘并推动科学进步。因此，在研究过程中积极探索和引入新方法、新工具是科学家们追求创新和突破的重要途径。

8.2.2 我可否引入新方法、新工具

答：当然可以，你完全有可能引入新方法、新工具。科学研究就是一场不断探索和创新的旅程，而新方法、新工具的引入往往能够为这场旅程增添新的色彩和动力。不同学科的交叉融合常常能够擦出创新的火花，带来意想不到的发现。

只要你保持好奇心和求知欲，勇于尝试和创新，就有可能找到适合自己研究的新方法、新工具。当然，在引入新方法时，也需要有一定的理论基础和合适的应用场景。但这并不意味着你必须是一个全才或专家，因为学习和成长是每个人的天赋权利。

所以，不要害怕尝试和创新。只要你愿意投入时间和精力去学习和实践，就有可能引入新方法、新工具，为自己的研究带来新的突破和发现。记住，每一次尝试都是一次成长的机会，无论结果如何，它都会让你离成功更近一步。

AI 试试看

问：师兄帮我设计了分子结构，让我试试 C—H 合成方法，我需要掌握什么研究方法，准备什么资源，才能开始做实验？

文心一言答：在开始使用 C—H 合成方法进行实验之前，你需要掌握一些关键的研究方法并准备相应的资源。以下是一些建议：

1. 研究方法

1）文献调研：深入了解 C—H 活化反应的原理、应用，以及在所设计的分子结构中的潜在应用。查阅相关的学术文章和专利，了解该领域的最新进展。

2）有机合成基础：确保你具备有机合成的基本知识，包括常见的反应类型、反应机理、保护基团和保护策略等。

3）实验设计：基于文献调研，设计一个详细的实验方案，包括反应步骤、预期产物、所需试剂和仪器等。

4）数据分析：熟悉常见的化学分析技术，如核磁共振（NMR）、高效液相色谱（HPLC）、质谱（MS）等，以便对实验产物进行表征和纯度分析。

2. 资源准备

1）实验室设备：确保你所在的实验室具备进行 C—H 活化反应所需的设备，如加热装置、搅拌器、冷却装置、真空泵等。

2）试剂和溶剂：购买或获取所需的起始原料、催化剂、配体、添加剂以及溶剂等。确保这些试剂的纯度和质量符合实验要求。

3）安全培训：在进行实验之前，接受相关的实验室安全培训，了解如何处理化学品、应对紧急情况等。

4）实验室手册和操作规程：查阅实验室手册，了解实验室的安全规定、仪器使用说明和废弃物处理流程等。确保你在实验过程中遵守这些规定和流程。

5）指导教师和同学的帮助：与你的指导教师和同学保持密切沟通，讨论实验方案、解决实验中遇到的问题以及分享实验进展。他们的经验和建议将对你的实验有很大的帮助。

通过掌握这些研究方法和准备相应的资源，你将能够更有信心地开始使用C—H合成方法进行实验。祝你实验顺利！

高阶训练

梳理研究课题中的关键研究方法，出示关键研究设备的使用培训证明和授权使用证明，以及关键原料购置发票。

第 9 章 创新四级成熟度：学会方法

学习目标

价值目标：培养实事求是、精益求精的科学精神，践行乐于分享奉献的团队精神，培养科学研究的安全意识。

能力目标：能用一种基本的实验研究方法开展研究。

知识目标：了解一些基本的研究方法。

9.1 如何掌握实验方法

9.1.1 培养创新创造与创业能力，照方抓药也是必要的吗

答：在培养创新创造与创业能力的过程中，照方抓药，即按照已有的方法、步骤或模式去操作，确实是一个必要的阶段。但这并不意味着简单地模仿或机械地重复，而是要通过模仿来学习和掌握基础知识和技能，进而为创新创造打下基础。

首先，照方抓药可以帮助我们快速入门，掌握某个领域或技能的基本操作。通过模仿成功案例或标准流程，我们可以避免走弯路，减少不必要的摸索和试错。

其次，照方抓药的过程中，我们需要明确目的和意义。不仅要知其然，还要知其所以然。这样，我们才能更好地理解所模仿的对象，把握其精髓和要义，从而为后续的创新创造提供灵感和思路。

最后，照方抓药并不是一成不变的。在操作实践中，我们需要密切关注变化，灵活调整策略和方法。因为每个情境都是独特的，我们需要根据实际情况做出相应的调整和创新。

因此，培养创新创造与创业能力的过程中，照方抓药是必要的，但关键是要

明确目的和意义，了解变化，并在模仿的基础上寻求创新和发展。

9.1.2 如何学会使用仪器、工具、原料、设备

答：学会使用仪器、工具、原料、设备是科研和实践操作中的一项基本技能。以下是一些建议，帮助你掌握这些技能：

- **带着目的学**：在学习使用新的仪器、工具、原料或设备之前，明确你的学习目的和目标。这有助于你更加聚焦地学习，提高学习效率。例如，你可以思考："我为什么要学习使用这个工具？它在我的研究或工作中有什么具体应用？"
- **学好专业课**：仪器、工具、设备的原理都在理论课里，仪器设备产出的数据如何解释常在理论课里，数据处理方法常在实验课里。上好本专业的理论课和实验课，是学好新方法的理论基础；掌握已经学习过的工具，是学习新的仪器、工具、设备的前提。
- **边用边学**：理论学习是基础，但实践操作同样重要。通过实际操作，你可以更直观地了解工具的使用方法和注意事项，加深对知识的理解和掌握。在初次使用时，可以按照说明书或教程的步骤进行操作，并在使用过程中不断观察和总结。
- **边用边管理**：学习心理学告诉我们，通过管理和教学，输出知识一遍，等于独自默念 100 遍。主动承担设备管理工作的人，常常成为这台设备相关数据的专家。勇敢承担管理责任，寻找机会教教同学吧，帮助别人，就是帮助你自己！

此外，以下是一些额外的学习策略和建议：

- **阅读相关文档和教程**：查阅仪器、工具、原料、设备的用户手册、操作指南或在线教程，了解其基本原理、功能和使用方法。
- **参加培训课程**：许多机构或设备供应商会提供相关的培训课程或工作坊。参加这些课程可以系统地学习使用技巧，并与其他学习者交流经验。
- **寻求帮助和指导**：如果你在使用过程中遇到问题或困惑，不要害怕寻求帮助，可以向指导教师、同学、实验室技术员或设备供应商寻求指导和支持。
- **实践操作与反思**：多次实践操作是掌握技能的关键。在使用过程中，要勇于尝试、不断反思和总结，积累经验和技巧。
- **遵守安全规范**：在学习和使用过程中，始终遵守相关的安全规范和注意

事项，确保自己和他人的安全。

通过结合"带着目的学"和"边用边学"的方法，你将能够更高效地掌握新的仪器、工具、原料、设备的使用技能，为你的科研或工作提供有力支持。

9.1.3 用什么标准判断我学会使用仪器、工具、原料、设备了

答：学会使用仪器、工具、原料、设备的标准并不是单一的，但最为关键的是你能否准确地完成目标任务。以下是几个判断标准：

- **技能证书**：虽然获得技能证书是一种证明你接受过相关培训或具备某种技能的方式，但它并不一定完全代表你真正掌握了该项技能。证书更多的是一个形式上的认可和被允许使用的门槛，而不一定能真实反映你的实际能力。因此，技能证书并不是唯一的，也不是最重要的判断标准。

- **完成目标任务**：最直接和有效的判断标准是能否完成目标任务。这意味着你不仅能够正确操作仪器、使用工具、处理原料、操控设备，还能够在实际应用中达到预期的效果。如果你能够顺利地完成实验、项目或工作任务，并产生准确、可靠的结果，那么这就是你已经学会使用的最好证明。

- **教授他人**：如果你能教会他人使用仪器设备，至少说明你在使用流程、注意事项、数据处理方法等方面过关，而且还要掌握一点高阶技能，例如简单的故障判断与修复本领，这是用仪器设备开展科学研究工作中的常用能力之一。

此外，还有一些其他常见标准：

- **自信度和熟练度**：如果你在使用仪器、工具、原料、设备时感到自信且熟练，能够流畅地进行操作而不需要频繁查阅资料或求助他人，那么这也是你已经掌握的一个信号。

- **问题解决能力**：在使用过程中遇到问题时，你能够迅速定位并解决它们，而不是被困扰很长时间或需要他人帮助才能解决。这显示了你的理解和应对能力。

- **安全意识和操作规范**：你能够始终遵守安全操作规范，正确使用个人防护装备，避免可能的危险和风险。这不仅保护了你自己的安全，也是你对设备和环境负责的表现。

综上所述，完成目标任务是最重要的判断标准，因为它直接关联到你能否在实际应用中发挥所学技能。同时，自信度、熟练度、问题解决能力以及安全意识和操作规范也是评估你技能水平的重要方面。

9.1.4 参与大创需要很多研究工具或者研究方法，我还不会怎么办

答：当你参与大创项目遇到不会的研究工具或研究方法时，可以采取以下措施：

1. 利用网络资源

- 访问在线学习平台，搜索相关的教学视频和教程。
- 跟着专业的教学上传者学习，掌握所需的方法和技能。

2. 寻求师长帮助

- 及时向指导教师请教，获取专业的指导和建议。
- 咨询学长学姐或同学，借鉴他们的经验和知识。

通过积极利用资源和寻求帮助，你可以逐步掌握所需的研究工具和研究方法，顺利推进大创项目。

9.2 如何掌握研究方法

9.2.1 参与大创如何避免成为研究生的"工具人"

答：在找到老师或实验室确定大创项目后，经常会有研究生带着本科生上手的情况，从项目背景到具体的实验操作都会有相对详细的带教过程。通常一个大创项目的方向与其指导教师的研究方向和研究生的课题重合或相近，此时大创项目的学生主体应将研究生带教的学习过程化被动为主动，避免师兄师姐教什么我就学什么、叫我做什么我就做什么、帮我改成啥样就啥样的现象。在学习过程中应发挥主观能动性，增强独立思考能力，在区分大创项目和师兄师姐课题的基础上积极思考，主动提出问题，不仅仅拘泥于重复实验操作，对所做实验、所用设

备以及数据处理的过程都要明白原理，知根知底。对于师兄师姐帮忙修改过的实验报告、项目书等文字性材料中的逻辑、表述方式等进行充分的学习。让自己在完成大创课题的过程中自主科研能力和习惯也得到真正的培养。

综上所述，带教的研究生是同学们独立思考后再获取帮助和启发的重要渠道，但是他们的帮助是情分而非本分，他们不会拉高一个项目的上限，更无法为项目的下限兜底。在参与大创的过程中要时刻牢记"这是我自己的事"。

9.2.2 如果大创研究需要开展实验室实验，作为新手如何保证实验安全

答：在进行大创研究的实验中，安全始终是第一位的。作为新手，避免盲目冒进，积极学习保证实验安全需要具备的知识、技能和正确的操作习惯。以下是一些建议，帮助新手在实验室实验中确保安全：

1. 了解实验室安全规则，学习实验室安全应急能力提升课程

在进入实验室之前，首先要满足实验室的准入知识和能力条件，并务必详细了解实验室的安全规则，包括了解实验室的应急出口、消防设备的位置、急救箱的位置等。同时，要熟悉实验室中使用的化学品的性质、危害以及应急措施。在课程中学习实验室安全应急技能，确保自己在遇到突发情况时能够迅速做出正确的反应。

2. 佩戴适当的防护装备，做好个人安全和健康防护

在进行实验时，要根据实验风险，佩戴适当的防护装备，如实验服、护目镜、手套等。这些装备可以有效减少化学品对皮肤、眼睛等部位的伤害。此外，要根据实验的需要选择适当的防护装备，如在进行有毒气体实验时要佩戴防毒面具等。

3. 反复讨论并与指导教师确认实验设计方案，严格遵循实验步骤

在进行实验时，务必遵循实验步骤，不要随意更改或省略实验步骤。实验步骤需要经过精心设计和验证，具有一定的安全性和可靠性。随意更改或省略实验步骤可能会导致实验失败或发生安全事故。

4. 保持实验室整洁并做好环境保护，随时消除各类风险隐患

保持实验室整洁对于确保实验安全非常重要。在实验过程中，要及时清理实验废弃物，避免化学品残留或交叉污染。同时，要保持实验室内的通风良好，避免化学品在空气中积累达到危险浓度。

5. 寻求专业的帮助和支持，不要冒进冲动

作为新手，在进行实验室实验时可能会遇到各种问题和困难。在遇到问题时，最重要的是要及时向指导教师、实验室教辅或实验室的高年级学生寻求帮助和支持。他们具有丰富的实验室经验和专业知识，能够为你提供宝贵的建议和指导。

9.2.3 "大创"实地调研过程中注意事项有哪些

答： 大学生在进行实地调研时，与人交谈是获取一手资料和信息的重要途径。为了确保调研的顺利进行和获取准确有效的信息，以下是一些与人交谈时需要注意的事项：

- **礼貌待人**：始终保持礼貌和尊重的态度，主动与受访者打招呼，并介绍自己和调研的目的。这有助于建立信任，营造良好的沟通氛围。
- **注意语言表达**：使用清晰、准确、易于理解的语言进行交流，避免使用过于专业化或复杂的术语。如果必须使用专业术语，应提前解释其含义，确保受访者理解。
- **耐心倾听**：在交谈过程中，要耐心倾听受访者的回答和意见，不要打断或急于表达自己的观点。通过倾听，可以更好地理解受访者的想法和需求，获取更深入的信息。
- **避免引导性提问**：在提问时，应保持客观中立，尽量避免使用具有引导性的问题，以免限制受访者的回答或影响调研结果的客观性。应使用开放性问题，鼓励受访者自由表达观点和想法。
- **尊重当地风俗习惯**：在不同地区进行调研时，要尊重当地的风俗习惯和文化传统。遵守当地的法律法规，避免引起不必要的误解。
- **注意保密**：在调研过程中，可能会涉及一些敏感信息或隐私数据。要严格遵守保密规定，不得随意泄露或传播相关信息。

- **保持客观公正**：在调研过程中，要保持客观公正的态度，避免主观臆断或偏见影响调研结果。同时，要注重语言表达，避免使用过于专业化或难以理解的术语。

- **感谢与告别**：交谈结束后，要向受访者表示感谢，并礼貌地告别。这有助于维护良好的人际关系，并为后续调研或合作打下基础。

- **注意安全问题**：在实地调研过程中，时刻和指导教师、家人保持联系，汇报行程。要注意个人和团队的安全。遵守交通规则，避免在危险或敏感区域进行调研。同时，注意保管好个人财物，避免遗失或被盗。

9.3 怎么报销

9.3.1 能报销吗

答：在调研、实验和实践过程中可能会产生一些费用。以下是一些建议，帮助你解决资金问题：

- **成员垫付与报销**：如果条件允许，团队成员可以先行垫付项目费用，并保存好相关发票和凭证。需要注意的是，不同学校或团队的报销制度可能有所不同，因此在垫付费用前最好了解清楚相关规定，具体参见"9.3.2 报销规定和流程是怎样的"。

- **寻求老师科研经费的帮助**：如果项目具有前景且老师对项目表示看好，可以尝试向老师申请科研经费的支持。在申请时，需要清晰阐述项目的意义、目标、预期成果，以及所需经费的具体用途。老师可能会根据项目的实际情况和自身经费状况来决定是否提供支持以及支持的金额。获得老师科研经费的支持后，需要按照约定的方式使用经费，并定期向老师汇报项目的进展和经费使用情况。

此外，还可以考虑以下途径筹集资金：

- **学校或学院资助**：一些学校或学院会设立专门的科研项目、比赛项目、活动项目的资助基金，用于支持学生的实践活动。可以了解学校或学院的相关政策，并按照要求提交申请。

- **外部赞助或合作**：尝试与企业、机构或社会团体建立合作关系，寻求他们的赞助或资金支持。在寻求外部赞助时，需要准备好项目计划书和预算，以展示项目的价值和潜力。

- **众筹平台**：利用众筹平台筹集资金也是一种可行的方式，可以在平台上发布项目信息，吸引感兴趣的人进行捐赠或投资。

无论选择哪种方式筹集资金，都需要确保资金的合法性和合规性，并按照约定的方式使用和管理资金。同时，也需要保持与团队成员、老师和合作伙伴的良好沟通，共同推进项目的顺利进行。

9.3.2 报销规定和流程是怎样的

答：团队成员可以先行垫付项目费用，并保存好相关发票和凭证。在项目结束后或阶段性成果达成时，根据学校或团队的报销制度进行报销。报销时通常需要提交费用明细、发票等材料，并按照规定的流程进行审核和审批。需要注意的是，不同学校或团队的报销制度可能有所不同，因此在垫付费用前最好先了解清楚相关规定。

AI 试试看

问：师兄说合成分子要用到高温反应，要加热到180℃，还要用氮气保护，我有点怕，请问怎么操作呢？要注意什么呢？

文心一言答：进行高温反应并使用氮气保护在有机合成中是常见的操作。下面是一些基本的操作步骤和注意事项，帮助你安全、有效地进行实验：

操作步骤：

- **反应容器**：选择一个能够承受高温和压力的反应容器，如耐压瓶或密封管。
- **氮气置换**：在加热前，通过反复抽真空和充入氮气的方式来置换反应容器中的空气，以确保反应在无氧环境中进行。这通常通过使用真空泵和氮气线完成。
- **加热装置**：使用适当的加热设备，如油浴、电热套或沙浴，将反应容器加热到所需温度，确保加热装置能够均匀且稳定地提供热量。

- 温度监控：使用温度计（如热电偶）实时监控反应温度，并通过控制加热装置来维持所需温度。
- 反应操作：在氮气保护和指定温度下加入反应物，并开始搅拌。遵循实验方案中的反应时间和条件。
- 后处理：反应完成后，按照实验方案进行产物的提取、纯化和表征。

注意事项：

- 安全至上：始终佩戴实验室规定的防护装备，如实验服、护目镜、手套等。确保了解并遵守实验室安全规定。
- 检查设备：在使用前检查所有设备是否完好无损，特别是密封性能和耐热性能。
- 氮气使用：氮气是无害的，但在密闭空间中过度使用可能导致缺氧。确保通风良好，并避免长时间暴露在高浓度氮气环境中。
- 防止烫伤：高温反应容器和加热设备在工作时会非常热，要小心处理，避免烫伤。
- 应急准备：熟悉实验室的应急程序和撤离路线。知道如何正确使用灭火器、安全淋浴器和洗眼器等安全设施。
- 不要离开实验现场：进行高温反应时，不要长时间离开实验现场。要定期检查反应进展和温度变化。
- 遵循指导：如果你不熟悉这些操作或有任何疑问，请寻求指导教师或师兄师姐的指导。

通过严格遵守上述操作步骤和注意事项，你应该能够安全地进行高温反应并使用氮气保护。始终记住，实验室安全是最重要的。

问：请问我做实验哪些可以报销？哪些不能报销？举举例子呗。

文心一言答：在实验室进行科研工作时，实验相关的费用报销通常遵循一定的规定。以下是一些常见的可以报销和不能报销的费用例子：

可以报销的费用：

- 实验材料费：购买实验所需的化学品、试剂、耗材等。例如，进行C—H活化反应所需的催化剂、溶剂和起始原料等费用通常可以报销。

- **实验设备使用费**：如果你使用了实验室的特定设备，如核磁共振仪、高效液相色谱仪等，并产生了使用费用，这些费用通常也可以报销。
- **实验分析测试费**：将样品送到外部机构进行分析测试所产生的费用，如质谱分析、元素分析等。
- **参加学术会议的费用**：包括注册费、交通费、住宿费等，如果你参加学术会议是为了展示你的研究成果或接受专业培训，这些费用通常也可以报销。

需要注意的是，具体可以报销的费用可能因实验室、学校或研究机构的政策而有所不同。因此，在进行实验前，最好先了解清楚所在实验室、学校或研究机构的相关规定。

不能报销的费用：

- **个人消费**：如餐饮费、个人交通费、通信费等通常不能报销。即使你在实验室工作期间产生了这些费用，它们也被视为个人开支。
- **非实验相关的书籍或资料费**：购买与实验无直接关系的书籍或资料所产生的费用通常不能报销。当然，如果你的实验室或指导教师有特别的规定或资金支持用于购买这些资料，那就另当别论了。
- **违规操作导致的损失**：如果你在实验过程中由于违规操作导致设备损坏或材料浪费等损失，这些费用通常需要你个人承担，不能报销。
- **超出预算的费用**：如果你的实验费用超出了预算或未经批准就产生了额外费用，这些费用可能无法报销。因此，在进行实验前，最好先制定详细的预算并获得相关批准。

以上只是一些常见的例子，具体哪些费用可以报销还需要根据实验室、学校或研究机构的具体规定来确定。因此，在进行实验前，建议你先咨询指导教师或实验室管理人员以了解相关规定。

高阶训练

使用关键研究仪器设备或方法，记录一批数据，出示仪器设备、相关操作软件导出的图表文件。

第 10 章 创新五级成熟度：拿点数据

学习目标

价值目标：培养实事求是、脚踏实地、肯坐"冷板凳"的科学精神；建立数据思维、精益思维。

能力目标：掌握推进创新课题的基本方法，锻炼目标导向的创新能力。

知识目标：理解数据采集、处理和评价的基本原理，了解精益思维、MVP、概念验证、样品的概念。

10.1 拿数据

10.1.1 实验、调查等拿数据的目的是什么

答：实验和调查是科学研究中常用的方法，它们的核心目的都是验证假设。在科学研究中，我们通常会根据已有的知识、经验或观察提出一个或多个假设，然后通过实验或调查来收集数据，进而分析这些数据以验证或推翻我们的假设。

实验是一种控制变量的研究方法，通过操纵某些因素来观察其对其他因素的影响。在实验过程中，我们收集到的数据可以帮助我们了解变量之间的关系，从而验证或修正我们的假设。

调查则是一种通过问卷、访谈、观察等方式收集数据的方法。调查的目的是了解某一群体或现象的特征、分布、关系等，以验证我们的假设是否符合实际情况。

因此，无论实验还是调查，收集数据的最终目的都是验证我们的假设，增加我们对所研究问题的理解，并推动科学知识的进步。在这个过程中，我们需要确

保数据的准确性、可靠性和有效性，以便得出正确的结论。

10.1.2　哪些数据要采集

答：确定要采集哪些数据是实验设计和数据收集过程中的关键步骤。以下是根据实验目标和参考文献来确定所需数据的建议：

1. 根据研究目标确定

- 明确实验或研究的核心目的和假设。这些目标将直接指导你需要收集哪些数据来验证或支持你的假设。
- 列出所有与实验目标直接相关的变量。这些变量可能包括自变量（你控制的因素）、因变量（你希望测量的结果）以及潜在的干扰变量（可能影响结果但不是你主要关注的因素）。

2. 参考文献所列数据

- 查阅与你的实验或研究主题相关的文献。这些文献通常会列出之前研究者收集的数据类型和变量。
- 分析这些文献中数据的使用方式和目的，了解哪些数据对于支持或反驳研究假设是必要的。
- 根据文献综述，确定在你的研究中也需要收集类似的数据，或者是否需要收集新的数据来填补知识空白。

除了上述两点，还可以考虑以下因素来确定要采集的数据：

- **可行性**：考虑数据收集的难易程度、成本以及时间限制，确保所选择的数据在实际操作中是可以获得的。
- **数据质量**：优先选择那些能够提供高质量、准确信息的数据类型。
- **伦理隐私**：确保数据收集过程符合伦理规范，并尊重参与者的隐私权。

综上所述，确定要采集哪些数据需要综合考虑研究目标、参考文献、可行性、数据质量以及伦理隐私等多个方面。通过仔细规划和选择，可以确保收集到的数据既有效又相关，能够最大限度地支持你的研究或实验目标。

10.1.3 数据获取的过程是否有必要留痕、记录

答：非常有必要。

- **透明度和可验证性**：留下数据获取的记录可以确保研究的透明度，其他研究者可以验证数据的来源和获取方式。这有助于确保研究的可靠性和可重复性。

- **数据质量控制**：记录数据获取的过程可以帮助研究者对数据进行质量控制。如果后续发现数据中存在问题或者错误，记录可以帮助定位问题的源头，并且对数据进行修正或者清洗。

- **法律和伦理要求**：在一些情况下，根据法律或者伦理规定，研究者可能需要保留数据获取的记录以便于审查或者监管。在涉及人类研究或者敏感数据的情况下，这尤其重要。

- **学术诚信**：保留数据获取的记录是学术诚信的体现。在学术界，诚实和透明是非常重要的价值观，记录数据获取过程可以确保研究的诚信性。

因此，无论为了确保研究的可信度，还是为了满足法律和伦理要求，数据获取的过程都应该被记录和留痕。这可以通过详细的笔记、数据获取流程图、文件元数据等方式来完成。

10.1.4 带有患者信息的隐私数据医学临床研究应该注意些什么

答：对于带有患者信息的隐私数据的处理，需要注意以下内容：

- **伦理审批**：在涉及患者信息的研究开始之前，必须提交给相关的伦理委员会进行审批。由于伦理审批可能需要较长时间，建议在项目立项或开题阶段就着手准备并提交申请。确保研究设计、数据收集、存储、使用和共享等方面均符合伦理要求。

- **患者知情同意**：在研究过程中，必须充分尊重患者的知情权和自主权。患者应在参与研究前签署知情同意书，确保他们了解研究的目的、方法、潜在风险和收益。知情同意过程应详细记录，并妥善保存相关文件。

- **数据脱敏处理**：在数据公开或共享之前，必须对包含患者隐私信息的数

据进行脱敏处理。脱敏处理应去除或替换掉能够直接识别患者身份的信息，如姓名、身份证号、联系方式等。对于敏感病史信息，也应进行适当的脱敏或加密处理，以确保患者隐私不被泄露。

- **数据安全与保密**：建立严格的数据安全和保密制度，确保只有授权人员能够访问和处理患者数据。使用加密技术和其他安全措施来保护数据存储和传输过程中的安全性。定期对数据安全和保密措施进行审查和更新，以应对新的安全威胁和挑战。

- **合规性与法律要求**：确保研究符合所有相关的法律法规和行业标准，特别是关于医疗信息隐私和数据保护的规定。如果研究涉及跨国合作或数据共享，还需要特别注意不同国家之间的法律差异和合规性要求。与法律顾问保持密切合作，确保研究活动的合法性和合规性。

综上所述，处理带有患者信息的隐私数据在医学临床研究中是一项严肃而复杂的任务。通过遵循上述注意事项，可以最大限度地保护患者的隐私权益，同时确保研究的科学性和可靠性。

10.2　评价数据

10.2.1　数据越多越好、越精确越好吗

答：在验证假设的过程中，数据的质量和相关性比单纯的数量或精度更为关键。虽然更多的数据可以提供更多的信息，增强结论的可靠性，但前提是这些数据必须是有效、准确且相关的。同样，数据的精确性也很重要，但过度追求精确性可能会增加不必要的成本和复杂性，特别是在初步验证假设的阶段。

始终不要忘了是为了验证假设。这意味着，我们应该根据假设的需要来确定所需的数据量和精度。如果增加数据或提高精度并不能为验证假设提供更多有价值的信息，那么这样做就是不必要的，还徒增成本和时间。因此，在收集和分析数据时，我们应该始终关注它们如何支持或反驳我们的假设，而不是简单地追求数量或精度。

总之，数据的数量和精度都是服务于假设验证的。在收集和分析数据时，我

们应该以验证假设为目标，合理权衡数量、精度和成本等因素，确保数据的有效性和相关性。

10.2.2 数据可靠吗

答：如何保证采集数据的科学性呢？确保采集数据的科学性是任何研究或实验的关键步骤。以下是一些建议，以确保从采样到数据处理整个过程的科学性：

- **采样科学**：使用随机采样方法，确保样本的代表性和无偏性。根据研究目的和背景知识确定合适的样本大小和采样频率。遵循标准化的采样程序，确保每次采样都在相同或相似的条件下进行。记录详细的采样信息，包括时间、地点、环境条件等，以便后续分析和验证。
- **方法科学**：选择经过验证和广泛接受的数据收集方法。在可能的情况下，使用盲法或双盲法来减少主观偏见和误差。对实验或调查过程进行充分的预测试和校准，确保方法的准确性和可靠性。
- **仪器科学**：使用高质量、经过校准的仪器和设备进行数据收集。定期对仪器进行维护和检查，确保其性能和准确性。在使用新仪器或新设备之前，进行充分的培训和熟悉操作，以减少操作误差。
- **数据处理科学**：使用合适的数据分析方法和统计软件来处理数据。对数据进行清洗和整理，去除异常值、错误数据或无关信息。进行必要的数据转换或标准化，以便进行跨组或跨时间的比较。对分析结果进行解释和讨论时，要考虑到数据的局限性、假设条件，以及可能的偏差来源。

综上所述，确保采集数据的科学性需要从采样、方法、仪器和数据处理等多个方面进行综合考虑和严格把控。通过遵循科学的原则和程序，我们可以提高数据的准确性和可靠性，从而为研究或实验提供有力的支持。

10.2.3 如何判断数据质量

答：数据质量是确保研究准确性和可靠性的关键因素。以下是判断数据质量的一些主要指标和方法：

- **样品可靠性**：评估样品的来源、采集、保存和处理过程是否符合科学标准。检查样品是否有代表性，能否反映所研究总体的特征。确认样品在采集、运输和存储过程中是否受到污染或变质。

- **数据一致性**：检查数据集中不同来源或不同时间点收集的数据之间是否一致。分析重复测量或不同方法测量的结果是否具有一致性（即重复性）。确保数据记录和处理过程中没有引入系统性偏差。
- **仪器/设备状态**：确认使用的仪器或设备是否经过校准和验证，处于良好的工作状态。检查设备的精度、灵敏度和稳定性是否满足实验要求。记录仪器使用过程中的任何异常或故障，并评估其对数据质量的影响。
- **分辨率**：评估仪器或设备的测量分辨率是否足够高，以捕捉实验所需的细微变化。确认数据的精度和粒度是否足以支持后续的分析和解释。
- **人的状态**：考虑实验人员或数据收集者的技能、经验和培训水平。确保实验人员遵循了正确的操作程序和安全规范。评估实验人员的主观偏见或疲劳等因素对数据质量可能产生的影响。
- **操作步骤**：确认数据收集和处理过程中遵循了标准化的操作步骤和协议。检查实验记录是否完整、准确，并包含所有关键信息。分析实验设计是否存在潜在的偏差来源，并采取措施进行控制或校正。

综上所述，判断数据质量需要综合考虑多个方面，包括样品、仪器、人员和操作步骤等。通过严格把控这些因素，可以提高数据的准确性和可靠性，为后续的分析和解释提供坚实的基础。

10.2.4　一手数据与二手数据孰优孰劣

答：在经济学等社会科学研究中，一手数据（原始数据）和二手数据（次生数据）有以下区别：

- **一手数据**（原始数据）：这是研究者自己收集或者直接从数据来源处获取的数据，尚未经过其他人的整理或者加工处理。一手数据具有较高的可靠性和原始性，因为它们直接来自数据源，没有经过中间环节的干扰或者失真。由于需要自行收集或者获取，一手数据可能会耗费更多的时间、金钱和人力。
- **二手数据**（次生数据）：这是他人已经收集、整理或者加工过的数据，供其他人进一步分析或者使用。二手数据可以是来自学术研究、政府机构、商业组织等各种数据源。二手数据相对于一手数据来说，获取成本更低，节省了时间和资源。但是，二手数据可能存在着质量参差不齐、缺乏原始性等问题，需要研究者自行评估其可靠性和适用性。

孰优孰劣取决于具体研究问题和研究者的需求：

- 如果研究问题需要针对性地收集原始数据，以确保数据的准确性和完整性，那么一手数据可能更为合适。
- 如果研究问题已经有了大量的已有研究和数据可供利用，并且这些数据能够满足研究需求，那么利用二手数据可能更为方便和经济。

在实际研究中，通常会综合考虑两者的利弊，根据具体情况选择使用一手数据或者二手数据，或者结合两者进行分析。

10.2.5 如何验证数据准确性

答：以下是验证数据准确性的一些方法。

- **重复实验**：重复实验是最基本的方法。通过自己重复进行实验并收集数据，可以检查数据的一致性和可重复性。如果多次实验的结果相似，那么数据的准确性就更高。重复实验有助于识别并纠正可能存在的误差或偏差。

- **多方验证**：多方验证是指邀请不同的研究团队或专家对同一数据集进行验证。这些团队或专家可以使用不同的方法或技术来分析和处理数据，然后比较他们的结果。如果多个团队或专家得出相似的结论，那么数据的准确性就更有保障。多方验证有助于减少个人或团队的主观偏见对结果的影响。

- **数据对比**：数据对比是将新收集的数据与已有的数据集进行对比，以检查是否存在异常或不一致之处。这可以通过使用统计方法、可视化工具或专业软件来实现。数据对比有助于发现潜在的数据质量问题，如输入错误、测量误差或数据篡改等。

- **模拟分析**：模拟分析是一种基于数学模型和计算机模拟来验证数据准确性的方法。通过构建反映实际情况的数学模型，并使用计算机模拟生成数据，可以与实际收集的数据进行比较。如果模拟数据与实际数据相符，那么可以认为实际数据的准确性较高。模拟分析有助于评估数据收集和处理方法的有效性，以及识别可能存在的系统性误差。

综上所述，验证数据准确性需要综合运用多种方法，包括重复实验、多方验证、数据对比和模拟分析等。这些方法相互补充，可以提高数据的可靠性和研究的质量。同时，还需要注意在数据收集、存储和处理过程中遵守相关的伦理规范和法律法规，以确保数据的合法性和合规性。

10.2.6 重复实验的必要性何在

答：重复实验在科学研究中具有至关重要的必要性，它不仅是验证数据准确性的有效手段，也是确保研究结论可靠性和科学性的基石。以下详细阐述了重复实验的必要性：

- **验证数据准确性**：通过重复实验，研究者可以多次收集和分析数据，从而检查数据的一致性和稳定性。如果多次试验的结果相似或一致，那么数据的准确性就得到了验证。这有助于排除偶然误差或异常值对研究结论的影响，提高数据的可信度和说服力。

- **避免实验误差**：在科学研究中，实验误差是不可避免的。这些误差可能来源于实验设计、实验操作、仪器精度等多个方面。通过重复实验，研究者可以识别和纠正这些误差，从而减少它们对研究结论的影响。此外，重复实验还可以帮助研究者评估实验方法的可靠性和有效性，为后续研究提供有力支持。

- **增强研究结论的可靠性**：重复实验是科学研究中的重要原则之一。如果一个实验的结果不能被其他研究者重复出来，那么这个实验结论的可靠性就会受到质疑。通过重复实验，研究者可以确保自己的研究结论是基于可靠的数据和有效的实验方法得出的，从而增强研究结论的可信度和说服力。

- **培养科学精神**：大创训练强调培养学生的科学精神和实践能力。重复实验是科学精神的重要体现之一。通过参与重复实验，学生可以深刻体会到科学研究的严谨性和客观性，培养求真务实、勇于探索的科学态度。同时，重复实验也有助于学生掌握科学研究的基本方法和技能，为未来的学术研究和职业发展打下坚实基础。

综上所述，重复实验对于验证数据准确性、避免实验误差、增强研究结论的可靠性以及培养科学精神都具有重要意义。因此，在进行科学研究时，研究者应该充分重视重复实验的必要性，并严格遵守实验设计和操作规范，以确保研究结论的准确性和可靠性。

10.2.7 如何对待每一组实验数据

答：对待每一组实验数据，我们都应该保持严谨、细致和科学的态度。以下是对待实验数据的建议：

- **及时分析**：在实验过程中，建议采取及时分析的策略。每当收集到一组数据时，都应该尽快进行分析，以了解数据的特征和趋势。这样做有助于及时发现数据中的异常或问题，从而及时调整实验方案或方法。通过及时分析，我们可以更好地掌握实验的进展情况，确保实验按照预期的方向进行。

- **与老师积极讨论**：对于实验中遇到的疑难杂症或数据分析中的困惑，建议积极与老师进行讨论。老师具有丰富的经验和专业知识，能够为我们提供宝贵的指导和建议。与老师的讨论有助于我们更好地理解数据背后的含义和规律，发现可能存在的问题或偏差，并共同寻找解决方案。通过与老师的合作和交流，我们可以不断提升自己的实验技能和数据分析能力。

- **解决疑难杂症**：在实验过程中，难免会遇到一些疑难杂症。对于这些问题，我们应该及时采取措施进行解决，以确保实验的顺利进行。可以尝试查阅相关文献、咨询专业人士或进行小组讨论等方式来寻求解决方案。同时，也要保持耐心和毅力，不断尝试和探索新的方法和思路。通过解决疑难杂症，我们可以积累更多的经验和知识，为未来的实验和研究打下坚实的基础。

- **避免丢弃数据**：在处理实验数据时，我们应该避免随意丢弃数据。每一组数据都包含了实验的信息和特征，即使是不理想的数据也可能为方案的改进提供参考。因此，我们应该充分利用每一组数据，挖掘其中的价值和意义。可以通过对数据进行统计分析、可视化展示或与其他数据集进行对比等方式来深入挖掘数据的内涵和规律。通过充分利用数据，我们可以更好地理解实验的本质和规律，为未来的研究提供有力的支持。

综上所述，对待每一组实验数据我们应该保持严谨、细致和科学的态度。通过及时分析、与老师积极讨论、解决疑难杂症，以及避免丢弃数据等方式，我们可以更好地掌握实验的进展情况和数据特征，为未来的研究提供有力的支持和参考。

10.3 做个样品

10.3.1 什么是样品？有样品就代表项目成熟度高吗

答：对于文理工医等不同学科，科学研究、技术开发、产品研制等不同类型的研究项目，样品的概念、获取的难易程度、所代表的项目已发生的工作量和创新度，区别很大。

【科学研究】在河水水质调查项目中，样品是指从河里采集来的水。在取这些样品之前，可能需要文献查阅、以往工作梳理、做好科学假设，规划取水点，分工，然后拿着工具去采集样品。在此之后，样品将被放进仪器检测。这种情况下，拿到样品代表实验起步。有的研究中，样品不像河水一样俯身可取。有一些样品，制备出它们，本身就是挑战人类的技艺，比如合成一个人类从没合成过的精巧分子等。合成新分子，并鉴定验证，这或许就是 *Science* 级别的论文。

【产品研发】在开发一个物联网设备的项目中，样品指能反映核心设计理念的粗糙的原型产品。项目研究的起点是成熟的科学原理，并不需要我们去探索参数与参数的数量关系。我们只是把已知的科学原理运用到一个具体任务中去，尝试解决一个具体问题。这种情况下，样品的可执行性显然证明了技术的可行性，还有团队的知识、能力到位，成熟度还不错。

在创业开小店的项目中，样品可能是一块蛋糕、一杯奶茶，那刚开始，可能就需要小批量生产，请目标客户来品尝反馈，调整产品，避免一下子生产了大量产品卖不出去。这种情况下，有样品不能代表成熟度很高，用户反馈和你的几代不同产品可能才能代表。

可见，不同类项目中，样品背后承载的思考和努力大不一样，相信评委老师能看得清你在项目中的努力，不会简单依靠有没有样品给项目团队做出过于简单的判断。

10.3.2 什么是 MVP

答：（工科版）MVP（Minimum Viable Product）是指最小化可行产品，是一种敏捷开发方法中的概念。MVP 是指在产品开发过程中，通过最小化功能和特性的范围，仅保留最基本的核心功能，以尽快推出一个可用的产品或服务。

MVP 的目标是通过尽可能少的工作量和资源投入，验证产品的市场需求和可行性。它强调快速学习和反馈循环，以便在早期阶段就能够获取用户反馈和数据，从而指导产品的进一步发展。

MVP 通常具有以下特点：

- **最小化功能**：MVP 仅包含最基本、最核心的功能，以满足产品最基本的使用需求。
- **快速开发**：MVP 的开发周期相对较短，目的是尽快推出可用的产品。
- **验证假设**：MVP 的目标是验证产品的关键假设和市场需求，以确定产品的可行性和市场潜力。
- **用户反馈**：MVP 通过尽早与用户互动，获取用户反馈和数据，以便在后续开发中进行改进和优化。
- **迭代演进**：基于用户反馈和数据，MVP 可以不断迭代和改进，逐步增加功能和特性，以满足用户需求和市场要求。

（创业版）这是"产品研发"领域的概念。在《精益创业》一书中，Eric Ries 对 MVP 进行了系统化讲解：MVP 是指团队用"最小成本"开发出"可用"且能表达出"核心特点"的"产品"版本，使其功能极简但能够帮助企业快速验证对产品的构思。很多企业会通过"构建（Build）—测量（Measure）—迭代（Learn）"的操作流程，设计最小化可行产品，来验证产品设想。○

1. 如何构建 MVP

答：（工科版）构建 MVP 需要经过以下步骤：

○ 资料来源：个推大数据，知乎，https://zhuanlan.zhihu.com/p/258565534，2022 年 9 月 23 日。

- **定义核心目标**：明确 MVP 的核心目标和关键问题。确定希望解决的核心问题，以及产品在市场上的独特价值。
- **确定关键功能**：识别并选择 MVP 的关键功能，这些功能是实现核心目标所必需的。聚焦于满足用户的基本需求，而非过多地关注次要功能。
- **创建基本用户界面（UI）**：设计一个简化的、基本的用户界面，以支持 MVP 所需的核心功能。界面应该简洁易懂，让用户能够快速上手并使用产品。
- **进行迭代开发**：将开发工作拆分成多个迭代周期，每个周期集中开发一个或多个关键功能。每个迭代周期都应该有一个可用的、可验证的产品版本。
- **快速发布和反馈收集**：在每个迭代周期结束后，发布 MVP 的版本，并收集用户反馈和数据，可以通过测试用户、内部团队或有限的用户群体来获取反馈。
- **分析和学习**：分析用户反馈和数据，了解用户的需求、行为和反应。根据这些信息，识别产品的优势和不足之处，为下一次迭代提供指导。
- **迭代改进**：基于用户反馈和学习，对 MVP 进行改进和优化，集中精力解决用户最重要的问题，并逐步增加新功能和特性。
- **重复迭代过程**：通过不断地迭代和改进，逐步完善产品，并根据市场需求和用户反馈进行进一步发展。

注意事项如下：

- **保持简单**：避免过度复杂化 MVP，专注于解决关键问题。
- **快速上线**：MVP 的目标是迅速推出可用产品，以验证假设和收集反馈。
- **强调用户反馈**：积极寻求用户反馈，并将其用于指导产品的改进和发展。
- **灵活性和敏捷性**：MVP 的开发过程应具备灵活性和敏捷性，以便根据学习和反馈进行调整和优化。

（创业版）MVP 构建流程如图 10.1 所示。

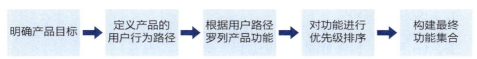

图 10.1　MVP 构建流程

第一步：**明确产品目标**。团队的首要目标就是要确定产品到底解决用户的哪些痛点，给用户带来什么样的价值，在此之前用户是如何满足自身需求的。最好能用一句话总结表述。

第二步：**定义产品的用户行为路径**。梳理用户的行为流程，分解用户对产品的具体操作步骤。

第三步：**根据用户路径罗列产品功能**。团队集思广益列出产品，帮助用户实现目标需要具备的功能。在这个过程中，团队想做的产品功能可以丰富多样。

第四步：**对功能进行优先级排序**。通过前期的头脑风暴，把丰富的功能列在白板上，团队根据研发资源、设计资源、用户体验等维度对功能进行优先级排序，对功能列表做减法和收敛。

第五步：**构建最终功能集合**。明确好最终功能集合后，可以画出产品原型图，找一些目标用户深入沟通，确定原型终稿，进入开发环节。

例如一款美颜相机的 MVP，通过上述流程，确定"滤镜美化"功能排序第一，但是为了让产品能用，功能集合里还得包含多个功能（见图 10.2）。

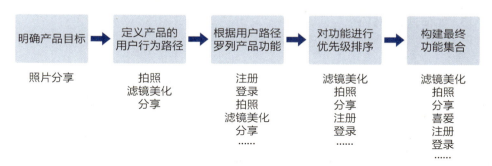

图 10.2　Instagrame 软件 MVP 构建流程

2. 如何测量和验证 MVP

答：（工科版）

- **建立关键指标**（Key Metric）：确定适合产品的关键指标，这些指标可以帮助评估 MVP 的性能和成功程度。这些指标可能包括用户增长率、用户留存率、活跃用户数、转化率等，具体取决于产品性质和目标。

- **用户反馈和调查**：通过与 MVP 的用户进行交流、收集反馈和调查，了解他们的体验、满意度和需求。可以使用问卷调查、用户反馈工具、用户访谈等方法来收集有关产品的定性和定量反馈。

- **用户行为分析**：利用分析工具（如 Google Analytics、用户行为分析工具等）跟踪和分析用户的行为。这些工具可以提供关于用户使用产品的数据，如访问次数、页面停留时间、点击热点等，从而帮助评估产品的使用情况和用户互动。
- **A/B 测试**：通过 A/B 测试来比较不同功能或设计的效果。在 MVP 中尝试不同的变体，并通过分析用户行为和反馈来确定哪个变体更受欢迎或更有效。
- **统计数据分析**：对收集到的数据进行统计分析，以识别关键趋势、用户行为模式和产品性能。确定 MVP 的优点和不足之处，从而指导后续改进和迭代。
- **用户转化和收益**：关注用户转化率和产品带来的收益，以评估 MVP 的商业可行性。这可以通过分析用户的注册、购买、订阅等行为来进行评估。
- **比较竞争对手**：与竞争对手进行比较和对比，了解市场上类似产品的表现和用户反馈。这可以帮助评估 MVP 在市场中的竞争力和差异化程度。[1]

3. 如何迭代 MVP

答：（工科版）

- **收集用户反馈和数据**：与 MVP 的用户进行沟通，收集他们的反馈和建议。利用分析工具和用户行为数据来了解用户的使用习惯、偏好和痛点。
- **分析和评估**：仔细分析用户反馈和数据，识别出 MVP 的优点和改进的领域。确定哪些功能或方面需要进一步优化或修复。
- **确定优先级**：根据分析结果，确定优先级和重点关注的领域。将注意力集中在最重要的问题上，以提高 MVP 的核心价值和用户体验。
- **制订迭代计划**：基于确定的优先级，制订一个迭代计划，确定需要改进的具体功能和特性。将每个迭代周期划分为可管理的任务，并设置可实现的时间目标。
- **迭代开发和测试**：在每个迭代周期内，专注于开发和改进被选定的功能

---

[1] 资料来源：个推大数据，知乎，https://zhuanlan.zhihu.com/p/258565534，2020 年 9 月 23 日。

和特性，进行开发、测试和质量验证，确保新功能能够正常工作并符合用户期望。

- **发布和收集反馈**：在每个迭代周期结束后，发布更新的版本，供用户测试和使用。收集用户反馈和数据，了解改进的效果和用户满意度。
- **分析和学习**：根据用户反馈和数据分析，评估每个迭代的成果和效果。识别成功之处和需要改进的地方，并从中汲取教训和经验。
- **调整和优化**：基于学习和分析的结果，对下一个迭代周期进行调整和优化。修复问题、改进功能，并根据用户的反馈和需求进行适应性调整。
- **重复迭代过程**：持续迭代和改进 MVP，根据市场需求和用户反馈不断完善产品。逐渐增加新功能和特性，以提供更好的用户体验和产品价值。

10.3.3 什么是概念验证

答：（工科版）概念验证是指对一个新产品、想法或商业模式进行初步验证的过程。它的目标是确定概念的可行性、市场接受度和商业前景，以便在投入大量资源之前做出明智的决策。

在概念验证阶段，通常会进行以下活动：

- **建立概念描述**：明确概念的核心要素、目标和价值主张。将概念以简洁明了的方式描述出来，确保团队和利益相关者对概念有一致的理解。
- **目标用户定义**：明确产品或服务的目标用户群体。了解他们的需求、偏好和问题，以确定概念是否能够满足他们的需求，并为他们带来价值。
- **市场调研**：进行市场调研，了解相关市场和竞争环境。分析潜在的市场规模、竞争对手、趋势和机会，以评估概念在市场中的可行性和竞争力。
- **概念验证实验**：设计和进行一系列实验或小规模试点，以验证概念的关键假设和前提条件。这可以包括原型测试、模拟市场环境、用户反馈收集等，以获取有关概念效果和用户接受度的初步数据。
- **数据分析和评估**：收集和分析实验数据，评估概念的有效性和可行性。根据实验结果和用户反馈，判断概念是否具有商业前景、用户吸引力和可持续性。
- **决策和调整**：基于概念验证的结果，做出决策是否继续投入资源进行进一步开发和推广。如果概念验证结果积极，可以继续迭代和完善产品；如果结果不理想，可以重新评估概念、做出调整或决定放弃。

概念验证的目的是在早期阶段评估产品或商业模式概念的可行性，避免投入过多资源在不成熟或无市场需求的概念上。它可以帮助创业者和企业更加精确地了解市场需求，减少风险，并为产品发展提供指导。

（百度版）概念验证是对某种想法的实现，以证明其可行性，或验证某个概念或理论具有应用潜力。每当需要证明或验证具体设想或概念时，便可进行概念验证。概念验证也无法代替原型。后者于项目规划结束时开发，历经数次概念验证。

这个概念目前比较主流地出现在科技成果转化领域，大学里，尤其是科学研究领域，目前还不大用这个概念。

10.3.4 什么叫打样？怎么打样？贵吗

答：打样是指制造或生产过程中的样品制作，目的是验证产品设计、质量和性能，以及进行市场测试和客户确认。打样通常在正式生产之前进行，以确保产品符合预期要求。

打样的具体步骤可以根据产品类型和制造过程的不同而有所差异，但通常包括以下几个主要阶段：

- **设计评审**：在进行打样之前，对产品设计进行评审和确认。这包括设计图纸、技术规格和材料选择等方面的讨论和验证。
- **选择供应商**：选择合适的供应商或制造商来进行打样制作。这可能涉及与多个供应商进行沟通、比较和选择。
- **制作样品**：根据设计和规格要求，制作出符合产品要求的样品。这可能涉及原材料的采购、加工、组装和装配等过程。
- **测试和验证**：对样品进行测试和验证，以确保其符合设计要求和质量标准。这可能包括性能测试、可靠性测试、安全性评估等。
- **客户确认**：将打样的样品提交给客户进行评估和确认。客户可以对样品进行实际使用和测试，并提供反馈和意见。

○ 资料来源：联合创星，知乎，https://zhuanlan.zhihu.com/p/623050862，2023年4月19日。

- **修改和改进**：根据客户反馈和评估结果，对样品进行修改和改进。可能需要进行多轮的迭代，直到达到客户满意的结果。
- **量产准备**：一旦样品得到客户确认并满足要求，准备将产品投入正式的量产阶段。这可能涉及供应链准备、生产流程规划和设备采购等。

至于打样的费用，它会根据产品类型、复杂程度、材料成本和制造工艺等因素而有所不同。通常来说，打样费用可能包括原材料采购费、加工和制造费用、人工成本、测试和验证费用等。具体的费用可以与供应商进行商议和协商，并根据项目的具体要求进行评估。打样是产品制造过程中的重要环节，它可以帮助确认产品的质量和性能，并为产品的正式生产提供可靠的基础。虽然打样可能会涉及一定的成本，但它可以帮助避免生产过程中出现大量的质量问题和不必要的资源浪费，从而具有积极的经济效益。

10.3.5 什么是小试、中试

答：小试和中试是在产品开发和生产过程中进行的两种不同规模的试验和测试阶段。

- **小试**（Pilot Test）：小试是指在产品开发或生产初期，进行小规模试验和测试的阶段。它通常发生在概念验证之后，旨在验证产品的可行性、功能性和市场接受度。小试的目标是测试产品的基本功能、性能和用户体验，并获取初步的用户反馈。

在小试阶段，通常会选择一小部分目标用户或受试者进行测试。产品可能仍处于原型或初期生产阶段，供应链和生产流程可能仍在调整和优化中。小试的规模相对较小，旨在收集关键数据和反馈，以指导后续的产品改进和扩展。

- **中试**（Pilot Production）：中试是指在产品开发或生产过程中，进行中等规模试验和测试的阶段。它通常发生在小试之后，旨在进行更大规模的生产试验和验证。中试的目标是测试产品的生产可行性、质量控制和供应链稳定性。

在中试阶段，产品已经进入了较为成熟的生产准备阶段，供应链已经建立，生产流程和工艺已经优化。中试的规模通常比小试更大，可以模拟实际的生产环境和规模。通过中试，可以评估生产过程中的效率、质量控制和供应链的可靠性，以便在正式量产之前进行必要的调整和改进。

10.3.6　做出样品/MVP能提高评上省级、国家级的机会吗

答：做出样品/MVP能提高项目成熟度和项目产出，会提高评分。在立项、中期和结题评审中，决定评分高低的，首先是项目价值，其次是项目成熟度以及项目产出，最后是团队成员工作量的大小，以及有没有充分证据证明项目是团队成员们做的（团队成员对项目设计、技术细节的熟悉程度）。

10.3.7　工科项目做出样品能保证结题评价优秀吗

答：不能。做出样品可以提高工科项目结题的评价得分，但并不能保证一定能获得优秀的结题评价。最终的结题评价通常是综合考虑多个方面的因素，并且会因评审标准、项目质量、创新性、实用性等因素而有所不同。

AI 试试看

问：我研究的用C—H活化反应来合成吲哚类OLED蓝光分子，样品是啥？

文心一言答：在你研究的用C—H活化反应来合成吲哚类OLED蓝光分子的项目中，"样品"通常是指你在实验过程中制备的、用于测试和表征的吲哚类OLED蓝光分子。这些样品是通过C—H活化反应合成的，并且会经过一系列的纯化和分离步骤，以得到足够纯度的目标分子。

具体来说，样品可能是你在不同反应条件下合成的吲哚类化合物，或者是经过不同处理步骤（如结晶、重结晶、色谱分离等）后得到的产物。这些样品将用于后续的性质测试、结构表征以及性能评估。

在OLED研究中，样品的质量和纯度至关重要，因为它们直接影响到OLED器件的性能和发光效果。因此，在合成和处理样品时，需要格外注意实验条件的控制、杂质的去除以及产物的纯化等问题。

最终，通过对这些样品的详细分析和测试，你将能够评估C—H活化反应在合成吲哚类OLED蓝光分子中的效果，以及优化反应条件和分子结构以提高OLED

器件的性能。

问：那我要是几次努力，都没有成功合成一个吲哚类 OLED 蓝光分子，我的大创项目是不是就不能结题了？

文心一言答：即使你几次努力都没有成功合成一个吲哚类 OLED 蓝光分子，也并不意味着你的大创项目不能结题。在科研项目中，失败是常有的事情，重要的是你能够从失败中学习到东西，并对你的实验方法和策略进行调整和改进。

如果你没有成功合成目标分子，你仍然可以：

- 分析失败原因：仔细回顾你的实验过程，分析可能导致失败的原因。这可能是因为反应条件不合适、原料不纯，或者存在未知的副反应等。通过仔细分析，你可能找到改进的方法。

- 调整实验方案：基于你的分析，尝试调整实验条件、优化反应步骤或更换试剂等。有时候，小小的改变就能带来成功。

- 探索其他路径：如果当前的合成路径一直不成功，你可以考虑探索其他的合成方法或路径。文献调研可能会给你带来新的灵感和思路。

- 撰写总结报告：即使你的实验没有达到预期的目标，你仍然可以撰写一份详细的总结报告，描述你的实验过程、遇到的问题，以及你的分析和改进尝试。这份报告可以作为你的大创项目的一部分，展示你的努力和思考。

- 与导师和同学讨论：与你的导师和同学讨论你的实验结果和遇到的问题。他们可能会提供有价值的建议和帮助，帮助你找到解决问题的方法。

最终，你的大创项目是否能够结题，不仅仅取决于你是否成功合成了目标分子，还取决于你在项目中所做的努力、你的思考和分析能力，以及你从实验中学到的东西。即使你没有得到预期的结果，但如果你能够从中学到宝贵的经验和知识，那么你的大创项目仍然是有价值的。

最后，请记住，证伪才是科学的本质！

高阶训练

采集至少 3 组能证明或证伪科学假设的数据，用数据表形式整理。

第 11 章　创新六级成熟度：分析结果

学习目标

价值目标：建立实事求是的科学精神，深刻理解科学的本质是"证伪"。

能力目标：掌握本课题常用的一两种数据分析的方法和软件。

知识目标：了解多种本课题常用的数据分析的方法和软件的适用场景。

11.1　怎么分析

11.1.1　数据处理的基本原则有哪些

答：数据处理的基本原则主要有以下三方面：

- **准确性**：确保数据的准确性和完整性，避免因为数据错误导致分析结果的偏差。
- **一致性**：保持数据处理过程的一致性，使用统一的方法和标准来处理数据。
- **效率性**：在保证准确性的前提下，尽可能提高数据处理的效率，减少时间和资源的浪费。

11.1.2　数据处理的基本方法有哪些

答：数据处理的基本方法主要有以下五方面：

- **数据清洗**：包括去重处理、缺失值处理、异常值处理等，确保数据的质量和可靠性。
- **数据转换**：将数据转换为适合分析的格式，如标准化、归一化等。

- **数据分组与聚合**：根据分析需要，将数据按照特定规则进行分组和聚合。
- **数据排序与筛选**：根据某种规则对数据进行排序，或者根据特定条件筛选出需要的数据。
- **数据计算与统计**：对数据进行各种算术和逻辑运算，以及统计分析，提取有用的信息。

此外，数据处理还需要考虑数据的安全性和隐私保护，确保在处理过程中不泄露敏感信息。

11.2 怎么画图

答：数据可视化的软件工具种类繁多，每种工具都有其独特的特点和适用场景。以下是一些常见的数据可视化软件工具：

- **Origin**：Origin 是一款专为科学研究和工程应用设计的数据分析和可视化软件。它提供了强大的数据处理功能，包括统计、拟合、信号处理等。Origin 的图表类型丰富多样，支持 2D 和 3D 图表的创建和编辑。同时，它还提供了丰富的定制选项，使得用户能够根据需要调整图表的各个细节。Origin 还支持多种数据格式的导入和导出，方便与其他软件进行数据交换。
- **Tableau**：Tableau 是一款功能强大的数据可视化工具，它提供了丰富的数据连接选项和可视化选项，使用户能够轻松地创建各种图表和报告。Tableau 还具有出色的交互功能，用户可以轻松地对数据进行探索和分析。
- **Power BI**：Power BI 是微软开发的一款商业智能工具，它集成了数据连接、数据建模、数据可视化和报告等功能。Power BI 具有丰富的可视化组件和交互功能，用户可以通过拖拽和点击来创建复杂的报表和仪表板。
- **FineBI**：FineBI 是一款国产的商业智能软件，它提供了数据整合、数据分析和数据可视化等功能。FineBI 的可视化组件丰富多样，用户可以轻松地创建各种图表和仪表板，并且支持多种数据源连接和数据分析方法。
- **ECharts**：ECharts 是一个使用 JavaScript 实现的开源可视化库，它可以在 Web 浏览器中生成交互式的图表和图形。ECharts 支持多种图表类型，如折线图、柱状图、散点图等，并且具有高度的可定制性和灵活性。

- **GraphPad**：GraphPad 是一款广泛用于生物学领域的数据可视化软件，它提供了直观的界面，用户可以直接通过 office 与 GraphPad 的协作无须编码快速地进行数据可视化以及相关统计学计算。

以下是经济学常用的一些数据可视化分析软件工具：

- **SPSS**：SPSS 是一款广泛使用的统计分析软件，提供数据可视化等功能。SPSS 适用于初学者和非编程用户，其用户界面友好，操作简单，可以快速生成标准的统计图表，适用于初步的数据探索和结果展示。但图表定制化能力有限，高级可视化功能相对较差。

- **Stata**：Stata 是一款专业的统计分析软件，提供丰富的数据管理、统计分析和图形功能，特别适合经济学和社会科学研究者进行数据分析和高级可视化。

- **R 语言**：R 语言是一种开源免费的统计分析和图形化编程语言。它拥有庞大的社区和丰富的包，图表定制化能力极强，适合需要进行复杂数据分析和高度定制化图表的研究者。

- **Python**：Python 是一种通用编程语言。它拥有很多专门用于数据可视化的库和工具，如 Matplotlib、Seaborn、Plotly 等，可提供大量的可视化选项，满足不同定制化的可视化需求。Python 也支持 Jupyter Notebook 等交互式环境，可进行交互式探索。

- **MATLAB**：MATLAB 作为一种编程和数值计算平台，同样提供了丰富的功能和工具，使得数据可视化变得更加简单和灵活。除了基本的数据可视化功能外，可使用 MATLAB 语言以交互方式或编程方式创建可视化。另外，MATLAB 与其他数据可视化工具，如 Tableau、Power BI、Ploty 结合使用。

- **AMOS**：AMOS 是一款专注于结构方程模型的分析和可视化的软件。图形用户界面友好，适合经济学或社会科学研究者进行结构方程模型的分析和路径图的可视化。

- **CiteSpace**：CiteSpace 是一款专门用于科学文献分析和可视化的软件。它能够生成知识图谱，如共被引网络、合作网络等，帮助研究者洞察学科结构和演化过程等。

11.3 怎么解读数据

11.3.1 如何分析结果，解读数据

答：分析数据处理结果的方法多种多样，每种方法都有其特定的应用场景和优势，包括以下常见的方法：

- **描述性统计分析**：这种方法主要用于概括数据的基本特征，如集中趋势（均值、中位数、众数等）、离散程度（标准差、方差等）以及分布形态（偏态、峰态等）。描述性统计分析有助于对数据有一个整体的了解，为后续深入分析提供基础。

- **推论性统计分析**：包括假设检验和置信区间估计，用于根据样本数据推断总体特征。通过设定假设、计算统计量、确定显著性水平等步骤，判断样本数据是否支持或拒绝原假设。

- **相关性分析**：研究两个或多个变量之间的关系强度和方向，如皮尔逊相关系数、斯皮尔曼秩相关系数等。相关性分析有助于识别变量之间的潜在关联，为进一步建模或预测提供线索。

- **回归分析**：用于研究一个或多个自变量对因变量的影响程度，建立预测模型。通过计算回归系数、决定系数、残差等，评估模型的拟合效果和预测能力。

- **方差分析**：用于比较不同组或条件下的均值差异，检验各因素对实验结果的影响。方差分析可以帮助确定哪些因素对结果有显著影响，从而优化实验设计或制定更合理的策略。

- **聚类分析**：将相似的对象归为一类，不同的对象归为不同的类，以揭示数据的内在结构和规律。聚类分析有助于发现隐藏的模式和关联，为分类和预测提供依据。

- **主成分分析（PCA）和因子分析**：用于降低数据的维度，提取数据的主要特征或潜在因素。这些方法有助于简化数据结构，提高分析效率，同时保留关键信息。

此外需要注意的是，在选择分析方法时，需要根据数据的类型、研究目的和

问题的性质进行综合考虑。同时，对于复杂的数据处理结果分析，可能需要综合运用多种方法，以获得更全面、准确的分析结果。

11.3.2 若没有得到预期结果，实验失败，是不是就不能结题了

答：科学研究的本质是对未知领域的探索，因此其中充满了不确定性和风险。即使项目未能获得申报书中预期的结果，这并不意味着项目就失败了。在科学研究中，失败和成功往往是相互交织的，每一次的尝试和发现都是对科学知识的积累和贡献。

对于项目的结题而言，关键在于你们是否能够全面、准确地记录项目实施过程中的所有步骤和发现，并对这些数据进行深入分析和讨论。如果你们能够认真记录实验过程，思考其中的问题和挑战，并从中有所收获和成长，那么这样的科学探索就是有价值的。

在评审老师与专家看来，他们更关注的是你在项目实施过程中所展示的科学素养、研究能力和探索精神。只要你能够如实记录项目的实施进程和每一步得到的结果，无论最终结果是否与预期相符，评审老师与专家都会认可你的努力和付出。

因此，即使项目未能得到预期的结果，你仍然可以通过优化实验方案、改进研究方法等方式继续探索和研究。只要保持科学的精神和态度，不断学习和进步，你就能够在科学研究的道路上越走越远。同时，这样的经历也会成为你的宝贵财富，为未来的科研生涯奠定坚实的基础。

AI 试试看

问：我第一次做紫外-可见吸收光谱测试，从设备所连计算机上导出的数据是个 txt 文件，打开一看全是数字。师兄说用 Origin 处理，请问怎么操作？ 我是小白，讲详细一点。

文心一言答：当然，以下是使用 Origin 软件处理紫外-可见吸收光谱测试的 txt 数据文件的详细步骤：

- **打开 Origin 软件**：首先，确保你已经安装了 Origin 软件。双击桌面上的 Origin 图标或从开始菜单中找到并打开它。

- **导入数据**：在 Origin 的主界面上，找到并点击"File"菜单。在下拉菜单中选择"Import"选项，然后选择"Single ASCII"或者根据你的数据格式选择其他相应的选项。在弹出的文件选择对话框中，浏览到你的 txt 数据文件所在的位置，选中它，然后点击"Open"按钮。

- **设置导入选项**：在导入向导中，你可能需要设置一些选项，比如数据的分隔符（通常是空格、制表符或逗号等）、数据的起始行等。根据你的数据格式进行相应的设置，然后点击"Next"或"Finish"按钮完成导入设置。

- **查看导入的数据**：导入完成后，你会在 Origin 的工作区中看到一个新的工作表（Worksheet），里面包含了你的数据。你可以点击工作表中的列标题来查看每一列的数据。

- **绘制光谱图**：在工作表中选择你想要绘制的数据列（通常是波长和吸光度两列）。然后点击工具栏上的"Plot"按钮，在下拉菜单中选择适合你的光谱图的类型，比如"Line"或"Scatter"等。Origin 会自动为你绘制出光谱图，并显示在主界面的图形窗口中。

- **调整图形样式**：你可以通过点击图形窗口中的工具栏上的各种按钮来调整图形的样式，比如修改线条颜色、粗细、添加标题、坐标轴标签等，也可以通过双击图形中的各个元素（如线条、数据点等）来打开属性对话框，进行更详细的设置。

- **保存和导出结果**：当你对图形满意后，可以点击"File"菜单中的"Save"选项来保存你的工作。Origin 会保存你的工作表和图形设置为一个项目文件（通常是 .opj 为后缀名的文件）。如果你想要导出图形为图片或其他格式，可以点击"File"菜单中的"Export"选项，然后选择你想要的格式导出。

以上是使用 Origin 处理紫外-可见吸收光谱测试的 txt 数据文件的详细步骤，希望对你有所帮助！如果在操作过程中遇到任何问题，可以随时向我询问。

问：我看到文献上讨论紫外-可见吸收光谱，主要讨论了吸收峰蓝移、吸光系数强，可否告诉我怎么分析讨论这些数据？它们的意义是什么？

文心一言答：紫外-可见吸收光谱是分子光谱法的一种，通过测量物质对不同波长的紫外或可见光的吸收程度来分析物质的组成、结构和浓度等信息。在讨论紫外-可见吸收光谱时，吸收峰蓝移和吸光系数是两个重要的参数。

1. 吸收峰蓝移

当分子中的化学键发生变化时（如拉伸或变化），紫外吸收峰可能会发生蓝移或红移。蓝移意味着吸收峰向较短波长方向移动。在药物研究和分析中，蓝移现象非常重要，因为它可以用于确定药物的结构和纯度，以及了解分子中化学键的变化情况。蓝移通常与分子内的共轭体系变化、取代基效应或溶剂效应等有关。因此，通过观察吸收峰蓝移，可以深入了解分子内的相互作用和化学反应机制。

2. 吸光系数

吸光系数（或摩尔吸光系数）是描述物质对特定波长光吸收能力的一个量度。高吸光度意味着物质对紫外可见光的吸收强度较高，这通常表明物质的浓度较高或其摩尔吸光系数较大。吸光系数的大小与分子的结构、共轭体系以及生色团等有关。因此，通过比较不同物质的吸光系数，可以推断它们的结构差异和共轭程度。此外，吸光系数还可用于定量分析，如测定未知物的浓度。

在分析讨论紫外-可见吸收光谱数据时，应注意以下几点：

- 结合文献和标准谱图进行比较分析，以确定未知物的可能结构和共轭体系。
- 观察吸收峰的形状、数目、位置，以及相应的摩尔吸光系数，以获取有关分子结构和共轭程度的信息。
- 注意实验条件（如溶剂、pH 值等）对光谱的影响，以便更准确地解释光谱数据。

总之，紫外-可见吸收光谱法是一种强大的分析工具，通过对吸收峰蓝移和吸光系数等参数的分析讨论，可以深入了解分子的结构、共轭程度和相互作用等信息。

可以参考紫外-可见吸收光谱分析方法，https://m.antpedia.com/news/2789987.html。

高阶训练

1. 用常用方法或软件生成不少于三张数据图表。

2. 按照本学科研究论文的结果与讨论（Results and Discussion）和支撑信息（SI）部分的格式和要求，整理数据图表，并进行讨论。

第 12 章 创新七级成熟度：成果初稿

学习目标

价值目标：深刻理解创新研究的社会价值，培养积极分享创新研究结果的意识。

能力目标：学习撰写结构完整、具有一定创新价值的论文、专利或参赛材料。

知识目标：了解论文、专利和赛事的概念、结构、流程等基本信息。

12.1 成果形式问题

12.1.1 哲学社会科学研究会产出什么成果

答：哲学社会科学研究的成果往往更侧重于理论创新、思想深化以及对社会现象的深入剖析。在哲学社会科学研究过程中，经常产出的成果主要包括以下四方面：

- **研究论文**：这是哲学社会科学研究最直接的成果形式。论文需要提出新的理论观点、分析框架或对现有理论进行批判和发展，以推动学科知识的积累和进步。这些论文通常发表在学术期刊、会议论文集或专著中，经过同行评审以确保其学术质量。

- **专著和书籍**：对于系统深入的研究，哲学社会科学研究者可能会撰写专著或书籍，以全面阐述其研究成果和理论体系。这些著作通常具有较高的学术价值，并有助于推动相关领域的学术发展。

- **研究报告和对策建议**：哲学社会科学研究往往关注社会现实问题，因此，提出具有针对性的研究报告和对策建议也是重要的成果形式。这些报告和建议可以为政府决策、企业发展或社会问题解决提供科学依据和智力支持。

- **政策咨询和社会服务**：哲学社会科学研究者还可以通过参与政策咨询、提供社会服务等方式，将其研究成果应用于实际问题的解决中。这种形式的成果不仅有助于提升研究者的社会影响力，还能促进学术研究与现实社会的紧密结合。

根据大学生参加创造性、项目制实践教学的规律，四川大学将"论文、专利和参赛获奖"作为大创的主要考核成果。

12.1.2 理工医科科学研究会产出什么成果

答：理工医科科学研究过程中需要产出的成果主要包括以下几方面：

- **科研论文**：这是最常见的科研成果形式，通过撰写和发表科研论文，研究者可以向学术界展示其研究成果，推动学科发展。论文需要经历严格的同行评审过程，以确保其质量和学术价值。
- **专利**：如果研究者的发明或创新具有实用性，可以申请专利保护，包括发明专利、软件著作权等。专利不仅是对研究者创新成果的认可，还可以为研究者或其所属机构带来经济效益。
- **学术会议报告**：研究者可以在学术会议上发表演讲或展示海报，与同行交流研究成果。这种形式的成果有助于建立研究者的学术声誉，并促进学术合作。
- **书籍和专著**：对于一些深入的研究课题，研究者可能会选择撰写书籍或专著来全面阐述其研究成果。这些书籍和专著通常具有较高的学术价值，并有助于推动相关领域的研究进展。
- **软件、工具或产品**：在理工科领域，研究者可能会开发出新的软件、工具或产品作为研究成果。这些成果可以应用于实际生产或研究中，推动科技进步和社会发展。
- **技术标准或规范**：对于某些领域的研究，研究者可能会制定新的技术标准或规范，以推动相关行业的发展和规范化。

除了以上几种形式外,理工医科科学研究还可能产生其他形式的成果,如数据库、艺术作品等。这些成果的具体形式取决于研究领域和研究目标。

同时,这些成果的产出需要经过一系列严谨的科学研究过程,包括提出假设、设计实验、收集和分析数据、解释结果以及撰写论文等。在这个过程中,研究者需要遵循科学的方法和原则,确保研究成果的准确性和可靠性。

此外,这些成果的产出也需要具备一定的创新性和实用性,能够推动相关领域的发展和进步。因此,理工医科科学研究的过程不仅是对自然规律和现象的探索和发现,更是对人类科技和文明的推动和贡献。

12.2 如何写科学论文

12.2.1 论文的基本结构是什么

1. 理工科论文的基本结构是什么

答:理工科论文的基本结构通常包括以下几个部分:

• **标题**(Title):简短明了地概括论文的工作。可以从论文解决的问题,或者论文采用的核心方法,或者论文的主要发现、结果等角度提炼关键词,形成论文的标题。好的标题应该能突出论文的创新之处,能激发读者对论文的兴趣。

• **作者**(Authors)**和所属机构**(Affiliations):列出论文的作者姓名以及他们所属的机构或实验室。

• **摘要**(Abstract):提供论文内容的简短总结,包括研究目的、方法、主要结果和结论。

• **关键词**(Keywords):列出与论文内容相关的几个关键词,有助于读者在文献数据库中检索到论文。

• **前言**(Introduction):介绍研究背景、研究问题的提出、相关领域的研究现状(简明扼要)、本研究的目的和意义。前言部分的最后可以列出论文的创新点。

- **方法**（Proposed Method）：详细描述本文提出的方法。建议以问题为导向写这一部分，不应简单地描述本文是怎么做的，而应该从问题出发阐述需要做什么，然后再说明本文是怎么做的。

- **实验**（Experiments）：详细描述实验所用的数据、评估协议，以便其他研究者能够复制实验；给出实验结果，并对实验结果进行分析和讨论。一般需要包括的实验内容有与已有方法的对比实验、对所提出方法的关键部分的实验、对方法中涉及的关键参数的交叉验证实验等。

- **结论**（Conclusions）：总结研究的主要发现和贡献，指出研究的局限性以及未来的研究方向。

- **致谢**（Acknowledgments）：感谢对研究做出贡献的人、机构或资金来源。

- **参考文献**（References）：列出论文中引用的所有文献，按照规定的格式编排。

2. 经济学学术论文基本结构有什么

答：经济学学术论文的基本结构通常包括以下几个部分：

- **标题**（Title）：标题是论文的"门面"，应准确、鲜明地概括论文的核心内容和研究重点。在拟定标题时，作者需从论文解决的问题、采用的核心方法、主要发现或结果等角度进行考虑，提炼出能凸显研究创新性和吸引力的关键词。一个优秀的标题不仅能迅速吸引读者的注意力，还能在浩如烟海的文献中脱颖而出。

- **作者**（Authors）**和所属机构**（Affiliations）：列出论文作者的姓名及所属机构，有助于读者了解作者的研究背景和专业领域，从而更好地理解论文的研究内容和价值。同时，这也是对作者研究成果的一种认可和尊重。

- **摘要**（Abstract）：摘要是论文的"缩影"，应简要概述论文的研究目的、方法、主要发现及结论。摘要应言简意赅，具有高度的概括性和独立性，使读者在不阅读全文的情况下也能对论文的主要内容和研究成果有大致了解。

- **关键词**（Keywords）：关键词是论文的"标签"，有助于读者在文献数据库中快速检索到相关论文。在选取关键词时，作者应充分考虑论文的主题、内容、研究方法等因素，选择具有代表性、准确性和规范性的词汇。

- **引言**（Introduction）：引言是论文的"开场白"，应简要介绍研究背景、研究问题的提出、相关领域的研究现状以及本研究的目的和意义。在引言部分，作者应清晰地阐述研究的背景和动机，为后续研究内容的展开奠定基础。同时，作者还应指出本研究的创新点和预期贡献，以激发读者的阅读兴趣。

- **文献综述**（Literature Review）：文献综述是论文的重要组成部分，旨在对已有研究成果进行系统的梳理和评价。在文献综述中，作者应详细分析已有研究的优点和不足，指出已有研究尚未解决的问题或存在的争议，为本研究的开展提供理论依据和支撑。同时，通过对比已有研究，作者可以进一步明确本研究的定位和价值，凸显本研究的创新性和独特性。

- **理论基础**（Theoretical Basis）：理论基础是经济学学术论文的基石，为研究提供坚实的支撑。在这一部分，作者应详细阐述本研究所依据的经济学理论及相关概念，解释其在本研究中的应用和意义。通过深入剖析理论内涵和逻辑关系，作者可以构建出完整、严密的理论框架，为后续的研究分析和实证检验提供有力支持。

- **政策背景**（Policy Background）：政策背景是经济学研究不可忽视的重要因素，对于理解经济现象和预测未来趋势具有重要意义。在这一部分，作者应详细介绍与本研究相关的政策环境、政策变化及其对经济学现象的影响。通过深入分析政策背景，作者可以更好地把握研究的现实基础和实际意义，为实证研究的开展提供有力支持。

- **数据变量模型**（Data Variable Model）：数据变量模型是经济学实证研究的核心要素。在这一部分，作者应详细说明研究所使用的数据来源、变量选取、模型构建及研究方法。作者应确保数据的准确性和可靠性、变量的合理性和代表性、模型的适用性和有效性。同时，作者还应详细阐述研究方法的原理和步骤，以便读者能够理解和复现研究过程。

- **实证结果与解读**（Empirical Results and Interpretation）：实证结果与解读是经济学学术论文的重要组成部分，是检验理论模型的有效性和解释经济现象的关键。在这一部分，作者应展示研究的实证结果，对结果进行深入分析和解读。作者应运用经济学理论和方法对结果进行解释和讨论，揭示经济学现象的本质和规律。同时，作者还应与其他已有研究进行比较和分析，凸显本研究的贡献和价值，并针对读者对结果可能产生的质疑进行必要的回应，如常见的内生性问题等。

- **结论**（Conclusions）：结论是对整个研究过程和结果的总结和概括，也是对未来研究方向的展望。在这一部分，作者应总结研究的主要发现和贡献，指出研究的局限性和不足之处。同时，作者还应提出未来研究方向和可能的改进措施，为后续研究提供有益的参考和启示。

- **参考文献**（References）：参考文献是经济学学术论文的重要组成部分，体现了学术研究的严谨性和规范性。在这一部分，作者应列出论文中引用的所有文献，按照规定的格式编排。参考文献的准确性和完整性不仅有助于读者深入了解研究背景和已有成果，还有助于提升论文的学术价值和影响力。

12.2.2　论文最体现水平、最难写的通常是哪部分

答：论文中最能体现水平且最难写的部分通常是前言。前言需要作者对所研究领域的现有文献有深入的了解和准确的把握，能够清晰地阐述研究背景、研究问题的提出，以及本研究的重要性和创新性。同时，前言还需要用精练的语言将复杂的研究问题和研究假设阐述清楚，吸引读者的兴趣并引导他们深入理解研究内容。因此，写好前言需要作者具备深厚的专业知识、广泛的文献阅读和精湛的写作技巧。

12.2.3　如何确定论文格式

答：许多学术期刊或研究机构会提供论文格式模板，以供作者参考和使用。这些模板通常包括论文的各个部分的格式要求、字体和字号、页边距、行间距、图表格式等详细规定。作者可以根据所在领域或投稿期刊的要求，选择合适的模

板进行撰写。此外，一些排版软件（如 LaTeX、Word 等）也提供了论文排版的功能，可以帮助作者更加方便地按照格式要求排版论文。

12.2.4 如何突破论文写作语言关

答：对于非母语写作者来说，突破论文写作语言关是一个挑战。一种有效的方法是模仿母语同学科的论文写作。这包括阅读大量母语同学科的论文，熟悉其语言表达和结构特点，学习其用词和句式，并尝试在自己的论文中模仿和应用这些表达方式。同时，如能请母语为同一学科领域的同行或导师进行语言润色和修改，论文的语言质量会得以大幅提高。

此外，还可以在网上搜集科研写作常用词汇、常用表达句式等素材库，应用到自己的写作中。

AI 润色的工具，如 https://www.ref-n-write.com/。

同义词/反义词替换网站 Power thesaurus（https://www.powerthesaurus.org/）。

语法修订及语言润色网站，如 https://www.grammarly.com/。

语言润色网站 QuillBot（https://quillbot.com/）。

语法检测和校对网站，如 https://www.grammarly.com/。

使用 AIGC 类工具时，请注意学术道德问题，目前学校主张"不直接使用"AIGC 生成内容，对 AIGC 结果要先做理性判断，再批判性采用。

12.2.5 什么时候可以动手写论文

答：论文从来都不是等到所有实验全部完成才开始动手。优秀的科研人员都是一边写作、一边思考、一边收集数据的。

- **明确实验目的**：在实验设计阶段就已经明确了实验目的和研究假设。这是开始撰写论文的重要前提，因为论文将围绕实验目的展开阐述。

- **获得验证实验假设的关键结果后**：当通过实验获得了验证实验假设的关键结果时，就可以开始动手写论文了。此时已经有了足够的数据来支持论文的论点和结论部分。可以先从结果部分开始撰写，根据实验数据和分析结果来阐述研究发现。然后逐渐完善其他部分，如前言、材料与方法等。在写作过程中，需要不断地回顾实验目的和研究假设，确保论文的内容紧密围绕研究主题展开，同时也要注意论文的逻辑性和条理性，确保读者能够清晰地理解研究过程和发现。

12.2.6 论文引用格式问题

1. 论文引用格式那么多，我该用哪个

答：论文引用的格式规范因学科领域、学术期刊或出版机构的要求而有所不同。在国内，主流的引用格式主要遵循《信息与文献 参考文献著录规则》（GB/T 7714—2015）；国际期刊上，主流的引用格式规范包括 MLA、APA、Chicago 或 Turabian、IEEE、哈佛、Vancouver 格式规范等。

在准备论文时，作者应遵循目标期刊或出版机构提供的具体引用格式指南。这些指南通常可以在期刊的"作者须知"或"投稿指南"部分找到。

2. 引文格式易错，有什么好工具来帮忙呢

答：**文献管理软件法**：使用专业的引用管理工具（如 EndNote、Zotero 等）可以帮助作者更轻松地管理和格式化引用。

AIGC 辅助法：请文心一言修改文献格式，提示词如下：

> 请用 APA 格式改写下述文献：Smith, John. "The Impact of Technology on Education." Journal of Educational Technology 52.3（2020）：40-50. Print.

文心一言回复：

> Smith, J.（2020）. The impact of technology on education. Journal of Educational Technology, 52（3），40-50.
>
> 请注意以下几点：
> - 文中引用中，作者姓氏（Smith）后面紧跟出版年份（2020），页码前使用"p."来标识。

- 参考文献列表中,作者姓氏的首字母缩写(J. 代表 John),文章标题使用斜体,期刊名称使用正体,卷号和期号放在期刊名称之后,页码范围放在最后。

- 如果原文确实是以印刷版形式引用的,APA 格式通常不需要在参考文献中特别注明"Print."。APA 格式默认引用的是印刷版,除非特别指出是电子版或有其他需要注明的媒体形式。

- 确保文中引用和参考文献列表中的信息一致,包括作者姓名、出版年份、文章标题、期刊名称、卷号、期号和页码等。

使用 AIGC 时,请注意学术道德风险,不要直接使用 AIGC 输出结果。

3. MLA 格式适合什么学科,格式是什么

答:MLA(Modern Language Association,现代语言协会)格式主要用于文学、语言、艺术等人文学科的论文写作。

文中引用:

According to Smith,"the use of technology in the classroom has increased significantly in recent years"(45).

参考文献列表:

Smith, John. "The Impact of Technology on Education." Journal of Educational Technology 52.3(2020):40-50. Print.

标题页包括作者姓名、教师姓名、课程名称与编号,以及写作日期,每个标题元素左对齐。每个段落的首行应缩进一个"Tab"的长度,段落之间不留空行。正文使用双倍行距,字体大小为 12 号(pt),建议使用 Times New Roman 字体。在页眉中加入页码,格式通常为"Last Name, Page Number"。例如,"Ivy 3"表示第三页。

4. APA 格式适合什么学科,格式是什么

答:APA(American Psychological Association,美国心理学会)格式主要用于社会科学、心理学、教育学等领域的论文写作。

文中引用：

Recent research has shown that "the use of smartphones among teenagers has doubled in the past five years"（Johnson，2022，p. 30）.

参考文献列表：

Johnson，L.（2022）. Smartphone usage among teenagers：A comprehensive study. Journal of Technology and Adolescents，20（1），25-35. https：//doi. org/10. 1234/jtechadol. 2022. 20. 1. 25.

5. Chicago 或 Turabian 格式适合什么学科，格式是什么

答：Chicago 格式或 Turabian 格式（芝加哥格式或杜拉宾格式）常用于历史学、经济学和其他一些人文学科及社会科学领域。Chicago 格式有两种主要风格：注释-文献（Notes-Bibliography）和作者-日期（Author-Date）。前者在文中使用脚注或尾注来引用，后者则类似于 APA 格式，在文中直接引用作者和日期。

文中引用：

The rise of e-commerce has significantly impacted retail businesses. 1

脚注：

See Johnson，Emily，"The Impact of E-Commerce on Retail Businesses，" Journal of Retail Studies 45，no. 2（2023）：80-100.

参考文献列表：

Johnson，Emily. "The Impact of E-Commerce on Retail Businesses." Journal of Retail Studies 45，no. 2（2023）：80-100.

6. IEEE 格式适合什么学科，格式是什么

答：IEEE（Institute of Electrical and Electronics Engineers，电气和电子工程师协会）格式主要用于工程、计算机科学和技术领域的论文写作。

文中引用：

According to [1]，"the development of autonomous vehicles is progressing rapidly."

参考文献列表：

[1] L. Smith and J. Doe，"The latest advancements in autonomous vehicle technology，"

in Journal of Automation and Robotics, vol. 10, no. 2, pp. 50-60, 2023, doi: 10.1234/JAR.2023.10.2.50.

7. 哈佛格式适合什么学科，格式是什么

答：哈佛格式（Harvard Referencing）并非一个统一的格式标准，而是一种通用的称呼，是指一系列在文中使用作者-日期系统进行引用的格式。

文中引用：

（Smith 2023，p.45）states that "global warming is a pressing issue that requires immediate action."

参考文献列表：

Smith，J.（2023）. Climate change and its impacts. New York：Publisher's Name.

请注意，哈佛格式可以因机构或课程而有所不同，因此请检查您的具体要求。

8. Vancouver 格式适合什么学科，格式是什么

答：Vancouver（温哥华）格式主要用于生物医学领域的论文写作，特别是在医学期刊中。

文中引用：

It has been suggested that "the incidence of heart disease is on the rise globally."1

参考文献列表：

Doe J，Smith A. Global trends in heart disease incidence. J Cardiol Res. 2023；4（1）：10-20. PMID：12345678.

9. 在撰写科研论文时，如何使文章更具有逻辑性

答：在论文书写的过程中，提高其逻辑性可以从以下几个方向着手：

- **概念明确**：在叙述科研成果前对其相应的专业名词进行解释，其概念必须明确，一定要弄清它的内涵和外延，不能似是而非。

- **语言清晰**：在书写论文时应尽量使用专业易懂的语句进行描述，直抒胸臆，单个语句需要主谓宾明确，多个语句间应注意上下文衔接，多个自然段之间应存在逻辑关系。

- **结构清晰**：整篇文章的具体结构需要包括哪些内容、内容如何进行逐步叙述、如何详略得当等都需要进行规划，在书写论文前可先列出大致框架，确定框架后再进行内容的填充。

10. 在撰写生物科学类/医学类科研论文时，如何画出生动好看的插图

答：可以使用基础软件如 PPT，绘图软件如 PS，素材网站如 BioRender 辅助绘图。

12.3 如何写专利

12.3.1 为什么要写专利

答：撰写专利的目的在于保护创新成果，确保发明者能够享有其智力劳动成果带来的权益。具体来说，写专利有以下几个重要原因：

- **知识产权保护**：专利为发明、实用新型或外观设计等创新成果提供了法律保护，防止他人未经授权而使用、复制或销售这些成果，从而维护了创新者的合法权益。
- **经济价值实现**：通过专利的授权或许可，创新者可以将其技术转化为商业产品，进而获取经济回报。这种回报可以用于进一步的研发活动，促进技术的持续进步。
- **提升竞争力**：持有专利证书的个人或企业能够在市场上展示其技术实力和创新能力，从而吸引更多的合作伙伴和投资者。这有助于提升其在行业中的竞争地位，增加商业机会。
- **技术垄断与战略布局**：在某些领域，通过申请专利可以形成技术垄断，掌握行业的话语权。同时，专利布局也是企业战略规划的重要组成部分，有助于企业在未来的市场竞争中占据有利地位。

12.3.2 申请专利对项目有什么好处

- 早期进行专利规划有利于完善项目计划，能够正向推动项目发展。创新性项目药物研发、医疗装置设计、新型材料的设计，这些案例在开展早期就应注重知识产权的作用，根据专利申请的要求规划应该完成的实验，收集需要的数据。

- **中期积极进行专利的申请，能够检视项目的进度。**发明专利从申请到授权需要一年以上的时间（优先审查除外），在此期间专利局的审查员将进行细致的审查工作并提出意见，根据这些意见可以及时发现问题，完善项目设计。

- **项目结题拥有知识产权背书，是成熟度和工作量的良好证明。**专利是一种由国家根据申请颁发的文件，具有广泛的认可度。

12.3.3 专利保护的是什么

答：专利保护的核心是发明创造，具体涵盖以下几个方面：

- **发明**：这是指对产品、方法或其改进所提出的全新技术方案。这些技术方案必须具有新颖性、创造性和实用性，才能在专利审查中获得通过。

- **实用新型**：实用新型专利保护的是对产品的形状、结构或其结合所提出的实用技术方案。与发明相比，实用新型的创造性要求较低，但同样需要满足新颖性和实用性的要求。

- **外观设计**：外观设计专利保护的是产品的整体或局部的形状、图案或其结合，以及色彩与形状、图案的结合所形成的富有美感并适于工业应用的新设计。这些设计必须具有独特性和审美价值，才能获得专利保护。

总的来说，专利保护的是那些具有创新性和实用性的技术方案和设计成果，它们是推动社会进步和经济发展的重要力量。通过撰写和申请专利，创新者可以确保其创新成果得到充分的保护和利用，同时也为社会的持续创新和发展做出贡献。

12.3.4 国际发明专利是什么？如何申请

答：国际发明专利是申请人就一项发明创造在《专利合作条约》（Patent Cooperation Treaty，PCT）缔约国获得专利保护时，按照规定的程序向某一缔约国的专利主管部门提出的专利申请。国际发明专利的申请可分为几个阶段：①确定申请类型；②递交本地申请（国家阶段）；③国际检索及审查；④递交国际申请（国际阶段）；⑤专利授权；⑥领取证书。资料类型与国内专利申请大同小异，需要准备英文版材料。

12.3.5　如何判断是不是能写专利

答：在判断一项创新或发明是否适合申请专利时，主要需要考虑三个核心要素：创新性、差异性和有益效果。

- **创新性**：创新性是专利申请的基础。一个发明或实用新型要想获得专利权，首先必须是新颖的，即在申请日之前，该发明或实用新型的技术内容在全球范围内都没有被公开过。这要求申请者对现有技术进行充分的检索和分析，确保自己的创新是独一无二的。

- **差异性**：差异性或称非显而易见性，是指发明或实用新型相对于现有技术而言，不仅要有所不同，而且这种不同不能是显而易见的。换句话说，它必须包含一定的创造性步骤，不能是简单地将现有技术中的几个特征组合在一起。差异性的要求确保了专利权只授予那些真正做出了技术创新的人。

- **有益效果**：有益效果指发明或实用新型必须能够带来实际的好处或改进。这可以是提高了生产效率、降低了成本、增强了产品的性能、解决了现有技术中的某个问题等。有益效果是判断发明或实用新型是否具有实用性的重要依据，也是专利审查过程中必须考虑的因素之一。

综上所述，当考虑是否为一个创新或发明申请专利时，应该评估其是否具备创新性、差异性和有益效果。如果这三个条件都满足，那么该创新或发明就有可能获得专利权保护。然而，这只是一个基本的判断标准，实际的专利申请过程还需要考虑其他因素，如市场需求、竞争状况、专利布局策略等。

12.3.6　如何从项目设计中挖掘专利

1. 如何从项目设计中挖掘专利（工科）

答：工科类项目可以从解决的实际问题出发，即本项目能够具体解决什么问题？比如，通过机械装置的改进，设计出了一种新型的起重机，那么专利的设计就将装置的改进作为创新点，新型起重机就是实物，发明的名称大致为——一种具有××结构的起重机。

2. 如何从项目设计中挖掘专利（医科）

答：医科类项目常常设计药物配方、装置改进、专病数据库的建设等多个方面，对于这类项目，不仅要思考项目的创新点在何处，还需要结合专利申请的实际情况，合理设计自己的专利。一般来说，简单的药物组合、老装置的新用途、数据库的搭建方法是常见的不适合申请专利的设计。不妨改为可搭载多种药物的新型胶囊，一种××疾病数据的分析、处理方法，一种改良型的××血压仪，即可使得项目成果更适合专利申请。

3. 如何从项目设计中挖掘专利（文科）

答：文科类项目似乎是最难申请发明、实用新型专利的，除了外观专利，此类项目一般不建议申请专利。然而在确实需要申请专利的情况下，不妨结合数据库、人工智能等，实现与计算机技术的融合，为项目增加创新性，顺利通过专利审查，例如一种基于人工智能的创新创业管理系统等。

12.3.7 专利只能写做出来的结果吗

答：不，专利并不仅仅限于已经实际做出来的结果。专利的核心在于保护创新的想法和技术方案，这些方案可以是已经实施并验证的，也可以是理论上的构想或预期能够实现的创新。

在申请专利时，发明者需要详细描述他们的发明，包括其工作原理、实现方法、可能的改进以及与技术领域现有知识的区别。这意味着即使某些部分还没有完全实现或仅在模拟、理论阶段，只要这些描述足够清晰、完整并体现出创新性，就有可能获得专利保护。

当然，实际制作出来的原型或产品能为专利提供更具体的证据和支持，但在许多情况下，尤其是在快速发展的技术领域，保护仍处于研发早期的想法和概念同样至关重要。

1. 研究内容一时半会儿不能变现，就不该写专利吗

答：不是的。是否应该为某个研究内容写专利并不完全取决于它是否能在短时间内生产出来或变现。以下几个因素也值得考虑：

- **技术的创新性**：如果研究内容包含了创新的技术或解决方案，即使当前无法立即实现，它仍然有潜在的价值并值得专利保护。
- **技术的长远潜力**：某些技术可能现在看起来不够成熟，但随着时间和科技的进步，它们可能成为未来行业的关键技术。
- **保护研发投入**：即使一项技术不能立即转化为产品，为研发投入的资金和时间也应当通过专利来获得某种程度的保护，避免他人在未来无成本地利用这些研发成果。
- **战略布局**：公司或个人可能会为了将来的市场地位或技术垄断而提前布局专利。
- **技术转让或许可的可能性**：即使研究者自身无法将技术商业化，他们仍然可以通过技术转让或许可给有能力的第三方来实现其经济价值。

因此，决定是否为一个研究内容写专利时，需要综合考虑技术的创新性、潜在价值、市场前景，以及研究者的长远战略规划。

2. 没有实际应用场景的科学原理新发现，能写专利吗

答：对于没有实际应用场景的科学原理新发现，是否应该申请专利是一个需要仔细考虑的问题。

首先，我们需要明确专利授予的基本条件。根据《专利法》，授予专利权的发明和实用新型应当具备新颖性、创造性和实用性。其中，实用性是一个重要的考量因素，它要求发明或实用新型能够在实际中被制造或使用，并产生积极的效果。

对于科学原理的新发现，虽然可能在理论上具有创新性，但如果没有具体的实际应用场景或无法实现，那么它可能不符合实用性的要求。在这种情况下，申请专利可能会面临较大的困难，因为专利审查员可能会认为该发现不具有实用性而拒绝授予专利权。

然而，这并不意味着所有没有实际应用场景的科学原理新发现都不应该申请专利。在某些情况下，尽管一项发现当前没有具体的应用场景，但它可能具有潜在的实用价值或能够启发其他领域的创新。此外，随着科技的进步和新的应用场

景的出现，原本看似没有实用价值的发现可能会变得具有实际应用价值。

因此，对于没有实际应用场景的科学原理新发现，是否申请专利**需要根据具体情况进行判断**。如果研究者认为该发现具有潜在的实用价值或能够启发其他领域的创新，并且有足够的资源和时间来申请和维护专利，那么可以考虑申请专利。但如果该发现当前确实没有实际应用价值，或者申请专利的成本和风险较高，那么可能需要重新考虑是否值得申请专利。

总之，在决定是否申请专利时，研究者需要综合考虑发明的创新性、实用性以及申请和维护专利的成本和风险等因素。

12.3.8 如何通过代理机构申请专利

1. 如何选择负责任的专利代理机构

答：• **看资质**：我国法律法规明确规定，从事专利代理的机构必须经过国家知识产权局的行政许可，取得专利代理机构注册证。但是受到利益的驱动，市场"黑代理"普遍存在，"黑代理"不注重服务质量，可能对专利权人的实际利益造成严重损害。注意，代理资质可以通过国家知识产权局网站和中华全国专利代理师协会网站进行查询。

• **撰写质量**：一件专利是否能获得授权与撰写人的撰写水平有很大的关系，尽可能选择授权率高的代理机构。以发明为例：发明授权率=发明授权数量/（发明全部代理数量-发明公开实审数量）。

• **服务意识**：关注代理机构是否积极地站在申请者的角度思考问题，而不是一味忽悠、一味迎合，关注代理机构能否给出专业的修改意见。什么业务都接、什么保证都下的代理一定不是好代理。

2. 通过代理机构申请专利需要提供哪些内容

答：• **技术交底书或技术方案**：这是描述发明或实用新型的核心文件，需要详细阐述技术背景、技术内容、技术效果以及具体实施方式等。如果还没有完整的技术交底书，提供与技术方案相关的想法或创意也是可以的，代理机构会协助完善。

• **身份证明文件**：如果是个人申请，需要提供发明人的身份证复印件；如果是企业申请，则需要提供营业执照或组织机构代码证等证明文件。

- **委托书**：需要签署一份专利代理委托书，明确委托人和被委托人的权利和义务。代理机构通常会提供空白模板，需要填写的内容包括专利名称、委托人信息、被委托人信息（即代理机构）以及签署日期等。

- **保密协议**（如有需要）：虽然《专利法》规定了代理机构的保密责任，但如果对技术内容的保密性有特别要求，可以与代理机构签署额外的保密协议。

- **费用减缓证明文件**（如有需要）：如果符合费用减缓条件并希望代理机构代为办理费用减缓备案，需要提供相关证明文件，如企业的上年度纳税申报表或个人的收入证明等。

需要注意的是，这些内容有可能会因地区和代理机构的具体要求而有所不同。在选择代理机构并准备申请专利时，一定要与代理机构详细沟通，了解其具体要求和流程。

3. 什么是技术交底书

答：技术交底书≠专利申请文件。技术交底书是发明人提供给专利代理师的技术资料，只需要准确、完整、清晰地描述出技术方案，让专利代理师能够准确地理解技术方案即可，不需要依照法定的形式进行撰写。

4. 提交给专利代理师的技术交底书有什么用

答：专利申请是一件集技术与法律于一体的工作，发明人是所属领域的技术专家，却不了解《专利法》和专利规则。专利代理师的工作就在于将技术语言变成法律语言，即帮助发明人将技术交底书变成专利申请文件。然而，专利代理师往往具备理工科基础知识，熟知专利法律法规，却无法精通所有领域具体技术，更无法在不了解发明创造的情况下，完成专利申请文件撰写。因此，需要发明人提供一份准确、完整记载发明创造内容的技术交底书，以便专利代理师掌握发明构思、确定撰写思路。简而言之，技术交底书就是发明创造的"简历"。

5. 技术交底书怎么写

答：技术交底书的目的是让专利代理师看懂发明人要申请的内容，因此，从形式上来说，只要清楚地表示技术方案的结构、清楚地描述技术特征即可。技术交底书包括以下几个部分：

- **发明名称**：应采用所属技术领域通用的技术术语，清楚、简要、全面地反映要求保护的主题和类型（产品或方法）。

- **技术领域**：是发明创造直接所属或者直接应用的领域，不是上位的或者相邻的技术领域，也不是发明本身。

- **背景技术**：介绍与发明创造最接近的现有技术，简要说明现有技术的主要结构、方法和原理，引证文件的出处，并客观地指出现有技术中存在的缺陷或不足。

- **技术问题**：针对现有技术中存在的缺陷或不足，本发明要解决什么样的技术问题，用正面的、尽可能简洁的语言，客观而有根据地反映要解决的技术问题。

- **技术方案**：技术方案是技术交底书的核心内容，应清楚、完整地描述发明解决其技术问题所采取的技术方案的具体技术手段，应突出发明点，足够详细，且能够实现。对于方法发明来说，重点在于介绍方法流程以及流程中各环节采用的技术手段；对于产品发明来说，重点在于描述产品的结构以及各结构单元之间的关联。

- **具体实施例**：实施例是对发明创造优选的具体实施方式的举例说明，技术交底书中应至少描述一个具体的实施例。具体实施例对于公开、理解和实现该发明创造，支持和解释权利要求都极为重要。

- **技术效果**：发明创造所起的作用以及产生的有益效果。例如，产量、产率、精度、效率的提高；能耗、材料、时间的节省；操作、控制、使用的便捷；等等。应与现有技术进行比较，可采用实验数据+理论分析来描述。

- **附图及其说明**：用图形补充文字的描述，帮助大家理解发明创造，需要按照机械制图的国家标准对附图的名称、图示等内容做简要说明。发明专利可以没有附图，实用新型专利必须有附图。

12.3.9 如何不通过代理机构自主申请专利

1. 自主申请专利需要撰写哪些部分

答：申请专利时，需要准备并提交一系列详尽的文件，这些文件共同构成了专利申请的主体内容。具体来说，专利申请通常包含以下几个核心部分：

- **请求书**：请求书是专利申请的起始文件，其中必须明确标明发明或实用新型的名称。此外，请求书还应包含发明人的姓名、申请人的姓名或名称及地址等基本信息。这些信息对于确立专利权的归属和联系申请人至关重要。

- **说明书**：说明书是专利申请中最为关键的部分之一，它要求对发明或实用新型进行清晰、完整且详尽的描述。说明书的撰写应确保所属技术领域的技术人员能够依据其内容实现该发明或实用新型。在某些情况下，为了更直观地展示发明或实用新型的结构或工作原理，还需要附上相应的附图。

- **摘要**：摘要是对说明书内容的简洁提炼，它应当简明扼要地概述发明或实用新型的技术要点。摘要的撰写有助于快速了解专利申请的核心内容，是专利审查员和潜在投资者初步评估专利价值的重要依据。

- **权利要求书**：权利要求书是界定专利保护范围的法律文件，它以说明书为依据，清晰、准确地描述并要求保护发明或实用新型的特定部分。权利要求书的撰写对于确保专利权的行使和维护至关重要，它直接决定了专利权的实际保护范围。

除了上述核心部分外，根据具体的专利申请类型和要求，可能还需要提交其他辅助文件，如外观设计专利申请中的图片或照片等。这些文件共同构成了专利申请的完整体系，为发明人或申请人提供了全面的法律保护。

2. 说明书里的实施案例怎么写

答：在撰写专利的实施案例时，一个重要的原则是"尽量覆盖圈的边界"。这意味着实施案例应该尽可能地展示和验证权利要求中所描述的技术特征的边界条件和应用场景，从而确保专利权的全面保护。

具体来说，撰写实施案例时需要注意以下几点：

- **选择典型的实施方式**：挑选那些能够充分体现发明或实用新型技术特征和创新点的实施方式。这些实施方式应该能够覆盖权利要求中所述技术的大部分或全部应用场景。

- **详细描述实施过程**：对挑选出的实施方式进行详细、具体的描述，包括使用的材料、设备、方法步骤等。描述应该足够清晰，使得所属技术领域的技术人员能够依据这些描述重现实施过程。

- **强调技术效果**：说明实施例所达到的技术效果，包括与现有技术相比的优势和改进。这有助于证明发明或实用新型的实用性和创新性。
- **注意权利要求的边界**：特别关注那些位于权利要求保护范围边界上的实施例。这些实施例对于确定专利权的实际保护范围至关重要。通过详细描述这些边界条件下的实施情况，可以增强专利权的稳定性和可执行性。
- **多个实施例相互支持**：如果可能的话，提供多个实施例来共同支持权利要求。这些实施例可以从不同角度展示发明或实用新型的应用，进一步加强专利权的保护力度。

总之，撰写实施例时，应该力求全面、具体地展示发明或实用新型的技术特征和创新点，特别是那些位于权利要求保护范围边界上的情况。这样做不仅可以增强专利权的保护效果，还有助于在潜在的侵权纠纷中维护自己的权益。

3. 怎么提权利要求

答：在撰写专利的权利要求时，"发现一个点，保护一个圈"是指导原则。这意味着要从一个具体的创新点出发，逐步扩展保护范围，形成一个全面且策略性的保护圈。

具体来说，"发现一个点"是指深入挖掘和识别发明或实用新型中的核心创新点。这个"点"可能是技术上的一个小改进，也可能是一个全新的设计思路。无论如何，这个点都应该是独特且具有创新性的，能够为整个发明或实用新型带来实质性的技术进步或优势。

而"保护一个圈"则是在确定了这个核心创新点后，通过精心构建权利要求，将保护范围逐步扩大，形成一个围绕这个点的保护圈。这个保护圈应该既足够广泛，能够涵盖发明或实用新型的主要应用场景和潜在变形，又足够具体，能够确保专利权的清晰界定和有效行使。

在实际操作中，提权利要求时需要注意以下几点：

- **确保权利要求的清晰性和准确性**：每个权利要求都应该明确描述所要求保护的技术特征，避免使用模糊或有歧义的术语。
- **适度扩展保护范围**：在构建保护圈时，要考虑到潜在的市场竞争和技术发展趋势，合理预测未来可能出现的技术变形和改进，并将它们纳入保护范围。

- **保持权利要求的一致性和逻辑性**：各个权利要求之间应该相互支持、相互补充，共同构成一个完整且连贯的保护体系。

- **充分利用《专利法》的相关规定和策略性手段**：例如，可以通过设置从属权利要求来进一步细化保护范围，或者通过要求优先权来确保在不同国家或地区的专利保护的一致性。

4. 权利要求多多益善吗

答：在撰写专利的权利要求时，并非"多多益善"。虽然更多的权利要求可以提供更广泛的保护范围，但过度宽泛或过多的权利要求可能会带来一些负面后果。

首先，过于宽泛的权利要求可能会与他人的专利权或技术成果发生冲突。如果在申请专利时未能充分检索和了解相关领域的现有技术，提出了过于宽泛的权利要求，可能会踩到他人的专利或论文所描述的技术范围，导致专利申请的驳回或未来的侵权纠纷。

其次，过多的权利要求也会增加专利申请的复杂性和成本。每个权利要求都需要经过审查和维护，这将增加专利申请的时间、费用和精力投入。同时，过多的权利要求可能会使专利的保护范围变得模糊和不清晰，降低专利的实际保护效果。

因此，在提出权利要求时，需要找到一个平衡点，既要确保足够的保护范围，又要避免与他人技术成果的冲突和过度的成本投入。具体来说，可以根据发明或实用新型的实际创新点和技术贡献，有针对性地提出适量且合理的权利要求，形成一个既具有策略性又切实可行的保护圈。

12.3.10 专利申请如何获得学校/学院的授权

答：以高校为专利权人的申请一般需要获得发明人所在的学院批准，经学校科研管理部门审核，签署授权书，委托或不委托代理机构向国家知识产权局提交申请材料。具体步骤为：发明人提交申请表—全体发明人签字—学院审核—学校科研管理部门审核—学校授权—向国家知识产权局提交申请。

12.3.11 什么是专利的优先审查？如何提交

1. 优先审查需要满足什么条件

答：有下列情形之一的专利申请或者专利复审案件，可以请求优先审查：

- 涉及节能环保、新一代信息技术、生物、高端装备制造、新能源、新材料、新能源汽车、智能制造等国家重点发展产业。
- 涉及各省级和设区的市级人民政府重点鼓励的产业。
- 涉及互联网、大数据、云计算等领域且技术或者产品更新速度快。
- 专利申请人或者复审请求人已经做好实施准备或者已经开始实施，或者有证据证明他人正在实施其发明创造。
- 就相同主题首次在中国提出专利申请又向其他国家或者地区提出申请的该中国首次申请。
- 其他对国家利益或者公共利益具有重大意义需要优先审查。

2. 专利优先审查需要多久

答：专利从申请到拿到证书，大概需要3~6个月。实用新型专利又称小发明或小专利，是专利权的客体，是《专利法》保护的对象，是指依法应授予专利权的实用新型。实用新型通常是指对产品的形状、构造或者其结合所提出的适于实用的新的技术方案。

- 外观设计专利，从申请到拿到证书大概要3~6个月。
- 实用新型专利，从申请到拿到证书大概要3~6个月。
- 发明专利，从申请到获得专利授权书约需1~2年。从2017年8月1日起开始实施的《专利优先审查管理办法》规定，国家知识产权局同意进行优先审查的，应当自同意之日起，在以下期限内结案：①发明专利申请在四十五日内发出第一次审查意见通知书，并在一年内结案；②实用新型和外观设计专利申请在两个月内结案；③专利复审案件在七个月内结案；④发明和实用新型专利无效宣告案件在五个月内结案，外观设计专利无效宣告案件在四个月内结案。

3. 专利优先审查需要额外准备什么

答：发明专利申请人办理优先审查手续的，应当提交下列材料：

- 由省、自治区、直辖市知识产权局审查并签署意见和加盖公章的《发明专利申请优先审查请求书》。
- 由具备专利检索条件的单位出具的符合规定格式的检索报告，或者由其他国家或者地区专利审查机构出具的检索报告和审查结果及其中文译文。

12.3.12 如何回复专利审查意见

答：回复专利审查意见是专利申请过程中的重要环节，需要针对审查员提出的问题或意见进行逐一回应和解释。以下是一些关于如何回复专利审查意见的建议：

- **仔细阅读审查意见**：确保理解审查员提出的问题和关注点。审查意见可能涉及发明的创新性、实用性、权利要求的清晰度等方面。
- **逐一回应问题**：针对审查意见中提出的每一个问题，都需要逐一回应。回应时应当清晰、具体地说明自己的观点和理由，提供必要的证据或修改建议。
- **注意回应的方式和语气**：回应审查意见时，应当保持礼貌和尊重，避免使用过于情绪化或攻击性的语言。同时，需要清晰地表达自己的观点，避免含糊其词或模棱两可。
- **提供修改后的权利要求或说明书**：如果审查意见要求修改权利要求或说明书，应当提供修改后的版本，并明确指出修改的部分和修改的理由。修改后的版本应当符合《专利法》的相关规定和要求。
- **寻求专业帮助**：如果对审查意见中的某些问题不确定如何回应，或者认为修改建议可能涉及较大的技术或法律风险，可以考虑寻求专利代理人或专利律师的专业帮助。
- **遵守时间限制**：回复审查意见时需要注意遵守专利局规定的时间限制。如果无法在规定时间内完成回复，可以向专利局申请延期，但需要提供充分的理由。

- **保持沟通**：在回复审查意见的过程中，如果需要与审查员进行沟通或进一步解释某些问题，可以通过正式的信函或电话等方式与审查员联系。保持积极的沟通有助于加快专利申请的进程并解决问题。

12.4 如何备赛

12.4.1 为什么创新成果有机会去参赛

答：创新成果有机会去参赛，尤其是大学生竞赛，主要基于以下几个原因：

- **学科相关性**：大学生竞赛通常与特定的学科或领域紧密相关。这意味着，如果你的创新成果与竞赛的主题或学科领域相吻合，那么你就有很大的机会被选中参赛。这种学科相关性不仅增加了你参赛的可能性，还有助于你在竞赛中脱颖而出，因为你的成果已经在这个领域里有了一定的专业性和深度。

- **创新性和实用性**：大学生竞赛往往强调创新性和实用性。这意味着，如果你的创新成果具有独特的创意和实用性，能够解决现实生活中的问题或挑战，那么你就有很大的机会被选中参赛。这种创新性和实用性不仅可以吸引评委的注意，还可以增加你的成果在竞赛中的竞争力。

- **权威认可**：大学生竞赛通常是由知名的学术机构、行业协会或企业举办的。这些机构或企业会对参赛作品进行严格的评审和筛选，以确保参赛作品的学术水平和质量。如果你的创新成果能够在这样的竞赛中脱颖而出，那么你的成果就有可能获得学术界的认可和关注，从而为你未来的学术研究和职业发展打下坚实的基础。

- **展示和交流机会**：大学生竞赛为参赛者提供了一个展示和交流的平台。通过参赛，你可以向同行、专家和企业家展示你的创新成果，与他们进行深入的交流和合作。这种展示和交流机会不仅可以增加你的知名度和影响力，还可以为你未来的学术研究和职业发展带来更多的机会和资源。

综上所述，大学生竞赛为创新成果提供了一个展示、交流和竞争的平台。通过参赛，你可以检验自己的创新能力和学术水平，获得学术界的认可和关注，同时还可以结交更多的同行和专家，为你的未来发展打下坚实的基础。因此，如果你的创新成果与竞赛的主题或学科领域相吻合，并且具有创新性和实用性，那么不妨考虑参加大学生竞赛，展示你的才华和成果。

12.4.2 学校认可竞赛时通常遵循什么原则

答：学校认可竞赛时，通常会遵循以下几个原则：

- **比赛组织者的权威性**：学校会倾向于认可那些由权威机构、知名学术组织或政府部门主办的竞赛。这些组织者通常具有丰富的经验和资源，能够确保竞赛的公正性、专业性和高质量。他们的声誉和影响力也意味着参赛和获奖能够为学生和学校带来更高的荣誉和认可度。

- **赛事组织的规范性**：学校会考察竞赛的组织流程是否规范，包括报名、评审、公示、颁奖等各个环节是否公开透明，是否有明确的规则和标准。规范的赛事组织能够确保所有参赛者得到公平对待，减少争议和纠纷，提升竞赛的公信力和价值。

- **赛事参与的广泛性**：学校通常会认可那些吸引大量学生参与的竞赛。广泛的参与不仅体现了竞赛的影响力和吸引力，也意味着学生有更多的机会与来自不同背景和专业的同学交流学习，拓展视野和经历。同时，高参与度的竞赛往往也意味着更高的竞争水平和更丰富的奖励资源。

除了以上三个原则外，学校还可能考虑竞赛与学校教学目标的契合度、竞赛对学生能力提升的促进作用等因素。总的来说，学校认可竞赛的目的是鼓励学生参与有益的学习活动，提升他们的综合素质和能力，同时也为学校争取更多的荣誉和资源。

12.4.3 官方认定的重点竞赛有哪些

答：教育部根据中国高等教育学会的评审，每两三年更新重点竞赛清单，并对全国各高校竞赛的参与和获奖情况进行统计分析排名，相关报告的官方网址是 https://www.cahe.edu.cn/site/content/16011.html。2023 年的清单上共有 84 个竞赛，相比 2021 年，"全国大学生交通科技大赛"被移出榜单，竞赛目录如表 12.1 所示。

表 12.1　2023 年全国普通高校大学生竞赛目录

序号	竞赛名称	备注
1	中国国际"互联网+"大学生创新创业大赛	2024 年 1 月更名为"中国国际大学生创新大赛"
2	"挑战杯"全国大学生课外学术科技作品竞赛	
3	"挑战杯"中国大学生创业计划大赛	
4	ACM-ICPC 国际大学生程序设计竞赛	
5	全国大学生数学建模竞赛	
6	全国大学生电子设计竞赛	
7	中国大学生医学技术技能大赛	
8	全国大学生机械创新设计大赛	
9	全国大学生结构设计竞赛	
10	全国大学生广告艺术大赛	
11	全国大学生智能汽车竞赛	
12	全国大学生电子商务"创新、创意及创业"挑战赛	
13	全国大学生工程实践与创新能力大赛	
14	全国大学生物流设计大赛	
15	外研社全国大学生英语系列赛——①英语演讲；②英语辩论；③英语写作；④英语阅读	
16	两岸新锐设计竞赛·华灿奖	
17	全国大学生创新创业训练计划年会展示	
18	全国大学生化工设计竞赛	
19	全国大学生机器人大赛——①RoboMaster；②RoboCon	
20	全国大学生市场调查与分析大赛	
21	全国大学生先进成图技术与产品信息建模创新大赛	
22	全国三维数字化创新设计大赛	

(续)

序号	竞赛名称	备注
23	"西门子杯"中国智能制造挑战赛	
24	中国大学生服务外包创新创业大赛	
25	中国大学生计算机设计大赛	
26	中国高校计算机大赛——①大数据挑战赛;②团体程序设计天梯赛;③移动应用创新赛;④网络技术挑战赛;⑤人工智能创意赛	
27	蓝桥杯全国软件和信息技术专业人才大赛	
28	米兰设计周——中国高校设计学科师生优秀作品展	
29	全国大学生地质技能竞赛	
30	全国大学生光电设计竞赛	
31	全国大学生集成电路创新创业大赛	
32	全国大学生金相技能大赛	
33	全国大学生信息安全竞赛	
34	未来设计师·全国高校数字艺术设计大赛	
35	全国周培源大学生力学竞赛	
36	中国大学生机械工程创新创意大赛	原中国大学生机械工程创新创意大赛——过程装备实践与创新赛、铸造工艺设计赛、材料热处理创新创业赛、起重机创意赛、智能制造大赛
37	中国机器人大赛暨 RoboCup 机器人世界杯中国赛	
38	"中国软件杯"大学生软件设计大赛	
39	中美青年创客大赛	
40	睿抗机器人开发者大赛(RAICOM)	原 RoboCom 机器人开发者大赛
41	"大唐杯"全国大学生新一代信息通信技术大赛	原"大唐杯"全国大学生移动通信5G技术大赛
42	华为 ICT 大赛	

(续)

序号	竞赛名称	备注
43	全国大学生嵌入式芯片与系统设计竞赛	
44	全国大学生生命科学竞赛（CULSC）	原全国大学生生命科学竞赛（CULSC）——生命科学竞赛、生命创新创业大赛
45	全国大学生物理实验竞赛	
46	全国高校BIM毕业设计创新大赛	
47	全国高校商业精英挑战赛——①品牌策划竞赛；②会展专业创新创业实践竞赛；③国际贸易竞赛；④创新创业竞赛；⑤会计与商业管理案例竞赛	会计与商业管理案例竞赛为2023年新增
48	"学创杯"全国大学生创业综合模拟大赛	
49	中国高校智能机器人创意大赛	
50	中国好创意暨全国数字艺术设计大赛	
51	中国机器人及人工智能大赛	
52	全国大学生节能减排社会实践与科技竞赛	2023年重新纳入
53	"21世纪杯"全国英语演讲比赛	2023年新增
54	iCAN大学生创新创业大赛	2023年新增
55	"工行杯"全国大学生金融科技创新大赛	2023年新增
56	中华经典诵写讲大赛	2023年新增
57	"外教社杯"全国高校学生跨文化能力大赛	2023年新增
58	百度之星·程序设计大赛	2023年新增
59	全国大学生工业设计大赛	2023年新增
60	全国大学生水利创新设计大赛	2023年新增
61	全国大学生化工实验大赛	2023年新增
62	全国大学生化学实验创新设计大赛	2023年新增
63	全国大学生计算机系统能力大赛	2023年新增
64	全国大学生花园设计建造竞赛	2023年新增

(续)

序号	竞赛名称	备注
65	全国大学生物联网设计竞赛	2023 年新增
66	全国大学生信息安全与对抗技术竞赛	2023 年新增
67	全国大学生测绘学科创新创业智能大赛	2023 年新增
68	全国大学生统计建模大赛	2023 年新增
69	全国大学生能源经济学术创意大赛	2023 年新增
70	全国大学生基础医学创新研究暨实验设计论坛（大赛）	2023 年新增
71	全国大学生数字媒体科技作品及创意竞赛	2023 年新增
72	全国本科院校税收风险管控案例大赛	2023 年新增
73	全国企业竞争模拟大赛	2023 年新增
74	全国高等院校数智化企业经营沙盘大赛	2023 年新增
75	全国数字建筑创新应用大赛	2023 年新增
76	全球校园人工智能算法精英大赛	2023 年新增
77	国际大学生智能农业装备创新大赛	2023 年新增
78	"科云杯"全国大学生财会职业能力大赛	2023 年新增
79	全国职业院校技能大赛	高职赛
80	全国大学生机器人大赛——RoboTac	高职赛
81	世界技能大赛	高职赛
82	世界技能大赛中国选拔赛	高职赛
83	一带一路暨金砖国家技能发展与技术创新大赛	2023 年新增高职赛
84	码蹄杯全国职业院校程序设计大赛	2023 年新增高职赛

12.4.4 学校组织参加哪些重点竞赛？如何参赛

答：通常由学校教务处或团委负责参赛的政策制定、资源分配、绩效考查、表彰奖励等工作，具体到各赛事，由相关专业学院负责。教务处通常负责中国国际大学生创新大赛（原中国国际"互联网+"大学生创新创业大赛）等个别比赛的组织工作。以四川大学为例，重点竞赛及校内组织单位如表 12.2 所示。参赛建议关注赛事的校内组织单位通知。

表 12.2 　重点竞赛及校内组织单位（以四川大学为例）

序号	赛事名称	赛制级别	校内组织单位
1	中国国际大学生创新大赛（原中国国际"互联网+"大学生创新创业大赛）	校级、省级、国家级三级竞赛	教务处
2	"挑战杯"全国大学生课外学术科技作品竞赛	校级、省级、国家级三级竞赛	校团委
3	"挑战杯"中国大学生创业计划大赛	校级、省级、国家级三级竞赛	校团委
4	ACM-ICPC 国际大学生程序设计竞赛	国家级	计算机学院
5	全国大学生数学建模竞赛	省级、国家级两级竞赛	数学学院
6	全国大学生电子设计竞赛	省级、国家级两级竞赛	电气工程学院
7	中国大学生医学技术技能大赛	国家级	华西临床医学院（护理学院）
8	全国大学生机械创新设计大赛	校级、省级、国家级三级竞赛	机械工程学院
9	全国大学生结构设计竞赛	国家级	建筑与环境学院
10	全国大学生广告艺术大赛	国家级	文学与新闻学院
11	全国大学生智能汽车竞赛	国家级	电气工程学院
12	全国大学生电子商务"创新、创意及创业"挑战赛	国家级	商学院
13	全国大学生工程实践与创新能力大赛	校级、省级、国家级三级竞赛	机械工程学院
14	全国大学生物流设计大赛	国家级	无组织单位

(续)

序号	赛事名称	赛制级别	校内组织单位
15	外研社全国大学生英语系列赛——①英语演讲；②英语辩论；③英语写作；④英语阅读	国家级	外国语学院
16	两岸新锐设计竞赛·华灿奖	国家级	艺术学院
17	全国大学生创新创业训练计划年会展示	校级、省级、国家级三级竞赛	教务处
18	全国大学生化工设计竞赛	省级、西南赛区、国家级三级竞赛	化学工程学院
19	全国大学生机器人大赛——①RoboMaster；②RoboCon	国家级	机械工程学院
20	全国大学生市场调查与分析大赛	国家级	商学院
21	全国大学生先进成图技术与产品信息建模创新大赛	省级、国家级两级竞赛	机械工程学院
22	全国三维数字化创新设计大赛	国家级	机械工程学院
23	"西门子杯"中国智能制造挑战赛	国家级	机械工程学院
24	中国大学生服务外包创新创业大赛	省级、国家级两级竞赛	校团委
25	中国大学生计算机设计大赛	国家级	软件学院
26	中国高校计算机大赛——①大数据挑战赛；②团体程序设计天梯赛；③移动应用创新赛；④网络技术挑战赛；⑤人工智能创意赛	国家级	软件学院
27	蓝桥杯全国软件和信息技术专业人才大赛	国家级	软件学院
28	米兰设计周——中国高校设计学科师生优秀作品展	国家级	轻工科学与工程学院
29	全国大学生地质技能竞赛	国家级	无组织单位
30	全国大学生光电设计竞赛	国家级	电子信息学院

（续）

序号	赛事名称	赛制级别	校内组织单位
31	全国大学生集成电路创新创业大赛	国家级	物理学院
32	全国大学生金相技能大赛	校级、国家级两级竞赛	材料科学与工程学院
33	全国大学生信息安全竞赛	国家级	网络空间安全学院
34	未来设计师·全国高校数字艺术设计大赛	国家级	艺术学院
35	全国周培源大学生力学竞赛	国家级	建筑与环境学院
36	中国大学生机械工程创新创意大赛	国家级	化学工程学院
37	中国机器人大赛暨RoboCup机器人世界杯中赛	国家级	电气工程学院
38	"中国软件杯"大学生软件设计大赛	国家级	软件学院
39	中美青年创客大赛	国家级	无组织单位
40	睿抗机器人开发者大赛（RAICOM）	国家级	机械工程学院
41	"大唐杯"全国大学生新一代信息通信技术大赛	国家级	计算机学院
42	华为ICT大赛	国家级	计算机学院
43	全国大学生嵌入式芯片与系统设计竞赛	国家级	机械工程学院
44	全国大学生生命科学竞赛（CULSC）	国家级	生命科学学院
45	全国大学生物理实验竞赛	国家级	物理学院
46	全国高校BIM毕业设计创新大赛	国家级	建筑与环境学院

(续)

序号	赛事名称	赛制级别	校内组织单位
47	全国高校商业精英挑战赛——①品牌策划竞赛；②会展专业创新创业实践竞赛；③国际贸易竞赛；④创新创业竞赛；⑤会计与商业管理案例竞赛	国家级	历史文化学院
48	"学创杯"全国大学生创业综合模拟大赛	国家级	商学院
49	中国高校智能机器人创意大赛	国家级	机械工程学院
50	中国好创意暨全国数字艺术设计大赛	国家级	艺术学院
51	中国机器人及人工智能大赛	省级、国家级两级竞赛	电气工程学院
52	全国大学生节能减排社会实践与科技竞赛	国家级	校团委
53	"21世纪杯"全国英语演讲比赛	国家级	外国语学院
54	iCAN大学生创新创业大赛	国家级	计算机学院
55	"工行杯"全国大学生金融科技创新大赛	国家级	软件学院
56	中华经典诵写讲大赛	国家级	哲学系
57	"外教社杯"全国高校学生跨文化能力大赛	国家级	外国语学院
58	百度之星·程序设计大赛	国家级	软件学院
59	全国大学生工业设计大赛	国家级	无组织单位
60	全国大学生水利创新设计大赛	国家级	水利水电学院
61	全国大学生化工实验大赛	国家级	化学工程学院
62	全国大学生化学实验创新设计大赛	国家级	化学学院

（续）

序号	赛事名称	赛制级别	校内组织单位
63	全国大学生计算机系统能力大赛	国家级	计算机学院
64	全国大学生花园设计建造竞赛	国家级	建筑与环境学院
65	全国大学生物联网设计竞赛	国家级	计算机学院
66	全国大学生信息安全与对抗技术竞赛	国家级	网络空间安全学院
67	全国大学生测绘学科创新创业智能大赛	国家级	水利水电学院
68	全国大学生统计建模大赛	国家级	数学学院
69	全国大学生能源经济学术创意大赛	国家级	无组织单位
70	全国大学生基础医学创新研究暨实验设计论坛（大赛）	国家级	华西基础医学与法医学院
71	全国大学生数字媒体科技作品及创意竞赛	国家级	艺术学院
72	全国本科院校税收风险管控案例大赛	国家级	无组织单位
73	全国企业竞争模拟大赛	国家级	商学院
74	全国高等院校数智化企业经营沙盘大赛	国家级	无组织单位
75	全国数字建筑创新应用大赛	国家级	建筑与环境学院
76	全球校园人工智能算法精英大赛	国家级	计算机学院
77	国际大学生智能农业装备创新大赛	国家级	无组织单位
78	Imagine Cup 微软"创新杯"全球学生科技大赛	国际级	软件学院

(续)

序号	赛事名称	赛制级别	校内组织单位
79	国际遗传工程及其设计大赛（iGEM）	国际级	生命科学学院
80	美国大学生数学建模竞赛（MCM/ICM）	国际级	数学学院

12.4.5 为什么创新成果参赛不一定能拿好成绩

答：创新成果直接参赛不一定能拿到好成绩的原因主要有以下几点：

- **竞赛的多样性**：不同的竞赛有不同的侧重点和目标导向。有些竞赛可能更注重技术创新性，有些则可能更看重商业应用前景或社会影响力。因此，一个创新成果在某个竞赛中可能非常受欢迎，在另一个竞赛中则可能显得不太相关。
- **成果与竞赛的契合度**：即使一个创新成果在技术上非常先进，但如果它与竞赛的侧重点、考核重点不契合，那么它也很难在竞赛中脱颖而出。因此，参赛者需要仔细研究竞赛的规则和要求，确保自己的成果与竞赛有较高的契合度。
- **文本优化和打磨**：除了成果本身的质量外，文本的表述和呈现方式也非常重要。一个优秀的创新成果如果缺乏清晰、有说服力的文本描述，也很难给评委留下深刻印象。因此，参赛者需要根据不同竞赛的考核重点，对文本进行优化和打磨，使其更加符合竞赛的要求和主旨。

12.4.6 如何推进创新成果，并参赛获得佳绩

答：为了提高在竞赛中的获奖机会，参赛者可以采取以下策略：

- **选择合适的竞赛**：在报名参赛之前，仔细研究各个竞赛的侧重点、目标导向和考核重点，选择与自己研究方向或成果特点较为匹配的竞赛。
- **深入了解竞赛规则**：在选定竞赛后，认真阅读竞赛规则和要求，确保自己的成果符合竞赛的报名条件和提交要求。
- **优化文本表述**：根据竞赛的考核重点，对文本的标题、摘要、正文等进行优化和打磨，突出成果的创新性、实用性和应用前景。

- **加强与评委的沟通**：在竞赛过程中，积极与评委沟通交流，了解他们对自己成果的看法和建议，以便在后续的研究和参赛中进行改进。

12.4.7 如何将大创项目转化为大赛或者挑战杯的参赛项目

答：将大创项目转化为大赛或挑战杯的参赛项目，需要一系列的步骤和策略来确保项目的有效转化和成功参赛。以下是一些建议：

- **明确项目目标和内容**：仔细审视大创项目的目标、研究内容、创新点和应用价值。确定项目与大赛或挑战杯主题的契合度，以及项目在相关领域内的创新性和实用性。

- **优化项目方案**：根据大赛或挑战杯的要求，对项目方案进行必要的调整和优化。强化项目的创新性，突出其在解决实际问题或推动领域发展方面的潜力。

- **完善项目文档**：编写详细的项目计划书、研究报告和成果展示材料。确保文档内容清晰、逻辑严密，能够充分展示项目的价值和潜力。

- **组建团队并明确分工**：根据项目需求，组建具有相关背景和技能的团队成员。明确团队成员的分工和职责，确保项目能够高效推进。

- **进行项目演练和模拟答辩**：组织团队成员进行项目演练，模拟大赛或挑战杯的答辩过程。通过演练发现可能存在的问题和不足，并针对性地进行改进。

- **关注创新大赛或挑战杯的动态和要求**：及时了解大赛或挑战杯的最新消息和要求，确保项目符合参赛标准。关注大赛或挑战杯的评审标准，以便更好地调整和优化项目方案。

- **寻求专业指导**：邀请相关领域的专家或老师对项目进行指导和点评。根据专家的建议，对项目进行进一步的完善和提升。

- **积极参赛并展示项目**：按照大赛或挑战杯的要求，按时提交参赛材料。在比赛现场，充分展示项目的创新性、实用性和团队实力，争取获得好成绩。

通过以上步骤和策略，你可以将大创项目有效地转化为大赛或挑战杯的参赛项目，并有望取得优异的成绩。同时，这也有助于提升你和团队成员的创新能力、实践能力和团队协作能力。

AI 试试看

问： 我已经成功合成了一个 OLED 蓝光新分子，结构鉴定正确，发光效率还没测。这个结果可以申报专利吗？

文心一言答： 针对你成功合成了一个 OLED 蓝光新分子并已经完成结构鉴定的情况，你确实可以考虑申报专利来保护你的创新成果。申报专利的基本条件通常包括新颖性、创造性和实用性，你的新分子如果满足这些条件，就有可能获得专利保护。

在申报专利前，建议你先进行专利文献检索，以确保你的发明具有新颖性和创造性。这可以通过专业的专利检索数据库或机构来完成。同时，你也需要准备一份详细的专利申请文件，包括说明书、权利要求书、摘要和图纸等，以充分描述你的发明并界定其保护范围。

关于发光效率的测试，虽然这不是申报专利的必要条件，但如果你能提供相关数据来支持你的发明在实际应用中的优势，将会增加你的专利申请的成功率。因此，建议你在申报专利前尽可能完成这项测试。

最后，申报专利是一项复杂而专业的工作，如果你不熟悉相关流程和规定，建议寻求专业专利代理机构的帮助。他们可以提供专业的指导和建议，帮助你更好地保护你的创新成果。

问： 我已经成功合成了一个 OLED 蓝光新分子，结构鉴定正确了，发光效率还没测。这个结果参加大赛获得国家级奖的概率大吗？

文心一言答： 参加大学生创新大赛并获得国家级奖项的概率取决于多个因素，包括你的研究成果的创新性、实用性、技术水平以及你在比赛中的表现等。

首先，你已经成功合成了一个 OLED 蓝光新分子，并且结构鉴定正确，这是一个很好的研究成果。然而，发光效率的测试数据对于评估你的研究成果的完整性和潜在应用价值非常重要。如果发光效率测试结果表明你的新分子具有很高的发光效率，那么这将进一步增加你在比赛中获奖的概率。

其次,你需要准备一份详细且专业的项目报告或演示文稿,清晰地阐述你的研究背景、目的、方法、结果以及创新点和应用前景。这将有助于评委更好地了解你的研究成果并评估其价值。

再次,你还需要关注比赛的评选标准和历史获奖项目的情况,以便更好地了解评委的偏好和期望,并据此调整和完善你的参赛材料。

最后,获得国家级奖项也需要一定的运气和机遇。即使你的研究成果非常出色,也可能因为各种原因(如评委的偏好、竞争对手的实力等)而未能获奖。因此,参加比赛时应该保持积极的心态和正确的态度,把比赛看作一个展示自己才华和学习交流的机会,而不是过分追求获奖。

综上所述,你获得国家级奖项的概率取决于多个因素的综合作用。建议你尽快完成发光效率的测试,并认真准备参赛材料,以最好的状态迎接比赛。

高阶训练

撰写并提交一篇结构相对完整、具有一定创新价值的论文、专利或参赛材料。

第 13 章　创新八级成熟度：成果投送

学习目标

价值目标：践行学术道德底线思维，锻炼竞争意识。

能力目标：掌握投稿、投递专利、参赛的基本方法，提升创新竞争力，严守学术道德底线。

知识目标：了解投稿学术论文、投递专利和参赛的基本规则、流程、意义，理解学术道德的内涵。

13.1　学术道德问题

13.1.1　什么是学术道德问题？哪些行为算学术道德问题

答：学术道德是学术研究的基石，它要求研究者诚实守信、尊重原创。违反这一原则的行为，如考试作弊、抄袭作业、论文剽窃等，都属于学术道德问题，这些行为损害了学术的公正性和原创性。简言之，任何缺乏诚信、损害学术纯洁性的行为，均可视为学术道德问题。

1. 科技部规定哪些行为算学术道德问题

答：科技部在《国家科技计划项目评估评审行为准则与督查办法》(2003)、《关于在国家科技计划管理中建立信用管理制度的决定》(2004)、《关于加强科技部科技计划管理和健全监督制约机制的意见》(2006)、《国家科技计划项目实施中科研不端行为处理办法（试行）》(2006) 等章程、办法中对科研不端行为的界定如下：

科研不端行为是指违反科学共同体公认的科研行为准则的行为，包括以下几个方面：

- 在有关人员职称、简历以及研究基础等方面提供虚假信息。
- 抄袭、剽窃他人科研成果。
- 捏造或篡改科研资料。
- 在涉及人体的研究中，违反知情同意、保护隐私等规定。
- 违反实验动物保护规范。
- 其他科研不端行为。

2. 申请科学基金时，哪些行为算学术道德问题

答：国家自然科学基金委员会认为，不端行为是指在科学基金申请、受理、评议、评审、实施、结题及其他管理活动中发生的违背科学道德或违反科学基金管理规章的行为。

3. 投稿期刊，哪些行为算学术道德问题

答：根据《学术出版规范——期刊学术不端行为界定》（CY/T 174—2019），论文作者学术不端行为类型如下：

3.1 剽窃

3.1.1 观点剽窃

不加引注或说明地使用他人的观点，并以自己的名义发表，应界定为观点剽窃。观点剽窃的表现形式包括：

a）不加引注地直接使用他人已发表文献中的论点、观点、结论等。

b）不改变其本意地转述他人的论点、观点、结论等后不加引注地使用。

c）对他人的论点、观点、结论等删减部分内容后不加引注地使用。

d）对他人的论点、观点、结论等进行拆分或重组后不加引注地使用。

e）对他人的论点、观点、结论等增加一些内容后不加引注地使用。

3.1.2 数据剽窃

不加引注或说明地使用他人已发表文献中的数据，并以自己的名义发表，应界定为数据剽窃。数据剽窃的表现形式包括：

a）不加引注地直接使用他人已发表文献中的数据。

b）对他人已发表文献中的数据进行些微修改后不加引注地使用。

c）对他人已发表文献中的数据进行一些添加后不加引注地使用。

d）对他人已发表文献中的数据进行部分删减后不加引注地使用。

e）改变他人已发表文献中数据原有的排列顺序后不加引注地使用。

f）改变他人已发表文献中的数据的呈现方式后不加引注地使用，如将图表转换成文字表述，或者将文字表述转换成图表。

3.1.3　图片和音视频剽窃

不加引注或说明地使用他人已发表文献中的图片和音视频，并以自己的名义发表，应界定为图片和音视频剽窃。图片和音视频剽窃的表现形式包括：

a）不加引注或说明地直接使用他人已发表文献中的图像、音视频等资料。

b）对他人已发表文献中的图片和音视频进行些微修改后不加引注或说明地使用。

c）对他人已发表文献中的图片和音视频添加一些内容后不加引注或说明地使用。

d）对他人已发表文献中的图片和音视频删减部分内容后不加引注或说明地使用。

e）对他人已发表文献中的图片增强部分内容后不加引注或说明地使用。

f）对他人已发表文献中的图片弱化部分内容后不加引注或说明地使用。

3.1.4　研究（实验）方法剽窃

不加引注或说明地使用他人具有独创性的研究（实验）方法，并以自己的名义发表，应界定为研究（实验）方法剽窃。研究（实验）方法剽窃的表现形式包括：

a）不加引注或说明地直接使用他人已发表文献中具有独创性的研究（实验）方法。

b）修改他人已发表文献中具有独创性的研究（实验）方法的一些非核心元素后不加引注或说明地使用。

3.1.5　文字表述剽窃

不加引注地使用他人已发表文献中具有完整语义的文字表述，并以自己的名义发表，应界定为文字表述剽窃。文字表述剽窃的表现形式包括：

a）不加引注地直接使用他人已发表文献中的文字表述。

b）成段使用他人已发表文献中的文字表述，虽然进行了引注，但对所使用文字不加引号，或者不改变字体，或者不使用特定的排列方式显示。

c）多处使用某一已发表文献中的文字表述，却只在其中一处或几处进行引注。

d）连续使用来源于多个文献的文字表述，却只标注其中一个或几个文献来源。

e）不加引注、不改变其本意地转述他人已发表文献中的文字表述，包括概括、删减他人已发表文献中的文字，或者改变他人已发表文献中的文字表述的句式，或者用类似词语对他人已发表文献中的文字表述进行同义替换。

f）对他人已发表文献中的文字表述增加一些词句后不加引注地使用。

g）对他人已发表文献中的文字表述删减一些词句后不加引注地使用。

3.1.6　整体剽窃

论文的主体或论文某一部分的主体过度引用或大量引用他人已发表文献的内容，应界定为整体剽窃。整体剽窃的表现形式包括：

a）直接使用他人已发表文献的全部或大部分内容。

b）在他人已发表文献的基础上增加部分内容后以自己的名义发表，如补充一些数据，或者补充一些新的分析等。

c）对他人已发表文献的全部或大部分内容进行缩减后以自己的名义发表。

d）替换他人已发表文献中的研究对象后以自己的名义发表。

e）改变他人已发表文献的结构、段落顺序后以自己的名义发表。

f）将多篇他人已发表文献拼接成一篇论文后发表。

3.1.7　他人未发表成果剽窃

未经许可使用他人未发表的观点，具有独创性的研究（实验）方法，数据、图片等，或获得许可但不加以说明，应界定为他人未发表成果剽窃。他人未发表成果剽窃的表现形式包括：

a）未经许可使用他人已经公开但未正式发表的观点，具有独创性的研究（实验）方法，数据、图片等。

b）获得许可使用他人已经公开但未正式发表的观点，具有独创性的研究（实验）方法，数据、图片等，却不加引注，或者不以致谢等方式说明。

3.2 伪造

伪造的表现形式包括：

a）编造不以实际调查或实验取得的数据、图片等。

b）伪造无法通过重复实验而再次取得的样品等。

c）编造不符合实际或无法重复验证的研究方法、结论等。

d）编造能为论文提供支撑的资料、注释、参考文献。

e）编造论文中相关研究的资助来源。

f）编造审稿人信息、审稿意见。

3.3 篡改

篡改的表现形式包括：

a）使用经过擅自修改、挑选、删减、增加的原始调查记录、实验数据等，使原始调查记录、实验数据等的本意发生改变。

b）拼接不同图片从而构造不真实的图片。

c）从图片整体中去除一部分或添加一些虚构的部分，使对图片的解释发生改变。

d）增强、模糊、移动图片的特定部分，使对图片的解释发生改变。

e）改变所引用文献的本意，使其对己有利。

3.4 不当署名

不当署名的表现形式包括：

a）将对论文所涉及的研究有实质性贡献的人排除在作者名单外。

b）未对论文所涉及的研究有实质性贡献的人在论文中署名。

c）未经他人同意擅自将其列入作者名单。

d）作者排序与其对论文的实际贡献不符。

e）提供虚假的作者职称、单位、学历、研究经历等信息。

3.5 一稿多投

一稿多投的表现形式包括：

a）将同一篇论文同时投给多个期刊。

b）在首次投稿的约定回复期内，将论文再次投给其他期刊。

c）在未接到期刊确认撤稿的正式通知前，将稿件投给其他期刊。

d）将只有微小差别的多篇论文，同时投给多个期刊。

e）在收到首次投稿期刊回复之前或在约定期内，对论文进行稍微修改后，投给其他期刊。

f）在不做任何说明的情况下，将自己（或自己作为作者之一）已经发表论文，原封不动或做些微修改后再次投稿。

3.6　重复发表

重复发表的表现形式包括：

a）不加引注或说明，在论文中使用自己（或自己作为作者之一）已发表文献中的内容。

b）在不做任何说明的情况下，摘取多篇自己（或自己作为作者之一）已发表文献中的部分内容，拼接成一篇新论文后再次发表。

c）被允许的二次发表不说明首次发表出处。

d）不加引注或说明地在多篇论文中重复使用一次调查、一个实验的数据等。

e）将实质上基于同一实验或研究的论文，每次补充少量数据或资料后，多次发表方法、结论等相似或雷同的论文。

f）合作者就同一调查、实验、结果等，发表数据、方法、结论等明显相似或雷同的论文。

3.7　违背研究伦理

论文涉及的研究未按规定获得伦理审批，或者超出伦理审批许可范围，或者违背研究伦理规范，应界定为违背研究伦理。违背研究伦理的表现形式包括：

a）论文所涉及的研究未按规定获得相应的伦理审批，或不能提供相应的审批证明。

b）论文所涉及的研究超出伦理审批许可的范围。

c）论文所涉及的研究中存在不当伤害研究参与者，虐待有生命的实验对象，违背知情同意原则等违背研究伦理的问题。

d）论文泄露了被试者或被调查者的隐私。

e）论文未按规定对所涉及研究中的利益冲突予以说明。

3.8　其他学术不端行为

其他学术不端行为包括：

a）在参考文献中加入实际未参考过的文献。

b）将转引自其他文献的引文标注为直引，包括将引自译著的引文标注为引自原著。

c）未以恰当的方式，对他人提供的研究经费、实验设备、材料、数据、思路、未公开的资料等，给予说明和承认（有特殊要求的除外）。

d）不按约定向他人或社会泄露论文关键信息，侵犯投稿期刊的首发权。

e）未经许可，使用需要获得许可的版权文献。

f）经许可使用他人版权文献，却不加引注，或引用文献信息不完整。

g）经许可使用他人版权文献，却超过了允许使用的范围或目的。

h）在非匿名评审程序中干扰期刊编辑、审稿专家。

i）向编辑推荐与自己有利益关系的审稿专家。

j）委托第三方机构或者与论文内容无关的他人代写、代投、代修。

k）违反保密规定发表论文。

4. 学校对学术不端的相关规定有哪些

答：根据《四川大学关于学位（毕业）论文抄袭、剽窃等学术不端行为的处理办法（试行）》，四川大学对学术不端的相关规定如下：

（1）对授位（毕业）前被发现或被举报具有抄袭行为的学位（毕业）论文作者的处理

对于学院（所、中心）、教务处、研究生院在论文审查过程中被发现或在论文送审、答辩过程中被发现或被他人举报的具有抄袭行为的学位（毕业）论文，由相关学院对论文作者进行批评教育、责令改正，并可由相关部门根据抄袭情节轻重责令其修改论文、重新撰写论文、推迟答辩半年或一年、取消学位（毕业）申请（答辩）资格等处理。

（2）对授位（毕业）后被举报具有抄袭行为的学位（毕业）论文作者的处理

1）对于毕业后仍然继续攻读我校高一级学位的在读学生，可视抄袭程度、认错态度、产生的社会不良影响、对学校造成的损失等方面按相关程序给予通报批评、警告、严重警告、记过、留校察看、开除学籍等处分，并可同时给予撤销

所获学位、注销所获学历证书（包括电子注册证书）等处理。

2）对于毕业后在我校工作的当事人，视抄袭程度、认错态度、产生的社会不良影响、对学校造成的损失等方面按相关程序给予通报批评、警告、严重警告、记过、撤职、开除留用或开除处分，同时可给予暂停导师资格或导师申报资格一定时间、取消导师资格或导师申报资格、撤销因抄袭而获得的学历证书（包括电子注册证书）、学位证书、荣誉称号、追回因抄袭在我校获得的经济利益等处理；不适合继续在原专业技术岗位工作的，应调离原岗位或解聘、辞退；情节特别恶劣，或给学校造成重大损失的，可移交司法机关。

3）对于已毕业离校的当事人，可将调查结论寄送其所在单位；严重的抄袭者或对我校造成重大不良影响的，我校将按相关程序公告撤销其在我校因抄袭行为而获得的学历证书（包括电子注册证书）、学位证书、荣誉称号等，并保留追回因抄袭在我校获得的经济利益的权力。

学位（毕业）论文指导教师负有对所指导学生进行规范学术道德、端正学术学风、防范学术不端的教育责任，并对所指导学生的学位（毕业）论文严格把关，从根本上杜绝抄袭行为的发生。对导师工作不到位、把关不严或指使、放任抄袭，导致所指导的学位（毕业）论文发生抄袭行为的，根据情节轻重，将追究该导师的相应责任；若导师指导的学生连续发生多起学位（毕业）论文抄袭行为，造成重大不良影响的，将依据调查结果给予停止导师资格一定时间或取消导师资格等处理。

13.1.2 毕业论文中，哪些行为算学术道德问题

答：2012 年 11 月 13 日，中华人民共和国教育部令第 34 号公布《学位论文作假行为处理办法》，规定学位论文作假行为包括下列情形：

- 购买、出售学位论文或者组织学位论文买卖的。
- 由他人代写、为他人代写学位论文或者组织学位论文代写的。
- 剽窃他人作品和学术成果的。
- 伪造数据的。
- 有其他严重学位论文作假行为的。

13.1.3 学校规定出现学术道德问题应如何处罚

答：以四川大学为例，《四川大学关于学位（毕业）论文抄袭、剽窃等学术不端行为的处理办法（试行）》（川大校〔2010〕2号）文件规定，对授位（毕业）前、授位（毕业）后的学生及其毕业论文指导教师的学术不端行为做通报批评、警告、严重警告、记过、留校察看、开除学籍、撤销所获学位、注销所获学历证书（包括电子注册证书）或学位证书、取消荣誉称号、取消导师资格、移交司法机关等处理。

13.1.4 查重是什么意思

答：查重，是把自己写好的论文、作业等，通过论文检测系统资源库的比对，得出与各大论文库的相似比。简而言之，查重就是检测抄袭率，看论文的原创度，是不是抄袭的论文。它应用于现代教育和学术领域，旨在确保文本的原创性和学术诚信，消除盗版行为，保护知识产权，并促进创新和原创性的发展。通过查重工具，教务部门、老师和学生可以识别和预防抄袭行为。现在网上可用的许多查重工具都可以轻松发现文本中的重复内容，并提供相应的相似度报告，以辅助判断是否存在抄袭行为。

13.1.5 查重率过高，会怎么处罚

答：以四川大学为例，《四川大学关于本科毕业论文（设计）工作的有关规定》（川大教〔2018〕43号）规定，学生在完成毕业论文（设计）后与修订后，由指导教师提交培养单位进行学术不端行为检测。检测相似度原则上不应超过15%，超过者为不通过。如因特殊原因确需超过15%，培养单位需要提交书面说明，报教务处备案。如认定属于学术不端行为，将按照《四川大学关于学位（毕业）论文抄袭、剽窃等学术不端行为的处理办法（试行）》（川大校〔2010〕2号）文件相关规定处理。

13.1.6 学校鼓励用 AIGC 吗

答：作为一项新技术，学校对学生使用先进科技辅助学习的态度是审慎积极

的，一方面鼓励应用新兴技术提高学习研究的效率，另一方面严守学术底线。

以四川大学为例，《四川大学教务处关于毕业论文应用 AI 工具的处理意见》规定，对于人工智能协作工具直接应用于论文撰写的行为，一经发现并查实，则认定为论文抄袭，术语学术不端行为，按照相关规定，取消学位申请答辩资格，或依法撤销学位、注销学历证书。

对使用人工智能协作工具进行辅助工作的，建议在前言、参考文献、脚注或其他恰当位置对使用 AIGC 情况予以具体、明确的说明。

13.2 如何投稿论文

13.2.1 如何选择期刊

答：选择适合的期刊发表研究成果是一个关键步骤，以下是几条原则意见：

- **学科和专题内容相关和对口原则**：这个原则强调的是选择期刊时，要确保期刊的学科领域和专题内容与你的研究成果紧密相关。这样做的好处是，你的研究更容易被该领域的专家和同行注意到，从而增加被引用和传播的机会。同时，对口的期刊通常拥有更专业的审稿人和编辑团队，能够更准确地评估你的研究价值和质量。

- **先选择一级学科背景的期刊，再细化具体专业对口的期刊**：这个策略既考虑了研究的广度，也考虑了深度。首先，选择一级学科背景的期刊，可以确保你的研究在更广泛的学科领域内得到关注。然后，在这个基础上，你可以进一步选择那些更专注于你具体研究领域的期刊。这样做的好处是，你可以先在较广泛的范围内了解你的研究可能适合的期刊，然后再有针对性地选择更专业的期刊，提高发表的准确性和针对性。

- **指导教师在某些期刊的知名度和熟悉度也非常重要**：指导教师在学术界的影响力和关系网络对于选择期刊来说是一个重要的考虑因素。如果指导教师是某个期刊的编委成员、审稿人或有在该期刊上发表论文的经历，那么他们对该期刊的运作方式、审稿标准和读者群体会有更深入的了解。这种熟悉度可以增加你的论文被接受的可能性，并且可能加快审稿过程。同时，指导教师的知名度也可能为你的研究带来更多的关注和引用。

综上所述，选择适合的期刊发表研究成果需要综合考虑多个因素，包括研究的学科领域、专题内容、期刊的声誉和影响力以及指导教师的建议等。通过仔细分析和比较不同期刊的特点和要求，你可以找到最适合发表研究成果的平台。

写英文论文发 SCI 还是写中文论文发中文核心期刊

答：对于项目成果是写成英文论文发 SCI 还是写成中文论文发中文核心期刊的问题，关键在于理解发表论文的本质和目的。

首先，发表论文是向同行和社会展示科学研究成果的重要途径，无论中文论文还是英文论文，无论中文核心期刊还是 SCI，都是有效的论文和良好的发布平台。它们的主要区别在于读者群体和影响范围。SCI 通常具有国际影响力，能够吸引全球范围内的读者和研究者关注，而中文核心期刊则主要面向国内学术界。

其次，选择发表论文的语言和期刊类型应基于研究成果的特点和目标受众。如果研究成果具有广泛的国际意义，或者希望在国际学术界产生更大影响，那么写成英文论文并发表在 SCI 上可能更为合适。如果研究成果主要针对国内问题或国内学术界，那么发表在中文核心期刊上可能更为恰当。

最后，需要强调的是，发表论文只是科学研究的一个环节，更重要的是把论文写在祖国大地上，这也是研究本身的社会价值。无论选择哪种语言和期刊类型，都应确保论文内容准确、完整、具有创新性，并能够为同行和社会提供有价值的科学信息。

因此，对于项目成果是写成英文论文发 SCI 还是写成中文论文发中文核心期刊的问题，没有固定的答案。应根据研究成果的特点和目标受众进行综合考虑，选择最合适的发布方式。同时，应始终牢记科学研究的本质和目的，不断探索未知，发现隐藏在背后的科学原理，为认识世界做出更大贡献。

13.2.2 如何投稿

答：为了找到投稿路径并确保投稿过程顺利进行，建议如下：

首先，访问所选期刊的官方网站是找到投稿系统的关键。在网站上，通常会有明确的"投稿指南"或"作者指南"等链接，这些链接会引导你进入投稿系统或提供相关的投稿信息。确保你访问的是期刊的官方网站，以避免遇到仿冒网站或诈骗。

其次，注册自己的投稿账号是很重要的。使用自己的账号进行投稿可以确保你能够及时接收期刊的通知和反馈，同时也方便你管理自己的投稿记录和进度。如果指导教师或责任通讯作者已经拥有投稿账号，并且愿意协助你完成投稿过程，你也可以考虑使用他们的账号。但请注意，在使用他人账号时，要确保与账号持有人保持良好的沟通，并及时了解投稿的进展和反馈。

最后，熟悉投稿系统的使用也是非常重要的。在注册账号后，建议花一些时间浏览投稿系统的各个模块和功能，了解如何上传稿件、填写投稿信息、选择审稿人等操作。如果遇到任何问题或困难，可以查看系统内的帮助文档或联系期刊的编辑部门寻求帮助。

综上所述，找到投稿路径并顺利完成投稿需要访问期刊官方网站、注册自己的投稿账号以及熟悉投稿系统的使用。遵循这些建议，可以确保你的投稿过程更加顺利和高效。

13.2.3 如何写投稿函？请提供模板

答：写投稿函（Cover Letter）是向期刊编辑介绍你的研究工作的重要环节。一封好的投稿函应该简洁明了地阐述研究课题的大背景、关键科学与技术问题、拟投稿工作的研究思路，主要创新点和结论要点，以及为何选择该期刊投稿。以下是一个投稿函模板，你可以根据自己的研究内容和需要进行适当的调整：

[期刊名称]编辑部：

您好！

我谨代表[作者姓名]等，提交题为"[论文标题]"的论文，供贵刊审议。

本研究针对[关键科学与技术问题]进行了深入探讨，采用[主要方法或技术]取得了［重要发现或结论］。我们相信，这一研究对［相关领域或应用］具有重要意义，与贵刊的读者群高度相关。期待贵刊的宝贵意见，谢谢。

　　此致

敬礼！

［作者姓名］

［作者所属单位］

［联系方式］

［投稿日期］

Dear Editor of ［Journal Name］,

　　We are pleased to submit our manuscript titled "［Manuscript Title］" for consideration by your esteemed journal. This study addresses ［key scientific or technical issues］ and presents ［important findings or conclusions］ using ［primary methods or techniques］. We believe that our research makes a significant contribution to ［the relevant field or application］ and will be of great interest to your readership.

　　We have carefully reviewed the scope and audience of ［Journal Name］ and feel that our manuscript aligns well with your publication's objectives. We are confident that our work meets the high standards set by your journal and look forward to the opportunity to receive feedback from your esteemed reviewers.

　　Thank you for considering our submission. We are available to provide any further information or clarification that may be required during the review process.

　　Sincerely,

　　［Your Name］

　　［Your Affiliation］

　　［Your Contact Information］

　　［Submission Date］

13.2.4 如何面对审稿意见？是不是故意刁难我

答：面对审稿人的修改意见，心态至关重要。审稿人的反馈是提升稿件质量的关键环节，他们提出的修改意见往往能够帮助我们发现研究中的不足，进一步完善工作。当审稿人要求补充数据时，这并非故意刁难，而是为了确保研究的完整性和可靠性。

在回复审稿意见时，我们应遵循有理有据的原则。对于每一条修改意见，都应认真分析，理解审稿人的关注点，然后提供充分的解释和证据来支持我们的观点。如果需要补充数据，应详细说明补充数据的必要性、来源和预期对研究的影响。

当然，审稿人的意见并非绝对正确，有时也可能存在不合理或错误的建议。在这种情况下，我们同样需要有理有据地进行回应，提出我们的异议并给出充分的理由。只要我们的回复合理且证据充分，大多数审稿人和编辑都会理解并采纳我们的观点。

总之，面对审稿人的修改意见，我们应保持开放和尊重的态度，将其视为提升研究质量的机会。通过有理有据地回复审稿意见，我们可以不断完善研究工作，最终发表出高质量的学术成果。

13.2.5 如果数据补不出来，论文一定发表不了吗

答：如果数据补不出来，并不意味着论文一定发表不了。尽全力补充数据是必要的，但若因客观原因无法补足，可以明确说明情况，并尝试采用其他可行的方法来支持讨论和结论。审稿人通常会理解并考虑这些实际情况。因此，即使数据补充不完整，仍有可能成功发表论文。

13.2.6 会议论文还是期刊论文

答：不同学科对会议论文和期刊论文的重视程度不一样。一般而言，会议论文的时效性要高于期刊论文，这一现象在计算机学科尤为明显。从投稿、审稿和出版周期的角度，会议论文投稿有明确的截止日期、确定的审稿周期和出版周

期。当前学术会议和期刊的质量参差不齐，尤其是学术会议。在选择拟投稿的学术会议时，建议结合自身论文质量，选择同行认可的（比如由知名学术机构/组织主办的，国内会议可以考虑由国家一级学会主办的）、与论文匹配的会议。

13.2.7 核心期刊的论文投稿第一作者必须由有职称的教师署名吗

答：**不是**。核心期刊的论文投稿是否必须由有职称的教师署名并不是一个绝对的规定，而是取决于期刊的具体要求和对作者资格的定义。

在一些期刊中，可能会规定第一作者必须是有职称的教师，这通常是因为期刊希望确保论文的质量和学术水平，认为有职称的教师具有更多的研究经验和学术背景，能够更好地完成研究工作。

然而，并非所有的核心期刊都会有这样的规定。一些期刊可能会接受来自各种研究机构、学术组织或者企业的研究人员投稿，并且不会对作者身份做过多限制。这些期刊更注重论文的学术贡献和研究内容，而不是作者的身份。

因此，如果您准备投稿到核心期刊，建议您事先查阅期刊的投稿指南和作者要求，了解期刊对作者资格的具体规定。如果不确定是否符合要求，也可以直接与期刊编辑部联系，以获得准确的信息。

13.2.8 无法发表文章的学术论坛或交流会还有必要投稿、参加吗

答：尽管某些学术论坛或交流会可能无法发表文章，但仍然存在许多理由值得投稿和参加：

- **学术交流和反馈**：学术论坛和交流会提供了与同行讨论研究成果、分享观点和经验的机会。即使无法发表文章，仍然可以通过口头报告或者海报展示的方式与他人交流，并从他人的反馈中获益。
- **扩大人际网络**：参加学术论坛和交流会可以扩大个人的学术圈子，结识来自不同地区和领域的研究者，建立合作关系和学术联系。
- **获取最新信息**：学术论坛和交流会通常聚集了大量的研究者和专家，可以获取最新的研究动态、前沿技术和学术趋势，有助于保持学术敏锐度和更新意识。

- **提升学术声誉**：即使无法发表文章，通过参加学术论坛和交流会，也可以展示个人的研究成果和学术水平，提升个人在学术界的影响力和声誉。
- **获得奖项和荣誉**：一些学术论坛和交流会可能会设立最佳口头报告、最佳海报展示等奖项，参与者有机会获得奖项和荣誉，进一步提升个人的学术地位。

综上所述，尽管无法发表文章的学术论坛或交流会可能会限制某些方面的学术交流，但仍然具有很多其他的价值和意义，因此仍然值得投稿和参加。

13.3 如何投专利

13.3.1 申请专利是不是必须找代理律师

答：如果不委托专利代理律师，自己申请专利的工作主要包括以下几个步骤：

- **了解专利知识和申请流程**：在开始申请专利之前，需要了解专利的相关知识，包括专利的类型、申请流程、所需材料等。可以通过阅读专利法律法规、专利审查指南等途径获取这些信息。
- **进行专利检索**：在申请专利之前，建议进行专利检索，了解是否有与你的发明相似的专利存在。这可以避免重复申请和侵权风险。
- **准备申请文件**：根据所申请的专利类型，准备相应的申请文件。这些文件通常包括请求书、说明书、权利要求书、摘要等。需要按照专利局的要求填写和撰写这些文件，确保内容清晰、准确、完整。
- **提交申请并缴纳费用**：将准备好的申请文件提交给专利局，并按照要求缴纳相应的申请费用。可以通过专利局的电子申请系统或邮寄方式提交申请。
- **跟进申请进度并处理审查意见**：在申请提交后，需要跟进申请进度，及时处理专利局的审查意见。如果收到审查意见通知书，需要按照要求在规定时间内答复。

需要注意的是，自己申请专利需要具备一定的专业知识和经验，包括熟悉专利申请流程、撰写专利文件等。如果缺乏这些知识和经验，可能会面临申请被驳回或权利保护不足的风险。因此，在考虑自己申请专利时，需要评估自身的能力和条件，或者考虑寻求专业的咨询和指导。

此外，虽然自行申请专利可以节省代理费用，但也需要投入大量的时间和精力。因此，在选择是否自行申请专利时，需要综合考虑时间、精力和专业能力等因素。

13.3.2 专利怎么提交

答：提交专利可以选择前往国家知识产权局业务受理大厅、各地方知识产权业务受理窗口（专利代办处）进行提交，或者通过专利业务办理系统（https://cponline.cnipa.gov.cn/）在线提交申请材料，还可以通过邮寄方式提交。

无论选择哪种方式，都需要准备相应的申请材料。对于发明专利，需要提交发明专利请求书、说明书摘要、权利要求书、说明书，必要时还需要提交说明书附图。对于实用新型专利，需要提交实用新型专利请求书、说明书摘要、权利要求书、说明书和说明书附图。而外观设计专利则需要提交外观设计专利请求书、外观设计图片或照片和外观设计简要说明。

13.3.3 如何确认专利投上了

答：提交专利申请后，确认专利是否投上可以通过以下方式查询：若专利申请被受理，国家知识产权局专利局会发出专利申请受理通知书及缴纳申请费通知书；若不予受理，则会发出不予受理通知书。申请人可根据提交方式选择即时接收、邮寄送达或电子文件形式查看通知书，以此确认专利申请状态。

13.3.4 专利申请号几天能拿到

答：任何类型的专利申请，不管是否符合授权条件，只要申请成功即给予申请号。

13.3.5 专利申请号一长串号码代表什么

答：专利申请号的构成为：申请年号+申请种类+申请流水号+校验码。申请年号在 2003 年 10 月 1 日以前是两位年号，其后为四位年号。申请种类有 5 类，分别用 1、2、3、8 和 9 表示。其中，1 代表发明专利申请（申请人是中国人），2 代表实用新型申请（申请人是中国人），3 代表外观设计申请（申请人是中国人），8 代表通过 PCT 途径进入中国国家阶段的发明专利申请（申请人是外国人），9 代表通过 PCT 途径进入中国国家阶段的实用新型专利申请（申请人是外国人）。例如 ZL201810126881.X，ZL 后面的前四位"2018"是年份，第五位"1"代表发明专利申请（申请人是中国人）。

13.3.6　申请专利要花多少钱

答：向国务院专利行政部门申请专利和办理其他手续时，需要缴纳下列费用：

1）申请费、申请附加费、公布印刷费、优先权要求费。

2）发明专利申请实质审查费、复审费。

3）年费。

4）恢复权利请求费、延长期限请求费。

5）著录事项变更费、专利权评价报告请求费、无效宣告请求费、专利文件副本证明费。

例如，发明专利的申请费为 900 元，外观设计专利的申请费为 500 元，具体收费明细可以参见国家知识产权局官方网站。

13.3.7　学校可以报销专利申请费吗

答：目前学校不报销专利申请费。

13.3.8　投专利要自己出钱吗

答：是的。

13.3.9　专利一般多久才能审查通过

答：我国的专利分为发明、实用新型、外观设计三种。

发明专利申请流程为：申请、受理、形式审查、公布、实质审查、授权。顺利的情况下，需要2~3年。其中，约需18个月，进入公布阶段，直至最后授权。

实用新型和外观设计专利申请流程为：受理、形式审查、授权。所需时间为4~6个月。

此外，发明专利申请人还可以提交专利加急申请，可以很大程度上缩减专利申请的时间。快的话一年左右便可以获得专利权。

13.3.10 专利一旦审查通过，是永久有效吗？有效期多久

答：发明专利权的保护期限为20年，实用新型专利权的保护期限为10年，外观设计专利权的保护期限为15年，均自申请日起计算。

13.3.11 有效期过了，可否不续费？有什么影响

答：当专利的有效期过后，您可以选择不续费，但这将带来一系列影响。首先，您的专利将不再受到法律保护，这意味着其他人可以自由地使用、制造、销售或进口您的发明，而无须支付任何专利费用或许可费。换句话说，您的专利将进入公共领域，供公众自由使用。

然而，需要注意的是，尽管您的专利不再有效，但与之相关的学术成果仍然有效。这意味着您在专利文件中描述的发明、技术或研究成果在学术界仍然具有价值，并可以被其他研究人员引用和参考。

此外，不续费并不意味着其他人不能再申请与您的发明相关的专利。如果其他人对您的发明进行了改进或创新，并且这些改进或创新符合专利授予的条件，他们仍然可以申请新的专利。

综上所述，当您选择不续费时，您的专利将失去法律保护，但相关的学术成果仍然有效。其他人可以自由使用您的发明，并有可能在此基础上进行进一步的创新和改进。因此，在做出是否续费的决定时，请务必权衡利弊并考虑您的长期战略和目标。

13.3.12 实用新型专利和发明专利有什么区别

答：实用新型专利和发明专利在多个方面存在显著的区别。

首先，从保护对象上看，实用新型专利主要保护产品的形状、构造或者其结合所提出的适于实用的新的技术方案，更侧重于产品的实用性。而发明专利则保护产品、方法或者其改进所提出的新的技术方案，其保护范围更广泛，不仅包括产品，还包括方法和技术。

其次，在申请审批流程上，实用新型专利的审批流程相对简单，一般只需要经过初步审查即可获得授权，因此申请周期较短。而发明专利则需要经过初步审查和实质审查两个阶段，审查标准更为严格，因此申请周期较长。

再次，实用新型专利和发明专利在保护期限和费用方面也有所不同。实用新型专利的保护期限相对较短，一般为 10 年，而发明专利的保护期限则为 20 年。同时，由于发明专利的审查流程更复杂，其申请和维护费用也相对较高。

最后，从技术创新和实用性角度看，实用新型专利更注重产品的实用性和创新性，适用于那些对产品形状、结构或构造进行改进的创新。而发明专利则更注重技术的创新性和先进性，要求申请的技术方案具有突出的实质性特点和显著的进步。

因此，企业在选择申请实用新型专利或发明专利时，应根据自身的技术创新水平、产品市场需求以及专利保护策略等因素进行综合考虑。

13.4 如何参赛

13.4.1 为什么要参赛

答：参赛具有多重价值，无论从教育、个人发展还是从社交网络的角度，都能为参赛者带来深远的影响。

首先，从教育的角度来看，参赛是一种实践性的学习方式。它让参赛者在实际操作中掌握知识，深化理解，这种"做中学"的方式往往比传统的课堂教学更为有效。通过竞赛，参赛者可以在压力下进行知识的整合和应用，从而锻炼其问题解决能力和创新能力。此外，竞赛中的失败和挫折也能帮助参赛者培养坚韧不拔的精神和抗压能力。

其次，参赛为参赛者提供了一个展示和评价自己才华的平台。在竞赛中，参赛者可以通过与同龄人的比较，了解自己的优势和不足，明确自己在群体中的位置。同时，来自评委和专家的反馈也能为参赛者提供宝贵的改进建议和发展方向。这种外部评价不仅有助于参赛者建立自信，也能激发其进一步提升自我的动力。

最后，参赛还是一种社交活动。在竞赛过程中，参赛者有机会结识来自不同背景、拥有共同兴趣的朋友和伙伴。这些人际关系不仅能丰富参赛者的社交生活，还可能为其未来的学习和职业发展提供宝贵的资源和机会。同时，通过竞赛建立的友谊往往更加深厚和持久，因为它们是建立在共同奋斗和相互支持的基础之上的。

综上所述，参赛对于个人成长和发展具有多方面的价值。它不仅能提升参赛者的知识水平和能力，还能帮助其建立自信、拓展社交网络并培养坚韧不拔的精神品质。因此，我们应该积极参与各类竞赛活动，充分利用这些平台来提升自己的综合素质和竞争力。

13.4.2　怎么选择合适的比赛

答：选择合适的比赛，首要考虑的是适配原则。适配原则强调比赛与参赛者的兴趣、能力和目标之间的匹配度。一个合适的比赛应该能够激发参赛者的兴趣，挑战其能力，并有助于实现其个人或团队目标。

为了找到适配的比赛，参赛者可以首先参考高教学会提供的比赛清单。这些清单通常会列出各种类型、级别和领域的比赛，为参赛者提供丰富的选择。在查看清单时，参赛者应该关注比赛的性质、目的、要求以及奖励等方面，以便更好地了解比赛是否与自己的兴趣和能力相匹配。

此外，访问每个比赛的官方网站也是获取详细信息的重要途径。官方网站通常会提供比赛的详细介绍、规则、日程安排、评审标准以及往届获奖作品等信息。通过仔细阅读这些信息，参赛者可以更全面地了解比赛的要求和难度，从而做出更明智的选择。

在选择比赛时，参赛者还应考虑自己的时间安排和资源限制。确保所选比赛不会与学业或其他重要事项发生冲突，并在可承受的范围内进行准备和参赛。

总之，选择合适的比赛需要综合考虑多个因素，包括兴趣、能力、目标、比赛性质和要求等。通过参考高教学会比赛清单并访问官方网站，参赛者可以更好地了解各种比赛，并做出明智的选择。

13.4.3 如何备赛

答：备赛是一个需要充分准备和战略规划的过程。为了确保在比赛中取得好成绩，参赛者需要从战略高度出发，全面、系统地进行准备。

首先，仔细研读比赛文件是备赛的基础。比赛文件是主办方传达自己价值观、办赛目的的重要渠道，通常包括比赛规则、评分标准、提交要求等关键信息。参赛者需要认真阅读并理解主办方意图，确保自己的作品或表现符合比赛价值观。同时，还要注意比赛文件中的细节和特殊要求，以免在比赛中出现不必要的失误。

其次，听取专家讲座是提升备赛效果的重要途径。专家讲座通常涵盖与比赛相关的价值、能力、知识和经验。通过听取讲座，参赛者可以了解行业前沿动态，拓展视野，提升专业素养。此外，与专家进行互动交流还可以帮助参赛者解决备赛过程中遇到的问题和困惑。

一对一辅导是备赛中的关键环节。通过与指导教师或专业人士进行一对一的沟通和交流，参赛者可以获得针对性的指导和建议。这些指导和建议往往能够直接指出参赛者在技能、知识或策略上的不足，并提供有效的改进方法。

最后，反复调整校对是确保作品质量的必要步骤。在备赛过程中，参赛者需要不断地对自己的作品进行调整和优化，充分体现自己的亮点和优势，确保其符合比赛要求并具有竞争力。同时，还需要认真校对作品中的文字、数据、图表等内容，避免出现错误或遗漏。反复调整校对可以帮助参赛者发现并纠正作品中的不足之处，提升作品的整体质量和观感。

综上所述，备赛需要从战略高度出发，全面、系统地进行准备。通过仔细研读比赛文件、听取专家讲座、接受一对一辅导以及反复调整校对等方式，参赛者可以提升自己的专业素养和技能水平，为在比赛中取得好成绩奠定坚实的基础。

中国国际大学生创新大赛（原中国国际"互联网+"大学生创新创业大赛）专家讲座如下：

（1）以评委视角分析创新创业类大赛路演要点（2022年）

视频：以评委视角分析创新
创业类大赛路演要点

（2）通识：主赛道、红旅+产业（2022年）

视频：通识：主赛道、
红旅+产业

（3）互联网+创新创业大赛里的先射击后画靶（2022年）

视频：互联网+创新创业
大赛里的先射击后画靶

（4）借力科技成果转化打赢互联网+大赛（2022年）

视频：借力科技成果转化打赢互联网+大赛

（5）从评审要点复盘解析产业赛道（2022年）

视频：从评审要点复盘解析产业赛道

（6）"互联网+"大赛与创新创业教育（2022年）

视频："互联网+"大赛与创新创业教育

（7）培养优秀双创项目——高校创新创业教育生态体系建设（2022年）

视频：培养优秀双创项目——高校创新创业教育生态体系建设

（8）"互联网+"大赛与四新人才培养（2022年）

视频："互联网+"大赛与四新人才培养

（9）每一个青春都可以绽放光芒——"互联网+"大赛亚军的成长之路（2022年）

视频：每一个青春都可以绽放光芒——"互联网+"大赛亚军的成长之路

13.4.4 参赛团队问题

1. 怎样组队

答：在组队参与任何竞赛或项目时，选择合适的队友是至关重要的。以下是一些建议：

- **队友选择**：首先，考虑是否跨年级、跨专业组队。跨年级、跨专业组队可以带来多元化的视角和更丰富的知识结构，有助于提升团队的创新能力和解决问题的能力。但这也可能增加团队沟通和协调的难度。因此，在决定是否跨年级、跨专业组队时，需要权衡这些因素。

- **选择的途径**：有多种途径可以选择队友，如老师介绍、课程结识、社团队友等。老师介绍的队友可能具有更强的学术背景和研究能力；课程结识的队友可能在同一领域有共同的兴趣和目标；社团队友则可能在特定技能或实践经验方面有所长。可以根据项目的具体需求和目标，选择最合适的途径来寻找队友。

- **人数限制的问题**：在组队时，还需要考虑人数限制的问题。不同的比赛或项目可能对团队人数有不同的要求。因此，在组队之前，需要了解并遵守相关规定。同时，也需要考虑团队的规模和效率之间的关系。过大的团队可能导致沟通不畅和协调困难，而过小的团队则可能缺乏必要的资源和能力。因此，需要根据项目的复杂性和工作量来确定合适的团队规模。

综上所述，组队是一个需要综合考虑多种因素的过程。在选择队友时，需要注重他们的能力、兴趣和目标是否与项目相匹配；在选择途径时，需要考虑哪种方式能更有效地找到合适的队友；在确定团队规模时，需要权衡人数与效率之间的关系。通过认真考虑和规划，我们可以组建一个高效、和谐且具有竞争力的团队。

2. 如何邀请指导教师

答：邀请指导教师是确保项目或竞赛顺利进行并取得成功的重要环节。以下是邀请指导教师的建议：

- **确定指导教师人数**：首先，根据项目的复杂性和工作量来确定需要的指导教师人数。一般来说，一个项目至少需要一位指导教师来提供指导和建议。但如果项目涉及多个领域或需要不同专业的知识，可能需要邀请多位指导教师。

- **明确指导教师的专业方向**：在选择指导教师之前，需要明确项目或竞赛所需的专业方向和领域。这样有助于找到具有相关经验和专业知识的老师，为项目提供更有针对性的指导。

- **如何找到相关的老师**：通过学校或学院的官方网站查找相关专业的老师，并了解他们的研究方向和成果。向学长学姐、同学或老师咨询，了解他们是否有合适的推荐人选。参加学术讲座、研讨会等活动，结识相关领域的专家学者，并邀请他们作为指导教师。利用社交媒体、学术论坛等网络平台，发布招募指导教师的信息，吸引有兴趣且具备相关经验的老师参与。

- **邀请指导教师的方法**：①发送正式的邀请函。通过邮件或书面方式向老师发送邀请函，表达邀请的诚意和期望，并简要介绍项目或竞赛的情况。②面对面沟通。如果有机会，可以亲自拜访老师，与他们面对面沟通，详细介绍项目或竞赛的内容和目标，以及他们在其中的角色和期望。③利用中间人介绍。如果与老师不太熟悉，可以请学长学姐、同学或老师作为中间人介绍，增加彼此的信任和了解。无论采取哪种方式邀请指导教师，都需要表达出对他们的尊重和感激之情，并明确说明他们在项目或竞赛中的重要性和作用。同时，也需要与指导教师保持良好的沟通和合作关系，共同推动项目或竞赛的进展和成功。

3. 赛训与其他学习任务时间冲突怎么办

答：参赛和赛训通常要花费不少时间，对同学们来说，时间规划是确保项目高效推进并取得优异成绩的关键因素。时间规划方面的建议如下：

- **制定详细的时间表**：在项目开始之初，根据比赛的截止日期和项目的复杂性，制定一个详细的时间表。将项目划分为多个阶段，并为每个阶段设置具体的开始和结束时间。

- **分配任务和时间**：根据团队成员的能力和兴趣，将项目任务分配给每个人，并确保他们有足够的时间来完成任务。同时，也要预留一定的时间用于应对可能出现的意外情况。

- **定期检查和调整时间表**：在项目进行过程中，定期检查时间表的执行情况，并根据实际情况进行调整。如果某个阶段的任务提前完成，可以考虑将剩余的时间用于优化或完善项目。

时间管理是每个人一生的必修课，愿同学们利用比赛契机，"拉满"这项能力。

4. 如何管好团队

答：团体赛通常要考察团队成员高效协作能力。团队管理方面的建议如下：

- **明确团队目标和分工**：在项目开始之前，与团队成员一起明确项目的目标和意义，以及每个人的角色和责任。这样可以增强团队成员的归属感和责任感。

- **建立有效的沟通机制**：建立一个方便团队成员之间沟通的平台，如微信群、QQ群等，以便及时分享信息、讨论问题和协调工作。同时，也要定期召开团队会议，面对面地解决重要的问题。

- **提升团队战斗力**：为了提升团队的战斗力，可以组织一些团队建设活动，如培训、拓展训练等，以增强团队成员之间的信任和协作能力。此外，还可以设立一些奖励机制，激励团队成员为项目的成功付出更多的努力。

综上所述，时间规划和团队管理是比赛过程中不可忽视的重要环节。通过制定详细的时间表、明确团队目标和分工、建立有效的沟通机制以及提升团队战斗力等方法，我们可以确保项目的高效推进和优异成绩的取得。

5. 比赛费用可报销吗

答：在参与比赛的过程中，费用报销的情况会因主办方或院校方的具体规定而异。

主办方或院校方有时候可以提供以下费用：

- **报名费**：有些比赛需要支付报名费，这部分费用通常由参赛者自行承担。但在某些情况下，主办方或院校方可能会为参赛者承担报名费。

- **交通费**：对于需要前往其他城市或地区参加比赛的团队，主办方或院校方可能会提供一定的交通费用支持。

- **住宿费**：如果比赛地点较远，需要在当地住宿，主办方或院校方可能会协助安排住宿并承担部分或全部住宿费用。
- **餐饮费**：在比赛期间，主办方或院校方可能会为参赛者提供餐饮服务，或者发放一定的餐饮补助。

报销需要注意的事项如下：

- **了解报销政策**：在参加比赛前，务必详细了解主办方或院校方的报销政策，包括哪些费用可以报销、报销的标准和流程等。
- **保存相关凭证**：在比赛过程中产生的所有费用，务必妥善保存相关凭证，如发票、收据等。这些凭证是申请报销的重要依据。
- **按时提交报销申请**：根据主办方或院校方的规定，按时提交报销申请。逾期提交可能会导致无法获得报销。
- **遵守规定**：在申请报销时，务必遵守主办方或院校方的规定，如实填写报销信息，不得虚报、冒领费用。

此外，需要预防有人利用赛事行骗，具体如下：

- **核实比赛信息**：在参加比赛前，务必通过官方渠道核实比赛的真实性和合法性，避免参加虚假或诈骗性质的比赛。
- **警惕不明来源的费用要求**：在比赛过程中，如果遇到不明来源的费用要求，务必保持警惕，谨慎处理，避免被不法分子利用赛事进行诈骗。
- **及时举报可疑行为**：如果发现有人利用赛事进行诈骗或其他不法行为，应及时向主办方或相关部门举报。

综上所述，比赛过程中的费用报销情况因主办方或院校方的具体规定而异。参赛者需要了解相关报销政策、保存凭证、按时提交申请并遵守规定。同时，也要保持警惕，预防被不法分子利用赛事进行诈骗。

6. 比赛完成后还要干什么

答：比赛完成后，虽然紧张和繁忙的阶段已经过去，但仍有一些重要的事项值得注意。

（1）总结比赛经验

- **回顾比赛过程**：回顾整个比赛过程，包括准备阶段、比赛期间和比赛后的反馈，识别出成功和失败的关键因素。

- **分析团队表现**：评估团队在比赛中的表现，包括团队协作、时间管理、问题解决等方面，找出优点和不足。
- **总结经验教训**：根据回顾和分析的结果，总结出宝贵的经验教训，以便在未来的比赛中避免犯同样的错误。

（2）复盘展示与分享

- **准备复盘资料**：整理比赛过程中的文档、图片、视频等资料，制作成复盘展示的素材。
- **进行复盘展示**：在适当的场合（如班级会议、学术社团活动等）进行复盘展示，向其他同学和老师分享比赛经验和心得。
- **互动交流分享**：在展示过程中，鼓励观众提问和分享自己的看法，通过互动交流进一步加深对比赛的理解。

（3）收集并存档与比赛相关的资料

- **收集资料**：收集与比赛相关的资料，包括比赛通知、规则、评分标准、获奖名单等。
- **整理存档**：将收集到的资料进行分类整理，建立专门的文件夹或数据库进行存档，以便日后查阅和参考。
- **持续更新**：关注与比赛相关的后续动态和新闻，及时更新存档资料，保持其时效性和准确性。

（4）后续跟进与提升

- **关注比赛后续**：了解比赛结果的公布、奖项的颁发，以及可能的后续活动或机会。
- **反馈与改进**：根据比赛结果和反馈，对团队的表现进行反思和改进，提升团队在未来的比赛中的竞争力。
- **保持热情与持续学习**：鼓励团队成员保持对比赛和相关领域的热情，持续学习和提升自己的能力。

综上所述，比赛完成后仍有许多值得注意的事情。通过总结比赛经验、复盘展示与分享、收集并存档与比赛相关的资料，以及后续跟进与提升，我们可以从比赛中获得更多的收获和成长。

AI 试试看

问:我已经成功合成了一个 OLED 蓝光新分子,分子结构式是师兄第一个画出来的,合成路线是他帮我梳理了个大概,具体合成条件我参与了探索,结构鉴定是师兄一步一步教我做的,后来做 OLED 器件以及测试器件性能都是合作单位做的。现在发光效率测出来了,超过了世界极值,但是器件很小,只有 3 毫米×3 毫米,对于这个结果,老师说可以发表很好的科学论文,但是我不太确定我会被排在第几作者位置上。

文心一言答:在科研合作中,确定作者的排名是一个需要细致考虑的问题,它通常基于每个人在项目中的具体贡献。根据你提供的信息,我们可以这样分析:

- **师兄的贡献**:师兄在项目的早期阶段发挥了重要作用,包括设计分子结构和指导结构鉴定。这些工作通常是项目成功的关键步骤,因此师兄的贡献是不可忽视的。

- **你的贡献**:你积极参与了合成条件的探索,这是实验成功的关键环节。此外,你还参与了整个实验过程,并对实验结果有深入的理解。因此,你的贡献也是非常重要的。

- **合作单位的贡献**:合作单位在 OLED 器件的制备和性能测试方面提供了关键支持。这些工作对于验证你的新分子的性能至关重要。

- **老师的角色**:老师在整个项目中可能担任了指导者和协调者的角色,他们的贡献通常通过通讯作者的身份来体现。

基于以上分析,你可以期待在作者列表中占据一个比较靠前的位置,比如**第二或第三作者。** 然而,具体的排名还需要与你的老师和师兄进行详细的讨论和协商。

为了争取更合理的作者排名,你可以采取以下措施:

- **详细记录你的贡献**:在实验过程中,详细记录你参与的工作和取得的成果。这些记录可以作为你争取作者排名的有力证据。

- **与老师和师兄沟通**：与老师和师兄坦诚地讨论你的贡献和期望的作者排名。通过沟通，你可以更好地理解他们的观点，并寻求一个双方都能接受的解决方案。
- **参考学术规范**：了解学术界的作者排名规范和惯例，这可以帮助你更合理地评估你的贡献和期望的作者排名。

最后，需要强调的是，无论你在作者列表中排名如何，你的贡献都是这个项目成功的重要组成部分。因此，即使你的排名不是最前，也不要气馁，继续努力在科研道路上前进。

高阶训练

投出一篇论文、投递一个专利或参加一项大学生创新创业或专创融合比赛，提交论文完成稿、专利相关证明或参赛证明。

第 14 章 创新九级成熟度：标志成果

学习目标

价值目标： 培养创新的目标意识和价值思维。

能力目标： 掌握论文、专利或比赛成果落地和收集等的方法，提高创新力和竞争力。

知识目标： 了解大创年会的概念、目的、流程，了解参加大创年会的路径。

14.1 论文类成果

14.1.1 什么标志着论文已发表

答：以下几个方面通常标志着论文已经发表：

- **正式录用通知**：论文经过同行评审后被期刊或会议正式接受，作者通常会收到一封正式的录用通知邮件或信件。
- **在线发布**：许多学术期刊会在论文被接受后，先将其在线发布在期刊的网站上，这通常称为"在线先行版"（Ahead of Print）或"预印版"（Preprint）。此时，论文已经可以被公众访问和引用。
- **卷期号和页码分配**：一旦论文被安排在某期刊的特定卷期和页码上，这通常意味着它已经被正式排版并准备印刷出版。对于纯电子期刊来说，这一步可能不是必需的，因为文章可能直接以连续出版的方式在线发布。
- **印刷出版**：对于传统的印刷期刊来说，论文的印刷出版是发表的最终标志。然而，在现代学术出版中，由于在线出版的普及，印刷出版不再是唯一或首要的发表标志。

- **DOI 分配**：数字对象标识符（Digital Object Identifier，DOI）是一个用于唯一标识数字对象的字符串。一旦论文被分配了 DOI，就意味着它可以在全球范围内被唯一地识别和引用。

- **索引和摘要服务收录**：论文被重要的索引和摘要服务（如 PubMed、Web of Science、Scopus 等）收录，也是发表的一个重要标志。这意味着论文不仅被公开发布，而且已经被学术界广泛认可和索引，便于其他研究者搜索和引用。

14.1.2 如何证明自己发表了论文

答：通常需要提供以下附件材料来证明：

- **正式发表的论文 PDF**：如果论文已经正式发表，最直接和常见的证明方式就是提供论文的 PDF 文件。这个文件通常包含完整的论文内容，包括标题、作者、摘要、正文、图表、参考文献等。PDF 文件可以通过出版商的网站、在线期刊平台或图书馆资源等渠道下载获取。确保下载的 PDF 文件是正式发表的版本，并且包含出版商或期刊的官方标识（如期刊封面、出版信息、DOI 号等）。

- **杂志社给的录用通知或接受函**：对于尚未正式发表的论文，如果已经被杂志社接受，作者通常会收到一份录用通知（Acceptance Letter）或接受函（Letter of Acceptance）。这份文件是杂志社正式确认接受论文发表的证明。录用通知或接受函通常包含论文的标题、作者、接受发表的日期、预计发表时间等信息。这份文件可以用作证明论文已被接受并将要发表的凭证。在提供这些附件材料时，确保文件的真实性和完整性非常重要。如果是通过电子邮件接收的录用通知或接受函，建议保存原始邮件或将其打印出来作为附件提供。此外，还可以考虑提供其他相关证明，如期刊的在线发表确认页面截图、图书馆检索记录等，以增加证明的可信度。

需要注意的是，不同机构或场合可能对证明材料的要求有所不同。因此，在提供附件材料之前，最好先了解具体的要求和标准。

14.1.3 "论文在投"对比赛有加分作用吗

答：有。论文在投（即论文已经提交给学术期刊或会议进行审稿，但尚未最终发表）的状态在比赛中通常具有显著加分作用。以下是几个方面的详细解释：

- **专业自信心的提升**：论文写作和投稿过程本身就是对研究项目的深入探索和总结。通过与审稿人的交流，研究者可以进一步完善自己的研究思路和方法，加深对项目的理解。这种深入的理解和专业知识的积累，在比赛中的展示和答辩环节无疑会提升参赛人的专业性，使其能够更自信、更准确地传达项目的核心价值和意义。

- **同行评审的背书**：论文投稿后，通常会经过同行评审（Peer Review），即由同一领域的其他专家对论文进行评价和审核。这一过程对于确保研究的质量和准确性至关重要。当比赛评审老师看到论文已经经过同行评审时，他们可能会更加认可该研究的价值和意义，因为同行评审本身就是对研究质量的一种保证。

- **项目成熟度的标志**：在比赛中，项目的成熟度是一个重要的评价指标。论文在投状态表明研究者已经对项目进行了深入的研究和探索，并已经形成了相对完整和成熟的研究成果。相比于尚未开始写作或投稿的同学，这无疑是一个显著的优势，能够体现出研究者在项目上的投入和努力。

然而，需要注意的是，论文在投状态并不是比赛获胜的唯一决定因素。比赛还涉及其他多个方面的评价，如项目的创新性、实用性、团队协作等。因此，在比赛中取得好成绩需要综合考虑多个方面的因素，并做好充分的准备。

14.1.4 学术研究论文有哪些类型

学术研究论文是学术界中非常重要的一种文献形式，它们通常用于报告新的研究成果、探讨某一领域的最新进展、分析某个特定问题或提出新的理论观点。根据不同的研究目的和内容，学术研究论文可以分为多种类型。

- **综述性论文**（Review）：主要是对某一领域的研究进展进行梳理和评述，旨在为读者提供一个全面、系统的学术概览。

- **理论性论文**（Theory）：通常侧重于探讨某一领域的基本理论、概念、框架或模型，并通过逻辑推理和演绎等方法来阐述其内在逻辑和关联性。理论性论文需要具有高度的思辨性和创新性，能够提出新的理论观点或对现有理论进行深入的剖析和反思。

- **实验性论文**（Research Article）：这是最常见的学术研究论文类型，是在实验室或现场进行实证研究后撰写的，目的是描述实验设计、方法、数据收集和分析结果，以及得出的结论和启示。实验研究报告需要具有高度的科学性和客观性，数据分析和解释也需要非常精确和严谨。

- **案例研究论文**（Case）：侧重于对某一具体案例或病例进行深入剖析和探讨，以揭示其背后的规律、特点和启示。

此外，还有方法型论文（Method）、数据型论文（Data）、评论型论文（Comments）、快报（Letter）、快讯（Communication）等。

14.1.5　学术研究论文是什么

答：学术研究论文是某一研究课题在实验性、理论性或观测性上具有新的科学研究成果或创新见解的知识和科学记录，或是某种已知原理应用于实际中取得新进展的科学总结，具有学术性、首创性、专业性、规范性等特征。论文的使命是展现研究成果，传递新知识。不要将学术研究论文写成实验报告、工作总结、说明书、新闻或者人所共知的常识。

14.2　专利类成果

14.2.1　什么标志着专利已获授权

答：依照时间顺序，专利权人将先后收到专利授权通知书、专利号、专利证书。

- **专利授权通知书**：告知申请人他们的专利申请已经被批准，并且将会被授予专利权。

- **专利号**：每个被授予专利权的发明都会被分配一个独特的专利号，这是识别和管理专利的重要手段，可在官网和相关数据机构查询。一旦专利号被分配，就意味着该发明已经被正式认定为一项专利。

- **专利证书**：它是专利局颁发给专利权人的一种法律文件，证明了专利权人对该发明的独占权。专利证书的颁发通常意味着专利授权过程的正式结束，也是专利权人开始享有专利权益的起点。

14.2.2 专利引用的格式规范是什么

答：以下是一种常见的专利引用格式规范：

专利申请者或所有者.专利题名：专利国别，专利号［专利文献类型］.公告日期或公开日期.

示例：

姜锡洲.一种温热外敷药制备方案：中国，88105607.8［P］.1983-08-12.

在这个示例中，引用的专利信息包括专利所有者（姜锡洲）、专利题名（一种温热外敷药制备方案）、专利国别（中国）、专利号（88105607.8），以及公告日期（1983-08-12）。方括号中的"P"代表专利文献类型。

14.2.3 授权专利通常如何提供附件材料

答：证明自己的专利获授权，可以通过专利证书、官网查询到专利号的截屏和专利授权通知书来证明，三种附件的法律合规性依次降低。

14.2.4 专利授权后，专利号怎么写

答：任何类型的专利申请经过审查符合《专利法》《专利法实施细则》《专利审查指南（2023）》的规定后给予授权通知书，告知申请人其专利申请已经被批准，并且将会被授予专利权，并在授权后给予专利号。专利号是将原专利申请号前替换为"ZL"。专利申请号，是指专利申请人提出专利申请后，由国家知识产权局按一定编码规则给出的编号。

专利申请号包括5部分，共计16位，由数字、字母及特殊符号构成，分别是国别码、年号、种类号、流水号和校验号。以CN201410424697.5为例：其中前两位字母为国别码，CN表示在中国申请的专利；第3~6位数字为申请年号，2014表示在2014年申请的专利；第7位数字为种类号，1为发明专利申请，2为实用新型专利申请，3为外观设计专利申请，8为进入中国国家阶段的PCT发明专利申请，9为进入中国国家阶段的PCT实用新型专利申请，举例为发明专利申

请；第 8~14 位数字为流水号，从 0000001 开始升序应用；最后由一个标点符号的"."和一位数字或字母构成校验号。

需要注意的是，由于任何申请均有申请号，专利号是将原专利申请号前"CN"换为"ZL"，所以对于一个专利号是否经专利局审查并获得专利授权，还需要将该专利号在国家知识产权局官网专利检索（专利检索及分析网址为 https://pss-system.cponline.cnipa.gov.cn/conventionalSearch）中检索验证。

14.2.5 如何转化专利

1. 什么是职务发明

答：根据《专利法实施细则》第十三条的规定，在本职工作中做出的发明创造；履行本单位交付的本职工作之外的任务所做出的发明创造；退休、调离原单位后或者劳动、人事关系终止后 1 年内做出的，与其在原单位承担的本职工作或者原单位分配的任务有关的发明创造，均属于职务发明创造的范畴。

法律上并没有明确规定职务发明获利的分配情况，具体情况可以通过签订协议来协商认定，职务发明其申请专利的权利属于该单位。申请被批准后，该单位为专利权人；单位应当对发明人或设计人给予奖励。研发人员与原用人单位签订的劳动合同不仅能够证明其与原用人单位之间存在过劳动关系，而且如果劳动合同中明确约定了研发人员的本职工作内容，则该工作内容所相关的研发成果也将在一定程度上被用人单位锁定。其次就是研发人员与原用人单位签订的正式的项目任务书。

2. 学校对于专利转化如何规定

答：以四川大学为例，2016 年出台了《四川大学科技成果转化行动计划（试行）》，在科研人员以科技成果作价投资入股的方式转化科技成果时，确立"科学确权，早期分割，权益共享，责任共担"的确权模式，成果完成人可与学校共同作为成果所有权人。2018 年，四川大学对该试行计划进行修订，出台了《四川大学科技成果转化行动计划》，规定成果完成人可享有 50%~90% 的成果所有权。四川大学允许教师买断学校的权属部分进行入股和转化，以激发科研团队的研发热情。

3. 如何完成专利转化

答：在责任发明人同意、全体发明人授权的前提下，经学院审批，科研院审核，学校授权，可根据与意向购买方达成的协议，按规定公示后，实现专利的转让或技术入股。购买方与责任发明人有利益关联的（例如责任发明人作为购买公司的股东），需要经第三方评估。

14.3 参赛获奖类成果

14.3.1 什么标志着作品参赛已获奖

答：参赛获奖的标志通常由主办方通过官方网站或大型仪式正式公布，并经过公示审核确认。需要注意的是，单独的公示文件并不足以作为获奖的直接证据。

竞赛获奖的正式标志一般包括官方发布的获奖文件和颁发的奖状，这些文件和奖状具有权威性和公信力，能够明确证明作品已经获得了竞赛的认可和奖励。因此，参赛者应妥善保管这些获奖证明，以备后续使用。注意，这些证明文件应该是真实有效的，不得伪造或篡改。

14.3.2 参赛获奖引用的格式规范是什么

答：参赛获奖引用的格式规范通常包括获奖者姓名、获奖作品名称、奖项名称、颁奖机构或竞赛名称、获奖年份等要素。具体格式可能因不同的颁奖机构或竞赛而有所差异，以下是一个示例供参考：

示例：

获奖者姓名.（获奖年份）.获奖作品名称.奖项名称.颁奖机构或竞赛名称.

例如：

张三.（2022）.《城市之光》摄影作品.金奖.国际摄影大赛.

注意，这只是一个示例，并非所有机构都采用这种格式。在实际应用中，参赛者应该根据具体要求，使用正确的引用格式来标注自己的获奖信息。同时，还需要注意遵守学术规范和引用规则，确保引用的准确性和完整性。

14.3.3　如何证明自己参赛获奖

答：参赛获奖后，为了证明获奖事实，通常需要提供一些附件材料。其中，奖状是最直接且重要的证明文件。在提供奖状作为附件材料时，必须确保奖状的真实性和完整性，不得进行任何篡改。

除了奖状之外，还可以提供其他相关的证明文件，如获奖通知、官方网站公布的获奖名单截图等，以进一步增强证明的可信度。这些附件材料可以按照颁奖机构或竞赛的要求进行准备和提交，以确保获奖信息的准确性和权威性。

同时，需要注意的是，提供的附件材料应该清晰可辨，易于阅读和理解。如果奖状或其他证明文件存在模糊、涂改或损坏等情况，可能会影响其证明效力。因此，在准备和提交附件材料时，应该认真检查其质量和完整性，确保符合相关要求。

14.4　如何参加大创年会

14.4.1　什么是大创年会

答：大创年会，即**全国大学生创新年会**，是由教育部发起和主办的一项重要年度性展示交流活动。它依托大创开展，是全国高校本科教学改革中覆盖面最广、影响力最大、学生参与最多、水平最高的盛会之一。

大创年会的目的是进一步深化高校创新创业教育改革，加强高校之间的交流与沟通，为学生搭建创新创业交流展示平台，以展示高校创新创业教育的成果，并促进高校创新创业教育和文化建设。大创年会通常包括学术研讨、创新创业项目改革成果展示、创新项目推荐等活动形式，来自全国各高校的师生通过线上线下结合的方式参与交流展示。

自 2007 年教育部启动实施大创以来，该计划已累计资助了数十万个项目，覆盖了所有学科门类，支持经费达数十亿元。大创年会作为大创的重要组成部分，为广大学生提供了展示创新创业成果、交流学习经验的宝贵机会，对于推动高校创新创业教育和创新型人才培养具有重要意义。

14.4.2 参加大创年会有什么好处

答：参加大创年会具有多方面的好处：

首先，大创年会为学生提供了一个宝贵的展示交流平台。在这里，学生可以展示自己的创新创业成果，与来自全国各地的同学进行深入的交流和切磋。这种跨校、跨学科的交流有助于拓宽学生的视野，激发创新思维，提升创业能力。

其次，参加大创年会也是一次锻炼能力的绝佳机会。在准备和参与年会的过程中，学生需要动手实践、解决问题、团队协作、沟通交流等，这些都将有助于提升学生的综合素质和实践能力。特别是对于那些希望在未来从事创新创业工作的学生来说，参加大创年会无疑是一次难得的学习和实践机会。

最后，值得一提的是，大创年会被视为重点竞赛之一，如果项目在年会上获得国家级获奖，这将是对学生创新创业能力的高度认可。这样的荣誉不仅可以为学生在保研、求职等方面提供有力的支持，更重要的是能够激励学生继续在创新创业的道路上勇往直前。

因此，参加大创年会对于大学生来说是一次难得的展示交流、锻炼能力并有机会获得国家级荣誉。希望广大同学能够积极参与其中，不断提升自己的创新创业能力。

14.4.3 如何参加大创年会

答：参加大创年会的一般流程如下：

首先，你需要有一个已经完成或正在进行中的大学生创新创业训练计划项目（通常称为"大创项目"）。这些项目可以是创新训练项目、创业训练项目或创业实践项目。

- **结题与成果提交**：当你的大创项目结题后，毕业前，你需要通过学院向学校提交项目的标志性成果统计表。这些成果可能包括学术论文、专利、参赛获奖等。

- **校内评选**：学校对提交的成果进行评选。评选标准通常包括论文的质量、影响力，专利的创新性和实用性，作品的展示性，以及参赛获奖的级别和重要性等。学校会根据这些标准评选出三篇优秀学术论文、三个改革成果展示项目和一个最佳创业推介项目。
- **推荐至国家级年会**：被学校评选为优秀的项目将被推荐参加国家级的大创年会。全国范围内，通常会有 800 余个项目被推荐。然后，国家教育部组织专家组，通过网评和会评的方式，从中遴选出约 200 篇优秀学术论文、250 个改革成果展示项目、50 个创业推介项目进入国家级年会的现场参赛环节。
- **现场参赛与展示**：在国家级年会上，你将有机会与其他高校的优秀项目团队进行现场交流和展示。这是一个很好的学习和交流机会，也是展示你创新创业成果的重要平台。

需要注意的是，参加大创年会需要具备一定的学术基础和实践经验。因此，在参与大创项目的过程中，你需要认真投入，努力提升自己的学术水平和实践能力。同时，与团队成员和指导教师保持良好的沟通和合作也是非常重要的。

14.4.4 被选中参加大创年会，要做哪些准备

答：被选中参加大创年会后，如果第一次参加，或许要做好艰苦付出的准备，工作量不少于申报、结项过程。你需要做以下准备：

- **深入了解年会要求**：仔细阅读相关文件和通知，明确年会的具体要求、流程和评分标准。学习往年的优秀项目案例和展示方式，从中汲取经验和灵感。
- **精心准备展示材料**：制作简洁明了、重点突出的 PPT 演示文稿，突出项目的创新点和成果。准备实物作品或模型，以便更直观地展示项目成果。设计并制作精美的海报，用于在年会现场吸引观众并传达项目信息。
- **积极参加辅导、预答辩等打磨环节**：认真参加学校组织的预答辩，模拟年会现场的答辩环节，提前发现并改进问题。积极参与项目的打磨和提升，不断

完善项目内容和展示方式。

- **合理安排时间和协调冲突**：制定详细的时间表，合理安排准备工作和其他学习任务的时间。如遇时间冲突或困难，及时与教务处和学院沟通，寻求帮助和支持。

通过以上准备，你将能够在大创年会上自信地展示项目成果，与来自全国各地的优秀学子交流学习。

14.4.5 如何写好大创项目PPT

答：

视频：学科交叉塑造门槛之巅

视频：选题学科交叉辅导课

视频：价值引领解密金奖逻辑

视频：清单体说清关键技术

视频：分三层解决"鸡同鸭讲"

视频："不明觉厉表"重塑技术框架

视频：成熟度量表打开晋级之门

视频：项目为主线还是技术为主线

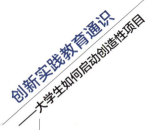

视频：顶天立地五步法塑造成长故事

1. 哪里能找到场景痛点表和"不明觉厉表"

答：

三张表升级版

2. 大创优秀案例

（1）大创优秀案例1——BonChina 骨诱导人工骨

获奖情况：最佳创业项目奖

参会类别：创业推介

参会时间：第十二届全国大学生创新创业年会（2019年）

"BonChina 骨诱导人工骨"项目展板

负责人：胡亦清　四川大学华西临床医学院

团队成员：姚云茜、蔡武峰、鲍旻玥、高怡宁

指导教师：朱向东教授

项目简介：骨芯团队依托于世界首创的骨诱导人工骨材料，结合完美仿生处理工艺，打造个性化人工骨产品，攻克不可逆性骨缺损修复的难题。产品可诱导骨组织再生，填补缺损部位，并在骨骼生长达一定密度后，自行降解。骨缺损患者术后可获得与原先形态、结构和功能无异的健康骨。产品先后获 3 项 CFDA（国家食品药品监督管理总局）认证并获得四川医疗器械生物材料和制品检验中心的认证。项目通过大创年会荣获了大赛全国总决赛资格，最终荣获第六届大赛全国金奖，成为大创有推荐直通制度以来首个夺金项目。

（2）大创优秀案例 2——KNN 基无铅压电陶瓷组分设计与温度稳定性的关联研究

获奖情况：优秀论文奖

参会类别：创新论坛

参会时间：第十二届全国大学生创新创业年会（2019 年）

负责人：孙茜茜　四川大学材料学院

团队成员：陈昱霖、杨丹、黄晨婷、杨济琳

指导教师：吴家刚教授

项目简介：在 KNN 基陶瓷中构建了新型相界，得到了高压电性能和良好温度稳定性；从极化前后的相结构和畴变化解释了新型相界高性能的物理机理。该项目研究成果发表在 Journal of Materials Chemistry A。

（3）大创优秀案例 3——基于人体驱动可穿戴电子设备的医患交互术后智能康复系统

获奖情况：最佳创意项目奖和我最喜爱的项目奖

参会类别：改革成果展

参会时间：第十四届全国大学生创新创业年会（2021 年）

负责人：杨一鸣　四川大学软件学院

团队成员：卢慧、任叶蕾、朱世豪

指导教师：武岳教授、王鹏老师

项目简介：针对现有膝关节置换康复设备体积庞大、价格高昂、使用要求高的痛点，基于四川大学华西骨科及国家临床重点实验室，本团队结合无源物联网概念和 3D 医疗打印技术，研制出一款人体驱动的可穿戴设备。团队在国内首创基于 3D 打印软硬件互联的轻量级膝关节置换康复系统，通过蓝牙通信及高精度传感器与团队自开发软件互联，实现了实时数据共享及远程诊疗，摆脱了术后康复训练时间和地点的束缚，提出了亚洲人康复评价新标准，增强了康复效果。目前项目已进入临床试验阶段，受试者数十人。

"基于人体驱动可穿戴电子设备的医患交互术后智能康复系统"项目展板

(4) 大创优秀案例 4——智慧口腔美学四维驱动解决方案

获奖情况：最佳创业项目奖

参会类别：创业推介

参会时间：第十四届全国大学生创新创业年会（2021 年）

负责人：程俊鑫　四川大学华西口腔医学院

团队成员：田而慷、詹美均、吴晓悦、杨青欣、刘桢、郭玉莹、刘洪源、罗宇、唐璇

指导教师：廖文副教授、赵启军教授、王军教授、应斌武教授

项目简介：医美已成大势所趋，但有效性、安全性不足；我国需矫正患者正规诊疗率仅 3.85%，核心受限于有效术前模拟。团队以临床决策为引导的口腔美学四维诊疗模拟为主线，配套医患服务、科研、教学多维度布局，满足社会需求。自研算法准确率达 95%；医患沟通、虚拟实验室平台已上线，临床决策试用版、临床教学平台正在内测，已联合成立公司，进行商业运营和用户反馈收集。项目旨在引领标准、高效、安全、智能的口腔美学解决方案，实现临床、教育、患者、科研四维布局贯通，为"健康中国 2030"贡献我们的力量。

"智慧口腔美学四维驱动解决方案"项目展板

(5) 大创优秀案例 5——口腔鳞状细胞癌肿瘤微环境及侵袭机制的单细胞水平研究

获奖情况：优秀学术论文奖

参会类别：学术论文

参会时间：第十五届全国大学生创新创业年会（2022 年）

负责人：张舜皓　四川大学华西口腔医学院

团队成员：张舜皓、李天乐、金科宇、周茂林

指导教师：杨文宾副研究员

项目简介：本项目通过单细胞测序分析的方式揭示了 TGF-β 通路介导癌相关成纤维细胞（CAF）促进口腔鳞癌局部侵袭的机制，并阐述了 CAF 的组织来源、亚型转化及预后价值，以其独特的创新性和学术研究价值得以在国际

大创年会现场交流 PPT（张舜皓）

医学期刊 Experimental Biology and Medicine 中发表。

（6）大创优秀案例 6——SalTe 新型唾液检测盒供应商

获奖情况：我最喜爱的项目奖

参会类别：改革成果

参会时间：第十五届全国大学生创新创业年会（2022 年）

负责人：田而慷　四川大学华西口腔医学院

团队成员：田而慷、周珂冰、周馨怡、刘桢、马润宇、李忆博、刘丰硕、何科泰、周昶含、张雅

指导教师：程伟副教授、任彪教授

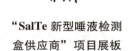

"SalTe 新型唾液检测盒供应商"项目展板

项目简介：超 90%国人存在隐匿性口腔疾患，因用户配合难、检测时间长、筛查成本高造成早期筛查缺失，使得隐匿性口腔疾患年检出率不足 10%，医疗支出增加 67.2%。田而慷等人突破口腔复合菌群检测难点，开发了一种新型家庭装唾液检测盒，结合自研 WITeeth 口腔病灶识别平台，集早期筛查、云端检测、诊后回访于一体，操作简单、价格低、精确度高、效率高。截至 2022 年，本项目已获多项知识产权，代工生产有序推进，初代产品多点试用推广近一年，用户反馈积极，正构建以高效口腔健康家庭管理为核心的新型诊疗体系。

（7）大创优秀案例 7——可调、宽带、负光响应的离子凝胶栅控 MoS（2）光电晶体管

获奖情况：优秀学术论文奖

参会类别：学术论文

参会时间：第十六届全国大学生创新创业年会（2023 年）

负责人：张春池　四川大学材料科学与工程学院

团队成员：张春池、沈桢贞

指导教师：王泽高级研究员、孟雅婧主治医师

大创年会现场交流 PPT（张春池）

项目简介：研究人员制备了基于离子凝胶的二硫化钼光电晶体管，发现其具有负光电响应并对其响应机理进行研究，以其独特的创新性和研究价值在材料类高影响力期刊 ACS Applied Materials & Interfaces 上发表，为高可调宽带低耗光电探测提供新的思路。

AI 试试看

问：我要参加大创年会，帮我做一份海报。我的工作亮点是设计合成了一个新型的吲哚类 OLED 蓝光分子，鉴定了它的结构，做成了 3 毫米 ×3 毫米的 OLED 器件，测试出来发光效率世界最高。

文心一言答：当然可以帮你设计一份海报。不过，由于我不能直接制作图形或视觉元素，我会为你提供一个详细的海报设计方案，包括布局、色彩、文字内容和图片建议。你可以根据这些建议使用图形设计软件（如 Adobe Photoshop、Illustrator 等）或者在线海报制作工具（如 Canva）来制作海报。

1. 标题
- 大标题：创新突破——世界最高效的吲哚类 OLED 蓝光分子。
- 副标题：OLED 器件实现前所未有的发光效率。

2. 色彩搭配
- 主题色：深蓝色或夜空蓝，代表 OLED 的蓝光和科技的深邃感。
- 辅助色：银白色或淡灰色，用于高亮标题和重点信息。

3. 布局与分区

（1）顶部区域

放置大标题和副标题，使用大胆、清晰的字体，以吸引注意力。

（2）中部区域

- 左侧：展示新型吲哚类 OLED 蓝光分子的化学结构图或分子模型图。这部分要确保科学准确性，并标注关键的结构特征。
- 右侧：放置你的工作照片或者实验室照片，以增强项目的真实感和个人色彩，也可以考虑使用与 OLED 或蓝光相关的科技图像（如光线、电路图案等）。

（3）底部区域

- 左侧：用简短的文字描述你的研究亮点，如"通过精心设计的分子结构和创新的合成方法，实现了世界最高发光效率的 OLED 蓝光分子"。

- **右侧**：列出关键数据，如发光效率的具体数值、与市面产品的对比图等。如果有奖项或资助信息，也可以在这里展示。

4. **图片和文字内容建议**
- 使用高质量的图像和图形，确保打印出来清晰可辨。
- 文字内容要简洁明了，避免使用过于复杂的术语或冗长的句子。
- 在适当的位置添加你的姓名、学校或研究机构名称以及联系方式（如果需要）。

5. **特别提示**
- 确保所有的数据和声明都有可靠的来源和依据，避免误导或夸大其词。
- 如果有合作单位或指导教师的支持，可以考虑在海报上致谢。

根据这个设计方案，你可以使用图形设计软件来制作海报。如果你没有设计经验，也可以找一个有设计经验的朋友帮忙，或者使用在线海报制作工具来快速生成海报。祝你在大创年会上展示顺利！

高阶训练

罗列本人已发表的论文、已投递的专利、已参加比赛的清单。

附录 参考答案

第1章

一、选择题

1. A   2. C

二、讨论题

考点解析：

1. 需求导向：强调在项目开发过程中始终以市场需求为导向，避免陷入技术导向的误区。

2. 精准定位：提醒学生注意避免用个人和身边同学的状态来错误地类比全国人民的需求，要通过深入的市场调研来精准定位目标客户群体。

3. 精益思维：引导学生运用精益创业的方法论，通过快速迭代和不断试错来优化产品，降低成本和风险。

参考答案：

自觉应用价值观恒等式：帮助学生明确比赛的价值观，用"四个面向"评价项目选题的价值意义，评价是否值得为此投入大量时间精力。

深入了解国情民情和真实需求：指出学生犯了"错误类比"的错误，用自己和身边少数人的只言片语的需求，错误地类比为全国人民的真实需求；鼓励学生走出校园，深入市场进行调研，了解目标客户的真实痛点，以及行业的发展趋势和竞争格局。

按精益创业思路提出关键假设：引导学生找到项目的几个关键假设点，并通过实验和数据分析来逐一验证这些假设的正确性。例如，可以面向假定的目标用户散发具有"智能餐桌"餐厅的广告传单，收集用户是否愿意体验的数据，来验证需求是否真实存在。

第 2 章

一、选择题

1. D   2. D

二、简答题

序号	技术	原应用场景	新应用场景
1	碳纤维	鱼竿	航母阻拦索
2	无人机	顺丰快递无人机	无人轰炸机
3	反光涂层	遮挡车牌逃避交管惩罚	战斗隐形

三、讨论题

考点解析：

1. 在"价值武器库"里找到本项目更多的价值。
2. 根据马斯洛需求理论，评价价值的大小。

参考答案：

文化传承的价值。保存好象牙对于考古学来说具有极其重要的价值。这些珍贵的象牙制品不仅是历史的见证，更是我们探寻古代文明、了解历史文化的重要线索。通过对这些象牙制品的深入研究，我们有望将中国文明的历史脉络向前推进整整 2000 年，这对于我们全面认识和理解中华文明的演进过程具有不可估量的意义。因此，从传承和发扬文明的角度出发，政府应当高度重视象牙的保存工作，不惜一切代价，投入必要的人力、物力和财力，确保这些宝贵的历史遗产得以完好留存，为后人留下丰富的历史文化财富。

第 3 章

考点解析：

科教融汇，缺乏"教学过程"。

参考答案：

评委之所以质疑该项目是否由学生完成，主要是因为项目涉及的高深数学理论和复杂的软件开发通常需要多年的专业研究和实践经验，这超出了一般大学生在短期学习中所能掌握的范围。为了改进选题方向和成熟度阶段，并向评委证明学生的贡献度，作为项目负责人，我会采取以下策略：

一是**强调科教融汇的优势**：阐述在项目开发过程中，指导教师如何将高深的数学理论转化为学生可以逐步掌握的知识模块；说明团队是如何在教师的指导下，通过系列化的课程设计、实验、实践等环节，逐步掌握并应用这些理论。

二是**展示学生的综合素质**：通过项目文档、开发记录、学习笔记等证明团队成员在数学理论基础上的扎实功底；展示团队成员在软件开发、数据分析、金融建模等方面的技能和能力提升过程；强调团队成员在面对挑战时的坚定意志、不屈精神和创新思维。

三是**突出团队合作的力量**：详细介绍团队成员的专业背景、分工情况以及如何形成互补；通过项目管理的文档、沟通记录等展示团队成员之间紧密的合作关系和高效的工作流程；强调团队在项目开发过程中相互学习、共同成长的经历。

通过这些策略，我们可以向评委展示项目虽然涉及高深的数学理论，但在教师的指导下，学生通过科教融汇的方式逐步掌握了所需知识和技能，并通过团队合作实现了项目的成功开发。这不仅能够证明学生的贡献度，也体现了教育模式创新在培养学生创新能力和实践能力方面的重要作用。

考点解析：

科教融汇缺乏"科学研究"，不太符合"大学生"创新大赛的遴选标准。

参考答案：

作为四川大学校赛"不服来辩"一对一复活赛的专家，面对这个激情澎湃的参赛团队，我会以诚恳和建设性的态度，向他们解释为什么他们的项目在当前比赛中不太适合。以下是我可能会说的内容：

同学们，首先我要肯定你们的创业热情和已经取得的初步成果。在校园内开设文创店，销售校园文化纪念品，这个点子很有创意，而且你们已经通过格子铺和盲盒等销售方式实现了小有盈利，这是非常不错的开始。

然而，我们必须认识到，大学生创新大赛的评选标准不仅仅是看项目是否已经盈利，更重要的是要考察项目的创新性、科研含量以及学生团队在其中所展现出的学术水平和专业能力。你们的项目虽然在商业运营上取得了一定成功，但在科教融汇方面确实存在不足。

在这个比赛中，我们更希望看到的是那些能够紧密结合专业知识、体现科学研究成果的项目。这样的项目不仅能够展现大学生的专业素养和创新能力，也更符合大赛的初衷和遴选标准。目前来看，你们的项目更偏向于商业运营，缺乏明确的科研元素和专业知识的深度融合。

这并不意味着你们的项目没有价值或前途。相反，我认为你们已经迈出了成功的第一步。但要在这个比赛中走得更远，你们需要考虑如何更好地融入专业知识和科研成果，提升项目的科教含量。这可能包括与相关专业的研究团队合作，引入新的技术或设计理念，或者深入挖掘校园文化背后的科研价值等。

最后，我要强调的是，参加大学生创新大赛不仅仅是为了获奖或得到认可。更重要的是，通过这个过程你们能够接触到更多的学术资源、专业指导和同行交流的机会，这些都将对你们的未来发展产生深远的影响。所以，即使这次比赛没有取得理想的成绩，也不要气馁。继续努力，不断完善你们的项目，相信未来一定会取得更大的成功。

通过这样的回答，我既肯定了他们的努力成果，又明确地指出了项目在科教融汇方面的不足，并提出了建设性的改进建议。同时，我也鼓励他们不要放弃，继续探索和完善自己的创新创业之路。

考点解析：

缺乏产教融合，不太符合"创新"大赛的内涵。

参考答案：

我知道"创新大赛"考查的是多学科交叉、科教融汇、产教融合，我会与指导教师深度沟通，提出以下关键问题和要求：

首先，我希望指导教师能够陪伴我们找到这种新分子在产业中的潜在应用方向。我们需要锁定方向，才能花时间查阅这个方向的研究数据和行业动态，才能揭示这种新分子的独特性和可能带来的价值。我们希望指导教师陪我们见一见产业专家，锁定几个可能的产业方向。

其次，如果指导教师和他的团队已经在推动这类分子产业化，请告诉我们所做的努力和取得的阶段性成果。这些信息对于我们了解项目的进展、面临的挑战以及未来的发展方向至关重要。

最后，我希望能够与指导教师共同探讨下一步的发展规划。通过了解指导教师的想法和建议，我们可以制订更加明确和可行的计划，推动这种新分子从实验室走向市场。

在向指导教师提出这些要求时，我会注重表达方式的礼貌和尊重，同时强调这些信息对于项目发展的重要性。我相信通过这样的沟通，我们能够获得宝贵的指导和支持，推动项目取得更大的成功。

第4~14章为开放式问题，没有固定答案，读者可根据自身实际情况作答。

参 考 文 献

[1] 关小红. 高质量 SCI 论文入门：从选题到发表［M］. 北京：化学工业出版社，2020.
[2] 陈萍秀. 文献信息检索实用教程［M］. 3 版. 北京：机械工业出版社，2020.
[3] 黄忠廉. 人文社科项目申报 300 问［M］. 北京：科学出版社，2017.
[4] 杜为公，杜康. 国家社科基金申报指导与技巧［M］. 北京：清华大学出版社，2021.
[5] 杨云霞，高宝营. 学术道德规范与知识产权概论［M］. 西安：西北工业大学出版社，2016.
[6] 贝尔，洪特斯. 科研项目完全指南：从课题选择到报告撰写［M］. 林静，译. 北京：新华出版社，2021.
[7] 武松. SPSS 实战与统计思维［M］. 北京：清华大学出版社，2019.
[8] 丁金滨. Origin 科技绘图与数据分析［M］. 北京：清华大学出版社，2023.
[9] 张玉利. 创业管理［M］. 5 版. 北京：机械工业出版社，2020.
[10] 赵北平，雷五明. 大学生涯规划与职业发展［M］. 武汉：武汉大学出版社，2006.
[11] 徐小洲，等. 大学生创业技能发展战略研究［M］. 杭州：浙江大学出版社，2014.
[12] 黄兆信，等. 岗位创业教育论［M］. 北京：中国社会科学出版社，2020.
[13] 刘志阳，林嵩，路江涌. 创新创业基础［M］. 北京：机械工业出版社，2021.
[14] 范海涛. 一往无前［M］. 北京：中信出版社，2020.
[15] 曹仰锋. 海尔转型：人人都是 CEO［M］. 北京：中信出版社，2014.
[16] 周鸿祎，范海涛. 颠覆者：周鸿祎自传［M］. 北京：北京联合出版公司，2017.
[17] 李岩松，孙宗斌，尹胜君. 以实践思政赋能研究生培养［J］. 中国研究生，2024（2）：62-65.